家藏文库

洛阳伽蓝记

〔北魏〕杨衒之 撰　　邱高兴 注译

中州古籍出版社
·郑州·

图书在版编目（CIP）数据

洛阳伽蓝记 /（北魏）杨衒之撰 ；邱高兴注译 .
—郑州：中州古籍出版社，2022.9
（家藏文库）
ISBN 978-7-5738-0315-3

Ⅰ.①洛… Ⅱ.①杨…②邱… Ⅲ.①寺院 – 史料 – 洛阳 – 北魏②洛阳 – 地方史 – 史料 – 北魏 Ⅳ.①K928.75 ②K296.13

中国版本图书馆 CIP 数据核字（2022）第 164330 号

JIACANG WENKU：LUOYANG QIELAN JI

家藏文库：洛阳伽蓝记

出 版 人	许绍山
选题策划	卢欣欣
约稿统筹	卢欣欣
责任编辑	何慧婷
责任校对	唐志辉
封面设计	王　歌
版式设计	曾晶晶

出 版 社	中州古籍出版社（地址：郑州市郑东新区祥盛街 27 号 6 层　邮编：450016　电话：0371-65723280）
发行单位	河南省新华书店发行集团有限公司
承印单位	河南新华印刷集团有限公司
开　　本	640 mm×960 mm　1/16
印　　张	21
字　　数	260 千字
版　　次	2022 年 9 月第 1 版
印　　次	2022 年 11 月第 1 次印刷
定　　价	49.00 元

本书如有印装质量问题，请与出版社调换。

导　言

　　《洛阳伽蓝记》是一部奇书，奇在其以佛寺地理之名，涵历史百态之实。本书在重点描述洛阳城伽蓝建筑精妙宏伟外，更将笔触深入佛寺所承载的社会、政治、经济、文化以及中西交通等领域，生动地为我们展现了以洛阳为中心的北魏时期历史画卷，正如饶宗颐先生所说："铺张寺宇，爰及人文，寓褒贬于兴亡，吐奇思于鉴戒。"① 本书与同时期的典籍《齐民要术》《水经注》《世说新语》《文心雕龙》等一起，成为南北朝文化的经典之作。

一、《洛阳伽蓝记》的"前世今生"

　　《洛阳伽蓝记》的作者为杨衒之。有关杨衒之生平，正史不载。除了本书中所记资料外，在《历代三宝纪》《续高僧传》《广弘明集》等书中也有一些零星资料。本书明代如隐堂本题撰者名为"魏抚军府司马杨衒之

---

①　饶宗颐：《洛阳伽蓝记校笺》序，见杨勇：《洛阳伽蓝记校笺》，中华书局，2002年。

撰","景林寺"一条中曾有"衒之时为奉朝请"之说。《历代三宝纪》卷九载："《洛阳伽蓝记》五卷，期城郡太守杨衒之撰。"① 《续高僧传》《法苑珠林》《大唐内典录》等所记与此基本相同。《广弘明集》卷六则有些许差别："阳衒之，北平人，元魏末为秘书监。"② 上述资料合在一起，也不超过百字，因而关于杨衒之生平还有诸多不明之处。大致可以确认的是，杨衒之，北平人，北魏时期曾任抚军司马、期城郡太守、秘书监、奉朝请等。抚军司马为抚军将军府中仅次于抚军将军的官员，起参谋作用。期城郡是北魏孝昌年间所设，位于今天的河南泌阳一带。秘书监是古代掌管图书的主官。奉朝请则为名誉性的散官，北魏孝文帝太和十一年（487）设置，定额为二百人，太和十七年定为六品下，太和二十三年改从七品。杨衒之担任这几个官职的时间及先后顺序，依据现有资料无法准确判定。严可均在《杨衒之传》中曾说："魏末为抚军府司马，历秘书监，出为期城太守。"③ 可作参考。杨衒之担任奉朝请的时间，可由本书中一段自述确定：

> 永安中，庄帝马射于华林园，百官皆来读碑，疑"苗"字误。国子博士李同轨曰："魏文英才，世称三祖，公幹、仲宣，为其羽翼，但未知本意如何，不得言误也。"衒之时为奉朝请，因即释曰："以蒿覆之，故言苗茨。何误之有？"众咸称善，以为得其旨归。

由此可知，杨衒之任奉朝请的时间约在北魏孝庄帝永安（528—530）年间。

---

① 《历代三宝纪》卷九，《大正藏》第49册，第87页上。原文作"《洛阳地伽蓝记》"。
② 《广弘明集》卷六，《大正藏》第52册，第128页中。
③ 〔清〕严可均：《全上古三代秦汉三国六朝文》全北齐文卷二，民国19年影印清光绪二十年黄冈王氏刻本。

《洛阳伽蓝记》成书的目的,有不同解读。杨衒之在自序中说:

> 至武定五年,岁在丁卯,余因行役,重览洛阳。城郭崩毁,宫室倾覆,寺观灰烬,庙塔丘墟,墙被蒿艾,巷罗荆棘。野兽穴于荒阶,山鸟巢于庭树。游儿牧竖,踯躅于九逵;农夫耕老,艺黍于双阙。始知《麦秀》之感,非独殷墟;《黍离》之悲,信哉周室!京城表里,凡有一千余寺。今日寥廓,钟声罕闻。恐后世无传,故撰斯记。

从此处所记看,杨衒之在武定五年(547),因公事重返洛阳。举目所见,宅第荒废,荒草丛生,野兽出没。此时距离孝静帝在高欢胁迫下迁都邺城不过四年,原先洛阳城内外的上千余座寺院成为废墟。此情此景,杨衒之感伤之余,"恐后世无传,故撰斯记"。因此杨衒之撰写本书的目的,乃是感叹于世事变化,人是物非,担心洛阳曾经繁华景象从此湮灭无闻,希望能留下有关洛阳伽蓝之盛的历史记忆。《出三藏记集》等大致都引用这种说法。但在《广弘明集》中,提出本书成书的另一种初衷:"见寺宇壮丽,损费金碧,王公相竞,侵渔百姓,乃撰《洛阳伽蓝记》,言不恤众庶也。"认为杨衒之撰此书乃是为了批评佛教,指摘北魏时期的寺院建筑豪奢铺张,竞相攀比,已经严重侵扰百姓的日常生活。为了说明杨衒之批评佛教的立场,道宣将他列入了"列代王臣滞惑解"一类中,并且引了据说是杨衒之批评佛教的奏章:

> 释教虚诞,有为徒费。无执戈以卫国,有饥寒于色养。逃役之流,仆隶之类,避苦就乐,非修道者。又佛言:有为虚妄,皆是妄想。道人深知佛理,故违虚其罪。

又云:

> 读佛经者,尊同帝王;写佛画师,全无恭敬。请沙门等同孔老拜俗,班之国史,行多浮险者。乞立严敕,知其真伪。然后佛法可遵,

师徒无滥。则逃兵之徒,还归本役。国富兵多,天下幸甚。①

杨衒之上书皇帝,痛斥佛教中存在的贪图享乐风气、僧众良莠不齐的乱象,主张对佛教严加管理,分辨真伪,然后才能杜绝伪滥,有利于佛教的发展,也有利于国家的发展。但纵观《洛阳伽蓝记》之文,虽然在对佛寺记述中,大量使用了诸如"佛事精妙,不可思议""作工精巧,冠于当世""世所未闻""阎浮所无"等夸张之语,但其中表现更多的是赞叹和惊奇,并不能读出明显的讥讽和批评的意味。关于杨衒之与佛教的关系,透过本书可以获得如下信息:第一,杨衒之对佛教历史相当熟悉。如在"大统寺"一条中,有如下记载:"寺南有三公令史高显略宅。每于夜见赤光行于堂前,如此者非一。向光明所掘地丈余,得黄金百斤。铭云:'苏秦家金,得者为吾造功德。'显略遂造招福寺。"即高显略在其家中,发掘出黄金百余斤,并得到碑铭一块。高显略由此造了招福寺。杨衒之在此条下评论说:"苏秦时未有佛法,功德者不必是寺,应是碑铭之类,颂其声迹也。"明确指出,战国时佛法尚未传入中土,所以积累功德不一定指佛寺。第二,杨衒之对佛教历史的记载用笔甚多。如卷五记述宋云西行的部分,作者花了大量篇幅,将西域及北天竺一带佛教信仰流传的状况做了细致的描绘,他自己也说:"衒之按:惠生行记事多不尽录,今依《道荣传》《宋云家记》,故并载之,以备缺文。"这部分的写作是在综合几本西行求法行记的基础上完成的。此外,作者对佛教高僧,如菩提流支、菩提达摩等记述的史料,都是中国佛教史的重要资料。综上所述,杨衒之对佛教有批评,但应该不是反佛者,他对佛教批评是对当时佛教混滥状况的不满,这恰恰说明了他对佛教正法的维护。反过来说,假如杨氏对佛教深

---

① 《广弘明集》卷六,《大正藏》第52册,第128页中。

恶痛绝，就很难理解他不厌其烦地详尽记述这些伽蓝建筑，铺陈佛教史实的用意。

《洛阳伽蓝记》共五卷，分城内、城东、城南、城西、城北五个区域，重点介绍了44座寺院的情况，并提到了另外36座寺院之名称。最后一部分略有别于其他篇章，在介绍禅虚寺和凝玄寺外，重点介绍了宋云等出使西域的所见所闻。当时，洛阳城内外有上千所寺院，不可能一一记载，所以作者也说："然寺数最多，不可遍写。今之所录，止大伽蓝。其中小者，取其祥异，世谛俗事，因而出之。先以城内为始，次及城外。表列门名，以记远近，凡为五篇。余才非著述，多有遗漏，后之君子，详其阙焉。"本书涉及的内容，从佛教文化、南北文化差异、民俗信仰、俗语音声到北朝贵族的豪奢之风、政治权谋等，包罗万象，堪称北魏时期的百科全书。

二、北魏时期之"法教愈盛"

一部《洛阳伽蓝记》，半部北朝佛教史。毫无疑问，《洛阳伽蓝记》通过记录洛阳"招提栉比，宝塔骈罗，争写天上之姿，竞摹山中之影"的洛阳佛教建筑的盛景，反映了佛教"自项日感梦，满月流光，阳门饰豪眉之像，夜台图绀发之形"的传入，到"尔来奔竞，其风遂广"的发展历史。

佛教传入中国之说有多种，较为可靠的主要有两种：一是永平年间（58—75）汉明帝夜梦金人之说。据《牟子理惑论》载，汉明帝因梦见空中放光的飞人，向大臣咨问。"有通人傅毅曰：'臣闻天竺有得道者号之曰佛，飞行虚空，身有日光，殆将其神也。'于是上寤，遣中郎蔡愔、羽林郎中秦景、博士弟子王遵等十八人，于大月支写佛经四十二章，藏在兰台石室第十四间。"佛教由此开始在中土传播。这一说法流传很广，佛教史籍中多以此作为佛教初传的标志。本书在"白马寺"一条中，也对汉明帝夜梦金人，遣使求法的过程做了交代：

> 白马寺，汉明帝所立也。佛教入中国之始。寺在西阳门外三里御道南。帝梦金神，长丈六，项背日月光明，胡神号曰佛，遣使向西域求之，乃得经像焉。时以白马负经而来，因以为名。明帝崩，起祇洹于陵上，自此以后，百姓冢上或作浮图焉。寺上经函，至今犹存。

另一说则将汉哀帝元寿元年（前2），大月氏使者伊存口授《浮屠经》，作为佛教传入中国之始。这种说法原出于鱼豢撰《魏略·西戎传》，后裴松之注《三国志》引了这段话："昔汉哀帝元寿元年，博士弟子景卢受大月氏王使伊存口受浮屠经曰复立者其人也。浮屠所载临蒲塞、桑门、伯闻、疏问、白疏间、比丘、晨门，皆弟子号也。"

综合上述两种说法，佛教传入中国的时间范围可以确定为公元前后、两汉之际。

至北魏时期，除太武帝曾有灭佛活动外，多数帝王皆崇信佛教。佛教也有了极大的发展。从《魏书·释老志》所记看，北魏道武帝拓跋珪（371—409）在建立北魏后，对佛教就有优待。

> 太祖平中山，经略燕赵，所径郡国佛寺，见诸沙门、道士，皆致精敬，禁军旅无有所犯。帝好黄老，颇览佛经。但天下初定，戎车屡动，庶事草创，未建图宇，招延僧众也。然时时旁求。先是，有沙门僧朗，与其徒隐于泰山之琨瑜谷。帝遣使致书，以缯、素、旃罽、银钵为礼。今犹号曰朗公谷焉。

到天兴元年（398），道武帝迁都平城后，下诏说："夫佛法之兴，其来远矣。济益之功，冥及存没，神踪遗轨，信可依凭。其敕有司，于京城建饰容范，修整宫舍，令信向之徒，有所居止。"开始在平城建造五层佛塔、耆阇崛山及须弥山殿。另造讲堂、禅堂等。

明元帝拓跋嗣（392—423）即位后，"遵太祖之业，亦好黄老，又崇佛法，京邑四方，建立图像，仍令沙门敷导民俗"，将佛教视为化导民风的重要手段。

太武帝拓跋焘（408—452）继承太祖、太宗之制，对佛教也颇有好感，"世祖初即位，亦遵太祖、太宗之业，每引高德沙门，与共谈论。于四月八日，舆诸佛像，行于广衢，帝亲御门楼，临观散花，以致礼敬"。但是后来太武帝对佛教的态度有所变化，"及得寇谦之道，帝以清净无为，有仙化之证，遂信行其术。时司徒崔浩，博学多闻，帝每访以大事。浩奉谦之道，尤不信佛，与帝言，数加非毁，常谓虚诞，为世费害。帝以其辩博，颇信之"。太武帝在崔浩的影响下，开始信奉道教。加上太武帝在征伐长安时，在寺院中发现了兵器及富人的私藏财物，造成了太武灭佛事件的发生："诏诛长安沙门，焚破佛像，敕留台下四方令，一依长安行事。"命令各地官员对佛教严加稽查，所有佛教造像及佛教典籍等，一律捣毁或焚烧，沙门则一律坑杀。虽然由于太子拓跋晃的暗中保护，"缓宣诏书"，事先透漏消息，"四方沙门，多亡匿获免，在京邑者，亦蒙全济。金银宝像及诸经论，大得秘藏"。但对佛教来说，打击还是巨大的，"而土木宫塔，声教所及，莫不毕毁矣"。

文成帝拓跋濬（440—465）认为佛教能够"助王政之禁律，益仁智之善性"，是魏朝历代尊奉之教，但太武帝时期，因为寺院中有"凶党"存在，朝廷下令整治，官员们不问青红皂白，将佛教全部禁止。因此，要重新恢复佛教:"今制诸州郡县,于众居之所,各听建佛图一区,任其财用,不制会限。其好乐道法,欲为沙门,不问长幼,出于良家,性行素笃,无诸嫌秽,乡里所明者,听其出家。率大州五十,小州四十人,其郡遥远台者十人。各当局分,皆足以化恶就善,播扬道教也。"兴光元年(454)秋天,下诏在各地五级大寺内,为北魏自太祖以下五帝"铸释迦立像五,各长一丈六尺,都用赤金二十五万斤"。在文成帝时期,由沙门统昙曜主持,开始建造后来驰名中外的云冈石窟,"昙曜白帝,于京城西武州塞,凿山石壁,开窟五所,镌建佛像各一。高者七十尺,次六十尺,雕饰奇伟,冠于一世"。此五个石窟被称为"昙曜五窟"。此外,为了进一步支持佛教,在昙曜的建议下,北魏设立了"僧祇户""佛图户"制度。"平齐户及诸民,有能岁输谷六十斛入僧曹者,即为僧祇户,粟为僧祇粟,至于俭岁,赈给饥民。又请民犯重罪及官奴以为佛图户,以供诸寺扫洒,岁兼营田输粟。"

献文帝拓跋弘(454—476)即位后,"敦信尤深,览诸经论,好老庄。每引诸沙门及能谈玄之士,与论理要"。皇兴元年(467)八月,孝文帝拓跋宏出生。献文帝为祈福,"于时起永宁寺,构七级佛图,高三百余尺,基架博敞,为天下第一。又于天宫寺,造释迦立像。高四十三尺,用赤金十万斤,黄金六百斤"。其后,又建造了三级石佛塔,高十丈,成为当时盛景。

献文帝在冯太后的逼迫下,延兴元年(471)让位于时年5岁的儿子拓跋宏,朝政由冯太后把持。在这期间,朝廷也颁布了一些加强对佛教管理的政策,比如延兴二年(472)夏四月,下诏:"比丘不在寺舍,游涉村落,交通奸猾,经历年岁。令民间五五相保,不得容止。无籍之僧,精加隐括,有者送付州镇,其在畿郡,送付本曹。若为三宝巡民教化者,在外赍州镇维那文移,在台者赍都维那等印牒,然后听行。违者加罪。"诏令对游走各地弘法的僧人进行限制,如确实是弘法所需,在外地需要持有州镇维那的文书,在都城则需要有都维那颁发的戒牒。此外还禁止花费巨资建造寺院:"内外之人,兴建福业,造立图寺,高敞显博,亦足以辉隆至教矣。然无知之徒,各相高尚,贫富相竞,费竭财产,务存高广,伤杀昆虫含生之类。苟能精致,累土聚沙,福钟不朽。欲建为福之因,未知伤生之业。朕为民父母,慈养是务。自今一切断之。"

在孝文帝迁都之前,北魏"自兴光至此(承明元年),京城内寺新旧且百所,僧尼二千余人,四方诸寺六千四百七十八,僧尼七万七千二百五十八人"。(以上引文见《魏书·释老志》)

"太和十七年,高祖迁都洛阳,诏司空公穆亮营造宫室,洛阳城门依魏晋旧名。"(《洛阳伽蓝记序》)由此也成了洛阳伽蓝建造的开端,掀开了北魏佛教发展的新一页。《洛阳伽蓝记》主要记录的就是这段历史。

首先,从佛寺建筑的数量看,洛阳城内外从原先仅有的四十二所寺院,很快发展到迁都邺都之前"京城表里,凡有一千余寺"的局面。皇帝、皇后嫔妃、贵族大臣、宦官、军士,或舍宅,或新建,争先恐后,竞相攀比,"王侯贵臣,弃象马如脱屣;庶士豪家,舍资财若遗迹"。胡太后仿照平城之永宁寺之制所建的永宁寺"中有九层浮图一所,架木为之,举高九十丈。上有金刹,复高十丈,合去地一千尺。去京师百里,已遥见之"。其做工"殚土木之功,穷造形之巧。佛事精妙,不可思议;绣柱金铺,骇人心目"。正如常景所撰碑文云:"须弥宝殿,兜率净宫,莫尚于斯。"宣武帝所建的瑶光寺,"有五层浮图一所,去地五十丈,仙掌凌虚,铎垂云表,作工之妙,埒美永宁。讲殿尼房,五百余间,绮疏连亘,户牖相通。珍木香草,不可胜言"。文献王所建的景乐寺,"得往观者,以为至天堂"。景林寺,"讲殿叠起,房庑连属,丹楹炫日,绣桷迎风,实为胜地"。其中有一讲堂,形制不大,但制作精巧,禅僧于中修行,"虽云朝市,想同岩谷"。宣武帝专门为外国僧人建造的永明寺有上千间房舍,常住有"百国沙门,三千余人"。单是杨衒之选择的有代表性的做重点记录的寺院就有40多座。

其次,从佛教义理的探讨看,地论学派在北魏时期颇为流行。所谓地论学是指以世亲所作《十地经论》为研究对象的佛教学派。该论是对《华严经》中《十地品》的解释。由于《十地经论》与《华严经》的这种关系,地论学者也多重视《华严经》。地论学分南北二道,分别以勒那摩提和菩提流支为首。北魏宣武帝为了勘验高僧水平高低,曾安排菩提流支和勒那摩提分别翻译《十地经论》,然后再做对比,相较高下。"魏宣武帝崇尚佛法,天竺梵僧菩提留支初翻《十地》在紫极殿,勒那摩提在大极殿,各有禁卫,不许通言。校其所译,恐有浮滥。始于永平元年至四年方讫。及勘雠之,惟云'有不二不尽',那云'定不二不尽',一字为异。"(《续高僧传·道宠传》)这种说法虽有夸张之处,但勒那摩提和菩提流支因对《十地经论》中有关佛性等问题认识的不同,造成了地论南道和北道的分别。以勒那摩提为代表的一系称为地论南道,其弟子慧光,研习地论,也讲习《华严》。《华严经传记》说他作过有关《华严经》的疏四卷,"立顿渐圆三教,以判群典,以华严为圆教,自其始也已不存"。现仅有《华严经义记》一卷传世。他的弟子如僧范、法上、昙遵、昙衍等都讲习《华严经》,并有一些疏记之作。菩提流支一系被称为地论北道,弟子主要有道宠。本书对菩提流支评价颇高:"流支解佛义,知名西土,诸夷号为罗汉,晓魏言及隶书,翻《十地》《楞伽》及诸经论二十三部。虽石室之写金言,草堂之传真教,不能过也。"道宠在北魏朝臣中很

有影响:

> 时朝宰文雄魏收、邢子才、杨休之等,昔经宠席,官学由成,自遗世网,形名靡寄。相从来听,皆莫晓焉。宠默识之,乃曰:"公等诸贤,既称荣国。颇曾受业,有所来耶。"皆曰:"本资张氏,厌俗出家。"宠曰:"师资有由,今见若此。"乃曰:"罪极深矣。"①

最后,南北朝佛教各异其趣。汤用彤先生说:"南方偏尚玄学义理,上承魏晋以来之系统。北方重在宗教行为,下接隋唐以后之宗派。"②《洛阳伽蓝记》卷二"崇真寺"条就记载了一个带有传说性质的故事,来说明对佛教中各种行为的价值判定。该故事说,崇真寺有一个比丘叫慧嶷,死后七日复活,原来是阎罗王抓错了人,他才得以被放回。慧嶷回到阳间后,讲述了其在阴间候审时的所见所闻。当时和他一起接受审查的还有五位比丘。宝明寺的智圣,因为修坐禅苦行,得升天堂。般若寺的道品,因为诵四十卷《涅槃经》,也升入天堂。融觉寺的昙谟最,善讲《涅槃经》《华严经》,常随听众有上千人。阎罗王说:"讲经的人心中有彼我之分,傲慢凌辱他人,是比丘不守戒律的第一位粗行。因此今天只检查坐禅、诵经的本领,不考虑讲经。"昙谟最说:"贫僧自出家以来,只喜好讲经,实在不熟悉诵经。"阎罗王随即将他判入地狱。另一位比丘是禅林寺道弘,自述教化四方信众,制作各类经书,还为众人铸造了十尊佛像。阎罗王说:"沙门之体性,必须是收摄内心,静守佛道,志在禅定诵经。不干预世间之事,不作有为之行。你虽然造作佛经和佛像,但目的却是为得到别人的财物。得到了财物,贪心就会生起。既然怀有贪心,贪嗔痴三毒不能

---

① 〔唐〕道宣:《续高僧传》卷七,《大正藏》第50册,第482页下。
② 汤用彤:《汉魏两晋南北朝佛教史》下册,中华书局,1983年,第350页。

除掉，心中就会充满各种烦恼。"因此也让他和昙谟最一样，被判入地狱。最后一位比丘是灵觉寺的宝真，自称出家之前曾做陇西太守，建造了灵觉寺。寺院建成后，即放弃官职，出家修行。虽然不坐禅诵经，但是礼拜之事从未缺失。阎罗王说："你做太守之时，歪曲破坏法律，抢夺人民财物，建造此寺，本不是你的功劳，何必再说！"同样交给地府官员，由青衣衙役送入地狱。据说胡太后听说这件事后，曾派遣黄门侍郎徐纥按照慧嶷所说，探访过相关寺院，发现这些僧人都实有其人。随即延请坐禅高僧一百人在宫中内殿供养。诏令僧人不准持佛经佛像沿街乞讨索要财物。自此以后，京城比丘都专心坐禅诵经，不再把讲经当回事。讲经原是最接近南方玄学的弘法行为，但在北方部分人的心目中，它是旁门左道，不是佛法修行的正途。

当然，讲经弘法是佛教传播的必要方式，大乘佛教也强调要自度度他，因而，即使在北方也还是有不少人重视讲经说法。甚至宣武帝本人也亲自参与佛教讲经活动，"世宗笃好佛理，每年常于禁中，亲讲经论，广集名僧，标明义旨。沙门条录，为《内起居》焉。上既崇之，下弥企尚。至延昌中，天下州郡僧尼寺，积有一万三千七百二十七所，徒侣逾众"（《魏书·释老志》）。

三、南北文化冲突之"茶为酪奴"

北魏时期，孝文帝太和十四年（490）亲政后，开始全面推行汉化政策。首先仿照汉族王朝的礼仪制度，建设了明堂、太庙，祭祀舜、禹、周公、孔子等。其后又迁都洛阳，诏令改鲜卑复姓为汉族的单姓，皇族拓跋姓改成元姓，朝堂之上一律穿汉服，等等。孝文帝汉化融合政策，极大地推动了汉族和鲜卑及各少数民族的融合，促进了当时文化、政治、经济等方面的发展。但是一些饮食服饰等习俗的不同，不是一时能够改变的。比如当时孝文帝所立的第一个太子元恂就因不习惯洛阳炎热的天气以及汉族的服饰，将皇帝赐予的汉族服装撕毁，反对孝文帝的迁都及汉化政策，结果导致最后被废黜。正如亨廷顿在《文明的冲突与社会秩序的重建》一书中所说："人们用祖先、宗教、语言、历史、价值、习俗和体制来界定自己。"① 南北朝时期，南北对峙除了以政治、军事为表现形式的皇权正统或中心论的冲突外，由此衍生出的文化的冲突，也在习俗、饮食等多方面表现出来。《洛阳伽蓝记》中对此有绘声绘色的描绘。

从洛阳城的规划设置看，夷夏的文化隔离就很明显。比如在"龙华寺"条中，就有如下记载：

> 永桥以南，圜丘以北，伊洛之间，夹御道，东有四夷馆，一曰金陵，二曰燕然，三曰扶桑，四曰崦嵫。道西有四夷里，一曰归正，二曰归德，三曰慕化，四曰慕义。

从位置看，四夷馆和四夷里都位于洛阳城外经过永桥后的洛水之南，相对偏僻。金陵、燕然、扶桑、崦嵫等四夷馆主要用来临时安置北魏之外的归附者。归附的四夷之人经过三年考察，可以正式到四夷里居住。比如，居住在金陵馆的来自南方的投奔者，住在归正里。安置在燕然馆的北夷人可以住在归德里，扶桑馆的东夷人可以到慕化里，崦嵫馆的西夷之人可以到慕义里。"归正""归德""慕化""慕义"等这些名称，体现了一种文化优越主义的心态：北魏的洛阳俨然是天下文明中心。对于归附者来说，很多也不甘心被安排在这些或多或少带有歧视的街里。从梁朝投奔北

---

① ［美］萨缪尔·亨廷顿著，周琪、刘绯、张立平、王圆等译：《文明的冲突与社会秩序的重建》，新华出版社，1998年，第6页。

魏的萧宝夤，就被赐宅于归正里，但他"耻与夷人同列"，请求进入城内居住，后被安置在永安里。

> 景明初，伪齐建安王萧宝夤来降，封会稽公，为筑宅于归正里，后进爵为齐王，尚南阳长公主。宝夤耻与夷人同列，令公主启世宗，求入城内。世宗从之，赐宅于永安里。正光四年中，萧衍子西丰侯萧正德来降，处金陵馆，为筑宅归正里。后正德舍宅为归正寺。（卷三"龙华寺"条）

跟随萧宝夤一道投奔北魏，"无汗马之劳，位于高位"的车骑将军张景仁初期也住在归正里这个民间称为"吴人坊"的地方，但他"住此以为耻"，搬到了孝义里。

> 景仁，会稽山阴人也。正光年初从萧宝夤归化，拜羽林监，赐宅城南归正里。民间号为吴人坊，南来投化者多居其内。近伊洛二水，任其习御。里三千余家，自立巷市。所卖口味，多是水族，时人谓为鱼鳖市也。景仁住此以为耻，遂徙居孝义里焉。（卷二"景宁寺"条）

因为上述原因，住在洛阳城南似乎就成了一件让人感到耻辱的事情。中甘里因为位于洛阳城南，靠近四夷里，所以住在这里也往往受人歧视。"高阳王寺"一条中就有荀子文和李才因为住处交锋的故事。住在中甘里的荀子文，自幼聪明善辩，有黄琬和孔融之天资。正光初年，在洛阳城东跟随潘崇和学习《服氏春秋》。课间休息时，来自赵郡的李才问荀子文说："荀生住在何处？"荀子文回答说："我住在中甘里。"李才故意讥讽他说："为何住城南？"荀子文义正词严地回答说："城南是国都向阳的圣地，你有什么可大惊小怪的？如果说河流，这里有伊洛二水显峥嵘；说过去历史，则有灵台和石经；谈寺院之美，则有报德寺和景明寺；说当朝的富贵之人，则有高阳王和广平王；论四方风情，则仿佛是万国千城；论人才，则有我没你。"一番犀利的回答，让李才无言以对。老师潘崇和随即评价二人说："汝颍之士利如锥，燕赵之士钝如锤。"惹得大家哄堂大笑。

除了所居之地外，饮食习惯的不同也很容易成为文化冲突的爆发点。比如饮茶之风自南方到北方的流行，就是一个从冲突到融合的过程。从历史上看，三国魏晋以后，饮茶之风开始流行，一批士人酷爱饮茶。因茶味苦涩而不习惯饮茶者，戏称饮茶为水厄。《太平御览》卷八六七引南朝宋刘义庆《世说新语》："晋司徒王濛好饮茶，人至辄命饮之，士大夫皆患之。每欲候濛，必云：'今日有水厄。'"后来南方至北方喜好饮茶者，也常常受到北魏当地人的嘲笑。比如深受孝文帝重视的王肃，原为南齐人，东晋王导之后。因父亲王奂被杀，约在太和十七年投奔北魏。当时孝文帝正在营建新都洛阳，有很多建筑需要设计规划。王肃博学多识，高祖很重视他，常称呼他"王生"。延贤里的名称，也是因王肃而取。王肃在江南的时候，就娶了谢氏之女为妻，等到了北魏京城后，又娶了北魏公主。谢家女作了首五言诗给王肃："本为箔上蚕，今作机上丝。得路逐胜去，颇忆缠绵时。"公主代王肃回赠谢家女说："针是贯线物，目中恒任丝。得帛缝新去，何能纳故时。"王肃对原配很是羞愧，于是造正觉寺以安置她。王肃初到魏国时，不习惯吃羊肉、奶酪等食物，常常吃鲫鱼羹，渴了就喝茶。当时传闻说王肃一次就能喝一斗茶，人称"漏卮"。有一次，王肃受邀赴朝中聚会，吃了很多羊肉、奶酪，孝文帝觉得很奇怪，对王肃说："你习惯江南的口味，羊肉和鱼羹相比如何？茶水和奶酪相比又如何？"王肃回答说："羊是陆地上最好的食物，鱼是水族第一的食物，只是人们喜欢不同罢了，都可以说是珍品。就味道而言，则颇有优劣之分。羊如果比喻成齐鲁这样的大国，鱼则就是邾莒这样的小国。只有茶不合时宜，只配做奶酪的奴仆。"将南方人喜欢的茶饮说成了北方人喜饮的奶酪的奴仆。当时彭城王元勰和王肃开玩笑说："你不重视齐鲁大国，难道喜欢邾莒小国？"王肃回答说："因为是家乡的美味，所以不得不喜欢。"元勰又说："你明天到我家，我为你准备邾莒之食，也有奶酪之奴仆。"因此当时又称茶为酪奴。

虽说茶饮在北魏被视为次等饮品，但当时也还是有人因为新奇尝试。给事中刘缟就羡慕王肃的饮茶风度，专门向他学习饮茶。彭城王嘲笑说："你不羡慕王侯的八珍美食，却喜欢仓头之水厄。海上有追逐臭味的人，里内有东施效颦之妇。以此看来，你就是这样的人。"因为饮茶常受嘲讽，故宴会上虽然设有茗茶，但大家在公开场合都不饮用。只有江南归顺的人参加时，才会饮用。有一次，萧衍的养子萧正德归顺投降，元叉宴请他，为他准备了茗茶，故作文雅地问："您能受多少水厄？"萧正德不明白元叉的意思，回答说："下官虽生在水乡，但自记事以来，未曾遭受水灾之祸。"惹得参加宴会的宾客哄堂大笑。

文化优越感并非是单向的，北方人嘲笑北方人，南方人同样也会嘲笑北方人。如果场合不当，还会引起激烈冲突。"景宁寺"条记录了如下的故事：

永安二年，北海王元颢进入洛阳登帝位，从南梁来的陈庆之成为侍中。张景仁是会稽郡人，和陈庆之是旧相识，于是摆下酒宴邀请陈庆之到家里做客。作陪的还有司农卿萧彪、尚书右丞张嵩、中大夫杨元慎。其中萧彪也是南方人。于是，陈庆之借着酒劲对萧彪和张嵩说："北魏虽然强盛，但还是五胡之一。朝代更替之正统，当在江东。"杨元慎听了很气愤，当即回击说："江东苟延残喘，僻居于江南，地势低洼潮湿，生出很多蚂蚁和虫子，土地多有瘴疠之气，蛙类同处一穴，人类与鸟共生。断发之君主,没有长发应有仪容;文身的百姓,禀有鄙陋的才质。浮游于三江,行船于五湖。礼乐不沾身,宪章法律不能改造。虽然是秦朝之遗民、汉朝的罪犯,但他们口音混杂,加上福建和楚地难懂的方言,更加不可改变。虽然有君臣之分,但君上傲慢臣下残暴。因此有刘劭弑父篡位于前,休龙淫乱母亲在后,违背人伦,无异于禽兽。加上山阴公主要求蓄养男宠,出卖丈夫,公开在家里淫乱,不顾讥笑。你沉浸在这种遗风中,未受礼教熏陶,正如同阳翟的百姓不知大脖子病为丑陋。我们魏国接受符箓之图,建国于嵩洛之间,有五座山镇守,四海为家。移风易俗的典范,同五帝相提并论。礼乐宪章之隆盛,超越百王而高显一时。你们这些吃鱼鳖之徒,羡慕道义来朝拜我国,饮我们的池水,吃我们的稻米和黄粱,为何出言不逊,以至于此?"杨元慎义愤填膺的痛斥吓得陈庆之等忍气吞声,不敢再说话。杨元慎痛骂之后,仍余怒难消,当陈庆之求他治病时,又含沙射影地骂了南方人:"吴人之鬼,住在建康,戴着小帽,穿着短衣,自称阿侬,语则阿傍。菰稗为饭,茗茶为饮,喝着莼羹,啁吸蟹黄,手握豆蔻,口嚼槟榔。乍到中原,思念故乡,速速离开,回到丹阳。倘若是寒门之鬼,头部修长,网鱼捉鳖,在河中小洲上,咀嚼莲藕,拾取芡实,蛙蚌做羹,以为饮食。披着布袍,穿着草鞋,倒骑水牛。在沅湘江汉之水中,划船遨游,随波逐浪,上下浮动。穿着白色的麻衣,翩翩起舞,扬波歌唱,速速离去,回到你的扬州。"陈庆之躺在床上叹息说:"真是欺人太甚!"据说从此以后,南人再不敢放肆言语了。

不过陈庆之在北方的经历,使他比很多南方人更加深入地了解北方文化。当他返回南梁后,凡是遇到北方人都很尊重。朱异很奇怪,就问他,他回答说:"自晋宋以来,都认为洛阳为荒土,此地更把长江以北都看成夷狄。不久前去洛阳,才知道衣冠士族都在中原,讲究礼仪,人口众多,物产丰富，从来没有见过，也无法用语言形容。所谓帝京庄严宏伟，是四方所效仿，如同登泰山者看不起小土坡，渡过江海者鄙视湘沅之水。对北方人怎么能不重视呢？"陈庆之日常服饰和很多礼仪也采用了北魏之法。江南之人竞相模仿，宽衣博带服饰文化也影响了南方士人。

四、"不恨我不见石崇，恨石崇不见我"的贪奢之风

  石崇是西晋时的一个穷奢极欲式的人物，曾与王恺斗富。王恺是晋武帝司马炎的舅舅，故而常常得到皇帝的资助。有一次，曾把一个高两尺的珊瑚树赐给了王恺，这个珊瑚树世间罕见。王恺很得意拿给石崇炫耀，石崇看过后，一手抄起铁如意就将它砸碎了。王恺以为石崇嫉妒他，于是厉声呵斥，让他赔偿。石崇对他说，不要着急，我拿给你一个更好的。于是让手下拿来一个三四尺高的珊瑚树，光彩照人，比王恺的那个要好得多。王恺"惘然自失"。

  北魏时期，王侯贵族的贪奢之风丝毫不亚于石崇。卷四"开善寺"条载河间王元琛政绩乏善可陈，却因为豪奢而闻名天下。他曾建造了文柏堂，内有玉井金罐，用五色的缋做绳。有妓女三百人，尽是国色天香。他还派人到西域去搜求名马，最远到波斯国购买了一批名马。用银做马槽，用金做环锁。诸王都很羡慕他的豪富。但元琛还不满足，经常对人说："晋朝石崇，乃是普通百姓出身，还能穿野鸡头部的羽毛和狐狸腋部的毛皮做成的衣服，在鸡蛋上画画，烧柴上雕刻花纹。我是大魏的天王，为何不奢华呢？"他在后园造了迎风馆，窗户之上，镶嵌着玉石的金环排列如钱币，装饰着青色花纹，玉雕的凤凰口衔铃铛，金龙吐着佩带。素奈和朱李，枝条伸入房檐下，妓女在楼上，坐着就能摘到果实。元琛经常和宗室

聚会，陈列各种宝器。金瓶银瓮有百余口，瓯檠盘盒的数量相似。此外的酒器，有水晶钵、玛瑙玻璃碗、赤玉卮有数十枚，做工奇妙，为中土所没有，都是从西域传来的。又展示女乐和诸多名马，再引诸王参观府内库房。织锦、毛织品、珠宝、冰洁的罗纱、云雾般的薄纱，充斥库房。绣、缬、绸、绫、丝、彩、越、葛、钱、绢等，不可计数。元琛常有竞富没有对手之慨，曾对章武王元融说："不恨我不见石崇，恨石崇不见我。"

章武王元融也是一个本性贪暴、欲壑难填之人。虽然本人家产不见得比元琛少，但见元琛府中所藏的宝物后，不觉扼腕叹息，生起嫉妒，以至于回家后生病，卧床三日不起。江阳王元继来探望他时说："你的财产，足可以和元琛抗衡，何必叹息羡慕，以至于此呢？"元融说："常以为比我富的只有高阳王一人，谁知道看见河间王，才发现自己落在了后面。"元继嘲笑他说："你想做称霸淮南的袁术，却不知道世上还有刘备吗？"

高阳王元雍也是一个当时有名的富豪，常常和河间王元琛一争高下。卷三"高阳王寺"条中称他"自汉晋以来，诸王豪侈，未之有也"。正光年间，元雍为丞相，皇帝赏赐给他用鸟羽毛做旗幡的鼓吹乐队、持装饰斑纹的木剑的勇士仪仗队百人，是人臣中最尊贵的礼遇。他居住的宅第，媲美皇宫。白色墙壁，红色梁柱，连绵相连，飞檐反瓦，交错相通。家中有僮仆六千人，妓女五百人。隋侯宝珠闪耀光芒，绫罗衣服随风舞动。元雍出行时，鸣锣开道，仪仗成列，铙歌吹奏，胡笳声哀转动人。回到家中，歌姬舞女，击筑吹笙，丝管齐奏，通宵达旦。竹林鱼池，同于帝王禁苑，芳草遍地，珍贵树木连片成荫。元雍嗜好美食，常常一顿饭花费数万。山珍海味，陈列于方丈大小的桌上。陈留公李崇对人说："高阳王一顿饭，抵上我一千天。"

除了喜欢攀比斗富的外，北魏还有一些虽然富甲天下，但吝啬贪婪之辈。比如陈留公李崇虽然富可敌国，家中僮仆有上千人，但格外吝啬，常常穿着破烂的衣服。吃饭经常没有肉，只有韭菜和韭菹。李崇的门客李元佑对人说："李令公一顿饭有十八种。"有人问何故如此，元佑说："二韭一十八。"大家都以此来讥笑和嘲弄李崇。李崇之贪还体现在另一件事上。有一次胡太后赏赐众官员，命令打开存放丝绢的仓库，大家能拿多少拿多少。朝臣大多是量力而行。唯有元融和陈留公李崇因拿的绢过多，跌倒伤了脚踝。胡太后见状后，勒令二人空手而出。当时人都嘲笑他们："陈留、章武，伤腰折股。贪人败类，秽我明主。"① 作为对比，清廉的侍中崔光只取了两匹。太后问："侍中为什么拿这么少？"崔光回答说："臣只有两手，只能拿两匹。所获的已经足够多了。"

五、"昔来闻死苦，何言身自当"的皇权争斗

北魏王朝（386—534）历时 149 年，14 位皇帝。最长寿者为太武帝拓跋焘，被杀时仅 44 岁。近一半皇帝寿命不到 30 岁，其中 11 位皇帝死于非命。北魏时期的宫廷政权斗争，特别是北魏末年从"河阴之变"，到孝庄帝诛杀尔朱荣，再到孝庄帝作《绝命诗》"昔来闻死苦，何言身自当"的这段时间，更是血雨腥风，体现了北魏政权争斗的残酷。《洛阳伽蓝记》也借描述寺院兴造缘由，描绘了这一段残酷冷血的杀戮与争斗历史。

北魏时期，为防止皇太后干政，自道武帝拓跋珪开始，确立了"子贵母死"的制度，即儿子一旦被立为太子，其母亲就会被皇帝赐死。到北魏

---

① 〔北齐〕魏收：《魏书》卷十三《皇后列传》。

第八代皇帝宣武帝元恪时，这项制度的弊端越来越显著，"椒掖之中，以国旧制，相与祈祝，皆愿生诸王、公主，不愿生太子"。皇帝后宫之中都不愿意生太子，宣武帝元恪有绝后的危险。故而，当胡太后生下元诩，立为太子后，宣武帝就废除了这项制度。元诩即位时仅有6岁，所以朝政由胡太后代理。但当元诩成人后，胡太后仍不放权，引起了元诩的不满，下诏向尔朱荣求助。胡太后发现后，武泰元年（528）二月将儿子元诩毒死，先诈称元诩所生之女为男孩，欲立为帝，为朝臣反对；后立临洮王元宝晖之子3岁的元钊为帝。"太后贪秉朝政，故以立之。"尔朱荣等得到消息后，不承认胡太后所立的新皇帝。卷一"永宁寺"条载：

> 荣谓并州刺史元天穆曰："皇帝晏驾，春秋十九，海内士庶，犹曰幼君。况今奉未言之儿，以临天下，而望升平，其可得乎？吾世荷国恩，不能坐看成败。今欲以铁马五千赴哀山陵，兼问侍臣帝崩之由，君竟谓如何？"穆曰："明公世跨并肆，雄才杰出，部落之民，控弦一万。若能行废立之事，伊霍复见于今日。"

尔朱荣和元天穆商议后，决定发兵洛阳，兴师问罪。为了师出有名，还遴选了新皇帝。

> 于是密议长君诸王之中不知谁应当璧。遂于晋阳，人各铸像，不成，唯长乐王子攸像光相具足，端严特妙。是以荣意在长乐。

最后确定以元子攸为新皇帝，并派人潜入洛阳，告知了元子攸。然后尔朱荣等率兵穿着白色孝服，挥兵南下，准备攻打洛阳。胡太后派都督李神轨、郑季明等率领五千人镇守河桥。四月十一日，尔朱荣过河内到达高头驿。元子攸也赶来抵达尔朱荣驻军处。李神轨、郑季明等原与元子攸相熟，随即开门纳降。十二日，尔朱荣将抓来的胡太后与幼帝元钊沉于黄河之中。十三日，召集百官来见新帝，借机全部杀掉，被杀死者约有三千余人，史称河阴之变。

元子攸虽被拥立为帝，但大权却掌握在尔朱荣手中。孝庄帝忧愤无计，就想把皇位让给尔朱荣说："帝王迭袭，盛衰无常，既属屯运，四方瓦解。将军仗义而起，前无横陈，此乃天意，非人力也。我本相投，规存性命，帝王重位，岂敢妄希？直是将军见逼，权顺所请耳。今玺运已移，天命有在，宜时即尊号。将军必若推而不居，存魏社稷，亦任更择亲贤，共相辅戴。"① 尔朱荣也有称帝的想法，于是按照当时迷信的说法来为自己铸造金像，但"数四不成"。加上深受尔朱荣信任的幽州人刘灵助善占卜，也认为天时人事都不具备，这才作罢。为了进一步控制孝庄帝，尔朱荣让他娶自己的女儿为皇后，并在朝中安插了大量亲信。

孝庄帝虽贵为皇帝，但尔朱荣"恒遥制朝廷，广布亲戚，列为左右，伺察动静，大小必知。或有侥幸求官者，皆诣荣承候，得其启请，无不遂之。"② 一旦其想法不被孝庄帝认可，就口出狂言："天子由谁得立？今乃不用我语。"由此，孝庄帝"恒怏怏不悦"，和城阳王元徽、侍中李彧等秘密商议如何除掉尔朱荣。正好此时，尔朱皇后怀孕已9个月，即将生育。永安三年（530）八月，尔朱荣带领四五千名警卫骑兵从并州出发，来到洛阳，准备庆贺。当时，双方都有猜忌，"荣之入洛，有人告荣，云帝欲图之。荣即具奏，帝曰：'外人告云，亦言王欲害我，我岂信之？'于是荣不自疑"。《洛阳伽蓝记》卷四中对孝庄帝如何诱杀尔朱荣有绘声绘色的描绘：首先，元徽提议以太子出生为借口，请尔朱荣入朝，借这个机会可以杀死他。孝庄帝担心皇后怀孕还未满十月，会被尔朱荣识破。元徽则认为，妇女生孩子，有延后的，有不足月的，都很正常。孝庄帝于是

---

① 〔北齐〕魏收：《魏书》卷七十四《尔朱荣传》。
② 〔北齐〕魏收：《魏书》卷七十四《尔朱荣传》。

派遣他到尔朱荣的府邸通知皇储诞生的消息。当时正值尔朱荣与上党王元天穆在玩博戏，元徽上前就脱掉尔朱荣的帽子，欢呼跳跃。元徽平时很严肃，喜怒不形于色，这次却欢喜异常，尔朱荣信以为真。孝庄帝听到尔朱荣真来庆贺后，惊慌失色。中书舍人温子昇说："陛下脸色变了！"庄帝于是喝些酒下去，才镇定下来。等尔朱荣、元天穆坐定后，事先埋伏的卫兵一拥而上，杀死了尔朱荣、元天穆以及尔朱荣之子尔朱菩提等三十余人。至此，诛杀尔朱荣的行动取得了成功。

尔朱荣被杀后，其势力并未被消除。首先尔朱世隆开始兴兵问罪，驻守太原的尔朱兆也发兵南下，攻入洛阳，擒获孝庄帝，将之囚禁于永宁寺。后押至晋阳，吊死于三级佛寺。据说，孝庄帝临死前礼佛，发愿来世不再为国王。又作五言诗："权去生道促，忧来死路长。怀恨出国门，含悲入鬼乡。隧门一时闭，幽庭岂复光？思鸟吟青松，哀风吹白杨。昔来闻死苦，何言身自当。"孝庄帝被擒后，亲信大臣一哄而散，元徽去投靠前洛阳令寇祖仁。寇祖仁一家原来都是元徽手下的将官，受过元徽的恩惠。但寇祖仁对家人说："听说尔朱兆捉拿城阳王元徽的悬赏很重，擒获者封千户侯。今天富贵到了！"于是杀了元徽送给尔朱兆。元徽当初投奔寇祖仁家时，带了黄金一百斤、马五十匹，也都被其贪占，均分给了亲属。尔朱兆听闻元徽家产丰厚，但搜查其府邸时，却没有发现。据说一天忽然梦到元徽对他说："我有黄金二百斤、马一百匹在祖仁家，你可去取。"尔朱兆醒来后就派人捉拿了寇祖仁，索要黄金马匹。寇祖仁以为有人告密，当即承认说，实际得到黄金一百斤、马五十匹。尔朱兆怀疑他藏匿了，于是按照梦中数量向他索要。寇祖仁本来有黄金三十斤、马三十匹，全部送给了尔朱兆，仍然不够。尔朱兆下令捉拿寇祖仁，把他的头部挂到树上，用大石头坠在脚上，用鞭抽他，将其打死。

从528年孝庄帝元子攸即位开始，至534年北魏分裂为东魏、西魏结束，短短6年时间，走马灯似的换了5位皇帝。在位短者，仅为6个月左右。孝庄帝被尔朱兆押解北上，缢杀于晋阳三级佛寺，年仅24岁。长广王元晔仅做了不到一年傀儡皇帝，在建明二年（531）二月被尔朱世隆逼迫禅让于广陵王元恭，自己降为东海王。广陵王元恭即位，年号普泰，为节闵帝。到建明二年（531）十月，高欢另拥立安定王元朗为帝。他击败尔朱氏后，即废黜节闵帝元恭。中兴二年（532）四月，高欢再逼元朗禅让于平阳王元脩，年号太昌，为孝武帝。太昌元年（532）五月，高欢毒死元恭。十一月，高欢再以东海王元晔、安定王元朗与尔朱氏有牵连，将二人赐死。三人被杀时最年长者元恭不过35岁，元晔和元朗皆20余岁。

六、宋云、惠生西行与北魏的对外交通

中国和西域的交通开拓颇早，一般认为始自张骞出使。司马迁说："然张骞凿空，其后使往者皆称博望侯，以为质于外国，外国由此信之。"① 由此包括古代印度西北部区域的罽宾、大月氏等，都和中土有了往来。比如罽宾国，"自武帝始通罽宾，自以绝远，汉兵不能至，其王乌头劳数剽杀汉使。乌头劳死，子代立，遣使奉献。汉使关都尉文忠送其使。王复欲害忠，忠觉之，乃与容屈王子阴末赴共合谋，攻罽宾，杀其王，立阴末赴为罽宾王，授印绶。后军候赵德使罽宾，与阴末赴相失，阴末赴锁琅当德，杀副已下七十余人，遣使者上书谢。孝元帝以绝域不录，放其使者于县度，绝而不通"②。其后，由张骞所开创的丝绸之路虽或通

---

① 《史记·大宛列传》。
② 《汉书·西域传》。

或断，但作为中国和西域文化交流的主要通道，对后世产生了重要影响。

就佛教而言，最早赴西域求法的为三国魏时朱士行。朱士行曾在洛阳讲《道行般若经》，但因为梵本不全及翻译问题，很多地方讲不通，"遂以魏甘露五年（260）发迹雍州，西渡流沙，既至于阗，果得梵书正本凡九十章。遣弟子不如檀，此言法饶，送经梵本还归洛阳"①。朱士行本人留在了西域，80岁时在于阗去世。弘始元年（399），东晋法显以65岁高龄，和慧景、道整、慧应、慧嵬四人从长安出发，赴天竺取经。途中经历了九死一生，"上无飞鸟，下无走兽。遍望极目，欲求度处则莫知所拟，唯以死人枯骨为幖帜耳"。法显来回经历15年时间，游历30余国，为中外交流史和佛教史上的壮举。汤用彤先生说："故海陆并遵，广游西土，留学天竺，携经而反者，恐以法显为第一人，此其求法之所以重要者一也。"②

此后，南北各地都有大批高僧西行，"或意在搜寻经典（如支法领），或旨在从天竺高僧亲炙受学（如于法兰、智严），或欲睹圣迹，作亡身之誓（如宝云、智猛），或远诣异国，寻求名师来华"③。但是，《洛阳伽蓝记》中所记载的宋云、惠生等以北魏朝廷官方身份，兼具求法与使者身份的西行活动，在历史上是比较少见的。

此次西行活动，始于神龟元年（518）。十一月冬，北魏胡太后派敦煌人宋云、崇立寺比丘惠生率领一个代表团，出使西域。神龟二年（519）进入朱驹波国、钵和国、嚈哒国、波斯国、赊弥国、乌场国，正光元年（520），抵达乾陀罗国。正光三年（522）二月返回，"凡得一百七

---

① 《高僧传》卷四，《大正藏》第50册，第346页中。
② 汤用彤：《汉魏两晋南北朝佛教史》上，中华书局，1983年，第271页。
③ 汤用彤：《汉魏两晋南北朝佛教史》上，中华书局，1983年，第269页。

十部,皆是大乘妙典"。《洛阳伽蓝记》杂糅《宋云家记》《惠生行记》《道荣传》,所记宋云、惠生在今新疆及印度西北部一带的行程,及于当地所见风俗与信仰状况,大概如下:

宋云一行从洛阳出发后,西行40天,先到北魏的西部关口赤岭。该地不生草木,以此得名。从赤岭出发,西行23日,渡过流沙,到吐谷浑国。从吐谷浑西行1750公里,到鄯善城。从鄯善西行820公里,到达左末城。宋云等发现,城中居民约有百余家,土地干旱无雨,挖水种麦,不会使用牛,用人力耕种。城中画的佛与菩萨像,不是胡人的相貌,据说是吕光征伐西域时留下的。从左末城西行637.5公里,到末城。此城花木水果如同洛阳,但建筑风格不同,只有土屋平顶。从末城西行11公里,到达捍麼城。城南有座寺院,寺院有金像一尊,此像边上造有一丈六的金像及众佛塔。上面悬挂的彩色幡盖,其中魏国之幡超过一半,幡上隶书多写有"太和十九年""景明二年""延昌二年"。除了北魏时期的幡外,还发现了姚兴时期的幡盖。

从捍麼城西行439公里,到于阗国。于阗国是西域古国中一个佛教信仰国家。中土第一位汉族僧人朱士行前往取经的地方就是于阗。他在于阗发现了大乘典籍,当他准备送回国内时,受到小乘僧人的阻挠。说明当地初期流行的可能是小乘佛教,大乘典籍虽然有,但被人视为异端。高僧法显作为第一位抵达天竺的僧人,也路过于阗。他在隆安五年(401)抵达于阗,"其国丰乐,人民殷盛,尽皆奉法,以法乐相娱。众僧乃数万人,多大乘学,皆有众食。彼国人民星居,家家门前皆起小塔,最小者可高二丈许。作四方僧房供给客僧"。此时的于阗俨然已是大乘佛国。不过经过上百年以后,宋云、惠生等到达于阗时,"于阗王不信佛法"。在比丘毗卢旃的努力下,国王才接受了佛法,建造了寺院。

神龟二年（519）七月二十九日，进入朱驹波国。八月初，进入汉盘陀国界。向西走6天，登葱岭山脉。再西行3天，抵达钵盂城。九月中旬进入钵和国。

从嚈哒国开始，进入了阿富汗北部地区，地势渐渐平缓。统治这个区域的国家多是大月氏的后裔。西汉时，大月氏民族从敦煌一带一直迁到阿姆河流域，其中一个部落强大起来并在此建立了强大的贵霜王朝。不过宋云等出使此地时，贵霜王朝早已衰败，分裂为诸王公控制的小国。这一时期又有"白匈奴"之称的嚈哒人建立的国家开始强盛，不断越过阿姆河，向南攻入今巴基斯坦一带。

到正光元年四月中旬，宋云一行抵达了乾陀罗国。该国国王本性凶暴，喜欢杀戮，不信仰佛法，喜欢祭祀鬼神。当时，乾陀罗国与罽宾国连年战争，军队疲乏，人民劳累，百姓怨恨。宋云拜见国王后，递送诏书。乾陀罗国王很傲慢，坐着接受了诏书。宋云等虽内心不满，因初来乍到，也不便发作。其后，双方稍微熟悉后，宋云借机批评说："山有高下，河水有大小，人处在世间，也有尊卑。嚈哒、乌场王都是跪拜接受诏书，为何大王独独不拜呢？"乾陀罗王说："我见到魏国君主自然会拜。仅仅接受诏书坐着读，有什么奇怪的？世人即使得到父母的书信，还坐着读，大魏如同我的父母，我也坐着读诏书，有什么大惊小怪的？"宋云始终无法说服他。

除了西域一带外，北魏时期的中外交流也远及东南亚一带。位于今印度尼西亚、马来西亚、越南一带的歌营国、句稚国、典孙国、扶南国、林邑国等都和北魏有过来往交流。来自这些地区的使者和佛教高僧，络绎不绝地抵达北魏。其中，歌营国是首次和中土有交通往来。"南中有歌营国，去京师甚远，风土隔绝，世不与中国交通，虽二汉及魏，亦未曾至也。今始有沙门菩提拔陁至焉。"

　　上文中仅就《洛阳伽蓝记》中比较突出的内容做了一些概括性介绍，实际上本书既有佛教建筑、佛教历史、佛教传播等方面的史料，也有政治变迁、社会生活、文化交流等方面的记载；既有相对客观的历史叙事，也有生动细致的场景刻画。随着《洛阳伽蓝记》作者杨衒之的笔触，我们仿佛置身于北魏的历史场景中，行走于洛阳伽蓝之间，亲身感受到那个时代的脉搏跳动。

　　本书注译以周祖谟《洛阳伽蓝记校释》（中华书局，1963）为底本，一般不再做校勘，明显有问题的参考其他校本改正，并加以说明。以宋体、楷体字体做了正文、子注的分别。注译过程中参考了范祥雍《洛阳伽蓝记校注》（上海古籍出版社，1978）、杨勇《洛阳伽蓝记校笺》（中华书局，2018）、周振甫《洛阳伽蓝记校释今译》（学苑出版社，2001）、尚荣译注《洛阳伽蓝记》（中华书局，2012）等。

目　录

序 ·· 1

卷第一 ·· 16
  城内 ·· 16
    永宁寺 ·· 16
    建中寺 ·· 55
    长秋寺 ·· 58
    瑶光寺 ·· 60
    景乐寺 ·· 64
    昭仪尼寺 ·· 66
    胡统寺 ·· 70
    修梵寺 ·· 73
    景林寺 ·· 75

卷第二 ·· 83
  城东 ·· 83

明悬尼寺 ………………………………… 83

龙华寺 …………………………………… 85

璎珞寺 …………………………………… 88

宗圣寺 …………………………………… 89

崇真寺 …………………………………… 90

魏昌尼寺 ………………………………… 95

景兴尼寺 ………………………………… 96

庄严寺 …………………………………… 102

秦太上君寺 ……………………………… 103

正始寺 …………………………………… 109

平等寺 …………………………………… 116

景宁寺 …………………………………… 130

卷第三 ……………………………………… 143

城南 …………………………………… 143

景明寺 …………………………………… 143

大统寺 …………………………………… 149

秦太上公寺 ……………………………… 151

报德寺 …………………………………… 154

正觉寺 …………………………………… 157

龙华寺 …………………………………… 163

菩提寺 …………………………………… 174

高阳王寺 ………………………………… 176

崇虚寺 ··· 182

卷第四 ··· 185

城西 ··· 185

　　冲觉寺 ··· 185
　　宣忠寺 ··· 189
　　王典御寺 ··· 195
　　白马寺 ··· 196
　　宝光寺 ··· 202
　　法云寺 ··· 205
　　开善寺 ··· 217
　　追先寺 ··· 227
　　融觉寺 ··· 233
　　大觉寺 ··· 236
　　永明寺 ··· 237

卷第五 ··· 248

城北 ··· 248

　　禅虚寺 ··· 248
　　凝玄寺 ··· 249
　　宋云、惠生西行记 ··· 252
　　京师建制及郭外诸寺 ··· 300

序

《三坟》《五典》之说①，九流百氏之言②，并理在人区③，而义兼天外④。至于一乘二谛之原⑤，三明六通之旨⑥，西域备详，东土靡记。自项日感梦⑦，满月流光⑧，阳门饰豪眉之像⑨，夜台图绀发之形⑩，尔来奔竞，其风遂广。

[注释]

①《三坟》《五典》：中国传说中的古代典籍。后人认为《三坟》指记载伏羲、神农和黄帝事迹之书，《五典》指记载少昊、颛顼、高辛、尧、舜事迹之书。

②九流百氏：指先秦时期的各种流派与学说。九流，指儒家、道家、墨家、法家、名家、纵横家、阴阳家、杂家、农家。百氏，诸子百家。

③人区：即人世间。

④天外：人世间之外。

⑤一乘二谛：乘，交通工具，在佛教中特指能够将众生从此岸世界运载至彼岸的佛法。一乘，指觉悟成佛之根本教法。谛，真理，佛教认为真理分俗谛和真谛两个不同层次，是谓二谛。在世俗世界通行的真理乃是俗谛，佛教所倡导的般若智慧才是真谛。

⑥三明六通：三明，指佛教中能知道过去、现在、未来的三种智慧，分别是宿命明，了知众生过去世相状的智慧，有助于断除常见；天眼明，了知众生未来世相状的智慧，有助于断除断见；漏尽明，消除断常二见、

获得证悟涅槃的智慧。六通，即六神通，指六种神异力量与智慧，包括：神足通，能于各处随意示现的能力；天眼通，同"三明"中"天眼明"；天耳通，能听闻众生各种语言及世界中的各种声音；他心通，能知道众生所思所想；宿命通，同"三明"之"宿命明"；漏尽通，同"三明"之"漏尽明"。

⑦项日感梦：此句典出《四十二章经》："昔汉孝明皇帝夜梦见神人，身体有金色，项有日光，飞在殿前，意中欣然，甚悦之。明日问群臣：'此为何神也？'有通人傅毅曰：'臣闻天竺有得道者，号曰佛，轻举能飞，殆将其神也。'于是上悟，即遣使者张骞、羽林中郎将秦景、博士弟子王遵等十二人，至大月支国写取佛经四十二章。在第十四石函中登起立塔寺，于是道法流布，处处修立佛寺。"

⑧满月：形容佛面如满月。

⑨阳门饰豪眉之像：阳门，即开阳门。豪眉，即毫眉，佛有各种美好相状，白毫之状即是其一。《牟子理惑论》载："时于洛阳城西雍门外起佛寺，于其壁画千乘万骑绕塔三匝，又于南宫清凉台及开阳城门上作佛像。"

⑩夜台图绀发之形：夜台，即坟墓，此处指汉明帝显节陵。绀发，青黑色的头发，比喻佛之头发。《牟子理惑论》载："明帝存时，豫修造寿陵，陵曰显节，亦于其上作佛图像。"

[译文]

《三坟》《五典》之说，先秦时期的儒家、道家、墨家、法家、名家、纵横家、阴阳家、杂家、农家等诸子百家，都立足人世之真理，意涵深远，兼及世外。佛教所说的一乘二谛教法、三明六神通之说，则来自西域，东土闻所未闻。自汉明帝夜梦金人，看见其项有日光、面如满月的佛陀形象，遣使者赴西域取经后，洛阳城内开阳城门上装饰了有白毫眉毛的佛像，汉明帝为自己预先修造的陵墓显节陵也制作了有着青黑色头发的佛像。由此，大家奔走竞相效仿，佛教开始流行。

[评析]

佛教何时传入中土，有两种代表性说法：一种以此处所说的"项日感梦"（汉明帝"夜梦金人"）说为代表，即在汉明帝永平十年（67）左右；另一种说法源于《三国志》卷三十南朝宋裴松之注引三国魏鱼豢《魏略·西戎传》，其中说"昔汉哀帝元寿元年（前2），博士弟子景卢受大月氏王使伊存口受浮屠经"，此为佛教传入中国最早的记载。两种说法相距约70年时间，我们大致可以认为佛教传入中国在公元前后。

至晋永嘉①，唯有寺四十二所。逮皇魏受图②，光宅嵩洛③，笃信弥繁，法教愈盛。王侯贵臣，弃象马如脱屣④；庶士豪家，舍资财若遗迹。于是招提栉比⑤，宝塔骈罗，争写天上之姿⑥，竞摹山中之影⑦，金刹与灵台比高⑧，广殿共阿房等壮⑨。岂直木衣绨绣、土被朱紫而已哉！⑩

[注释]

①永嘉：西晋怀帝年号（307—313）。

②皇魏受图：皇魏，指北魏。受图，意为接受天命。

③光宅嵩洛：光，广大。宅，所居之处。嵩，嵩山。洛，洛水。嵩山、洛水近于洛阳，故代指洛阳。

④象马：象和马，比喻财富。

⑤招提：寺院的别称。

⑥天上之姿：借指佛之形象。源出有二：一说指本书《宋云西行记》中"毗卢旃鸣钟告佛，即遣罗睺罗变形为佛，从空而现真容"之事；一说指佛至忉利天为母亲说法，优填王因思念佛陀而造旃檀佛像之事。

⑦山中之影：指佛之形象。源于本书卷五所记宋云西行传说，宋云等到那迦罗阿国时，见到了相传佛陀为教化恶龙于山壁上显现的影像，此佛之影像，称为佛影。

⑧金刹：即金刚刹，寺院的别称之一。灵台：汉光武帝所建之高台，用来登高望远，在洛阳城南三里之外。

⑨广殿：一作"讲殿""宫殿"。阿房：即阿房宫。

⑩木衣绨绣、土被朱紫：是说树木上装饰有厚的丝织品，大地上用红紫两色点缀，形容寺院建筑的奢华。绨绣，厚的丝织品。朱紫，红和紫两种颜色。

[译文]

至西晋永嘉年间，只有寺院四十二所。等北魏建立，并迁都洛阳后，崇信佛法者越来越多，佛教弘传愈加繁盛。王公贵族捐献财富如同脱鞋般轻而易举，豪家名士舍弃资财如同遗弃痕迹般微不足道，于是寺院鳞次栉比，宝塔并列耸立，争着摹写天上之佛像，竞相模仿山中之佛影，寺院与灵台比高，广阔的殿堂同阿房宫一样壮丽。岂止是把树木包裹上丝绸，大地用红紫颜色装点而已！

[评析]

　　佛像制作相传始于优填王思念佛陀而制作牛头旃檀佛像。据《增一阿含经》卷二十六，优填王、波斯匿王等因思念佛陀，委托工匠制作佛像。"是时，优填王即以牛头栴檀作如来形像高五尺。是时，波斯匿王闻优填王作如来形像高五尺而供养。是时，波斯匿王复召国中巧匠，而告之曰：'我今欲造如来形像，汝等当时办之。'时，波斯匿王而生此念：'当用何宝，作如来形像耶？'斯须复作是念：'如来形体，黄如天金，今当以金作如来形像。'是时，波斯匿王纯以紫磨金作如来像高五尺。尔时，阎浮里内始有此二如来形像。"佛像传入中土，相传也始于佛教传入的初期，如《高僧传·竺法兰传》："（蔡）愔又于西域得画释迦倚像，是优田王栴檀像师第四作也。既至雒阳，明帝即令画工图写，置清凉台中及显节陵上。旧像今不复存焉。"按此说法，汉明帝遣使求法之时，同时得到了佛的画像，并置于显节陵上。

　　另外一种关于佛像源头之说，来自古代印度西北部的佛影窟。中国赴印度求法的高僧和印度来中土传法的高僧中不少人都提到了这个地方。法显曾说："那竭城南半由延有石室博山，西南向佛留影。此中去十余步观之如佛真形，金色相好，光明炳著。转近转微，仿佛如有。诸方国王，遣工画师摹写莫能及。"（《高僧法显传》）从罽宾到中土传法的佛驮跋陀罗曾翻译有《观佛三昧海经》，里面也提到此佛影窟："尔时，世尊结加趺坐在石壁内，众生见时，远望则见，近则不现。诸天百千供养佛影，影亦说法。"依照这种传说，东晋慧远在庐山制作了佛影壁。他在《佛影铭》中说："佛影今在西那伽诃罗国南山古仙石室中，度流沙从径道，去此一万五千八百五十里。"佛影原型位于古印度犍陀罗国西北，今天阿富汗贾拉拉巴德一带。慧远根据从西域、罽宾一带来华高僧的说法，于义熙八年

（412）在山中岩壁绘出佛像并撰铭刻石。"遇西域沙门辄餐游方之说，故知有佛影而传者尚未晓然。及在此山值罽宾禅师、南国律学道士，与昔闻既同，并是其人游历所经。因其详问，乃多先征。然后验神道无方，触像而寄。百虑所会，非一时之感。于是悟彻其诚，应深其位，将援同契，发其真趣。故与夫随喜之贤，图而铭焉。"其中罽宾禅师，当指佛驮跋陀罗。佛驮跋陀罗被鸠摩罗什僧团从长安摈出后，被慧远迎至庐山，两人一见如故。南国律学道士不确所指，但据谢灵运《佛影铭并序》："法显道人至自祇洹，具说佛影，偏为灵奇。幽岩嵌壁，若有存形。容仪端庄，相好具足。莫知始终，常自湛然。庐山法师闻风而悦，于是随喜幽室。即考空岩，北枕峻岭，南映彪涧，摹拟遗量，寄托青采。岂唯象形也笃，故亦传心者极矣。道秉道人，远宣意旨，命余制铭，以充刊刻。"法显法师从印度归来时，曾将《僧祇律》梵本带回中国，并委托佛驮跋陀罗翻译。有人认为法显重视律学，符合律学道人的身份，然而法显在义熙九年（413）才回到中土，慧远制作佛像时，法显尚未返回，因此律学道人不可能是法显。谢灵运撰铭文时为义熙九年（413），此时法显已经返回，故有此说。

暨永熙多难①，皇舆迁邺②，诸寺僧尼亦与时徙。至武定五年，岁在丁卯，余因行役，重览洛阳。城郭崩毁，宫室倾覆，寺观灰烬，庙塔丘墟，墙被蒿艾，巷罗荆棘。野兽穴于荒阶，山鸟巢于庭树。游儿牧竖③，踯躅于九逵④；农夫耕老，艺黍于双阙。始知《麦秀》之感⑤，非独殷墟；《黍离》之悲⑥，信哉周室！京城表里，凡有一千余寺。今日寥廓，钟声罕闻。恐后世无传，故撰斯记。然寺数最多，不可遍写。今之所录，止大伽蓝，其中小者，取其祥异，世谛俗事，因而出之。先以城内为始，次及城外。表列门名，以记远近，凡为五篇。余才非著述，多有遗漏，后之君子，详其阙焉。

[注释]

①永熙：北魏孝武帝元脩的第三个年号（532—534）。

②皇舆迁邺：永熙三年（534），北魏孝武帝因受到权臣高欢威胁，逃亡至西安。高欢遂立年仅11岁的元善见为孝静帝，迁都邺，史称东魏。皇舆，皇帝所乘之车辆，这里用来指称皇帝。

③牧竖：牧童。南宋陆游《识愧》诗："几年羸疾卧家山，牧竖樵夫日往还。"

④九逵：指京城的大路。《三辅黄图·都城十二门》："长安城面三门，四面十二门，皆通达九逵，以相经纬。"

⑤《麦秀》：相传商纣王叔父箕子分封朝鲜后，一次在朝拜周朝的途中路过殷墟，看到原来的宫室之地都长了庄稼，内心感伤，作了《麦秀》一诗："麦秀渐渐兮，禾黍油油。彼狡童兮，不与我好兮。"

⑥《黍离》：《诗经》中的一首诗。从内容看，当是东周时期某位朝中大夫路过西周都城镐京，目睹宫殿毁坏、禾苗生长其间的情景后，有感而发。诗云："彼黍离离，彼稷之苗。行迈靡靡，中心摇摇。知我者，谓我心忧，不知我者，谓我何求。悠悠苍天，此何人哉？ 彼黍离离，彼稷之穗。行迈靡靡，中心如醉。知我者，谓我心忧，不知我者，谓我何求。悠悠苍天，此何人哉？ 彼黍离离，彼稷之实。行迈靡靡，中心如噎。知我者，谓我心忧，不知我者，谓我何求。悠悠苍天，此何人哉？"

[译文]

　　至永熙年间，多有灾难，魏国被迫迁都邺地，各寺的僧尼也随之迁到了这里。到了武定五年，年在丁卯，我也因为公事，再次来到洛阳。看到城郭崩塌，宫殿倾倒，寺院成了一片瓦砾，庙塔变成了废墟，墙上长满杂草，巷子里满是荆棘。野兽出没在荒废的台阶上，鸟类在破落庭院树上筑巢。流浪儿与牧童，在大路上游荡；农夫和耕作的老人，在宫阙空地上耕种作物。才知道《麦秀》之诗的感伤，非殷墟独有；《黍离》之诗的悲愤，确确实实发生在周朝。过去，京城内外，共有一千余座寺院，今天则没剩下多少，很少听到钟声。恐怕后世没有记录，所以撰写这篇记文。然而寺院数量众多，不可能全部记录，所以现在所记的只是大的寺院，中型小型的寺院，只取其中祥瑞怪异、佛教故事、世俗之事，加以记载。先从城内开始，其次城外。详列门的名称，用来表示远近，一共有五篇。我并不擅长著述，定会有许多遗漏，待后来的君子详细补足缺漏之处吧。

[评析]

　　北魏末年，政权动荡。永熙三年（534），魏孝武帝元脩不堪权臣高欢的控制，西奔长安，投奔宇文泰。高欢随即立元善见为皇帝，并迁都于邺，史称东魏。迁都工程浩大，不仅将洛阳城的40万户居民迁到邺地，而且把很多建筑一并拆迁至邺，佛教寺院同样经历这场浩劫，因而才出现作者所见的荒凉景象。

　　太和十七年，高祖迁都洛阳①，诏司空公穆亮②，营造宫室，洛阳城门依魏晋旧名。
　　东面有三门：

北头第一门曰建春门。汉曰上东门，阮籍诗曰"步出上东门"是也③。魏晋曰建春门，高祖因而不改。

次南曰东阳门。汉曰中东门，魏晋曰东阳门，高祖因而不改。

次南曰青阳门。汉曰望京门，魏晋曰清明门，高祖改为青阳门。

[注释]

①高祖：即北魏孝文帝拓跋宏。孝文帝锐意改革，为学习汉族先进文化制度，在太和十七年（493），借出兵伐齐，行军至洛阳后，遂宣布将都城从平城迁至洛阳。

②穆亮（451—502）：字幼辅，北魏代郡平城（今山西大同）人。孝文帝时曾担任秦州刺史、敦煌镇将、仇池镇将、侍中、守右仆射、司州牧等官职。迁都洛阳时，穆亮曾任司马，负责新都城的建造，故称"司马公"。

③步出上东门：三国魏阮籍《咏怀》诗："步出上东门，北望首阳岑。下有采薇士，上有嘉树林。良辰在何许？凝霜沾衣襟。寒风振山冈，玄云起重阴。鸣雁飞南征，鶗鴂发哀音。素质游商声，凄怆伤我心。"

[译文]

太和十七年（493），孝文帝迁都洛阳，下诏命司空公穆亮建造宫殿，洛阳各城门多依照魏晋旧名。

东面有三道门：

北头第一道门叫建春门。（汉朝时叫上东门，阮籍曾有诗说"步出上东门"，就是指的此门。魏晋时期叫建春门，高祖因袭旧名，未做改动。）

往南边的门叫东阳门。（汉朝时叫中东门，魏晋时叫东阳门，高祖因袭旧名，未做改动。）

再往南边的门叫青阳门。（汉朝时叫望京门，魏晋时叫清明门，高祖改为青阳门。）

[评析]

《魏书·高祖本纪》载："（太和十七年）冬十月戊寅朔，幸金墉城。诏征司空穆亮与尚书李冲、将作大匠董爵经始洛京。"新都城的建设任务繁重，故而由三位大臣共同负责。

上东门在不少诗歌中出现，除了阮籍那首外，还有佚名所作《驱车上东门行》："驱车上东门，遥望郭北墓。白杨何萧萧，松柏夹广路。下有陈死人，杳杳即长暮。潜寐黄泉下，千载永不寤。浩浩阴阳移，年命如朝露。人生忽如寄，寿无金石固。万岁更相送，贤圣莫能度。服食求神仙，多为药所误。不如饮美酒，被服纨与素。"又李白《经乱后将避地剡中留赠崔宣城》有"双鹅飞洛阳，五马渡江徼。何意上东门，胡雏更长啸"之句。

南面有四门：

东头第一曰开阳门。初汉光武迁都洛阳，作此门始成，而未有名。忽夜中有柱自来在楼上，后琅琊郡开阳县言南门一柱飞去[①]，使来视之，则是也。遂以"开阳"为名。自魏及晋，因而不改，高祖亦然。

次西曰平昌门。汉曰平门,魏晋曰平昌门,高祖因而不改。

次西曰宣阳门。汉曰小苑门,魏晋曰宣阳门,高祖因而不改。

次西曰津阳门。汉曰津门,魏晋曰津阳门,高祖因而不改。

[注释]

①开阳县:在今山东临沂一带。初为先秦鲁国所建城池,西汉初年设立启阳县,后为避汉景帝刘启之讳,改名开阳。原属东海郡,后归入琅邪郡。

[译文]

南面有四道门:

东头的第一道门叫开阳门。(汉光武帝刘秀迁都洛阳之初,才建造了此门,未有名称。忽然有一天夜间一个立柱出现在楼上,后来从琅邪郡开阳县传来消息说,县南门有一根柱子不翼而飞,派人来查看后,果然就是同一根。随后,便以"开阳"为名。从魏至晋,因袭不改,高祖也同样未做改动。)

往西边的门叫平昌门。(汉朝时叫平门,魏晋时叫平昌门,高祖也未做改动。)

再往西边的门叫宣阳门。(汉朝时叫小苑门,魏晋时叫宣阳门,高祖未做改动。)

再往西边的门是津阳门。(汉朝时叫津门,魏晋时叫津阳门,高祖未做改动。)

[评析]

东汉光武帝刘秀(前5—57),更始三年(25)即位于河北鄗县(今柏乡)南千秋亭,宣称光复汉室,后定都于洛阳,史称东汉。定都洛阳后,先将皇宫设置于西汉高祖刘邦曾居住过的南宫,并开始建造洛阳城的北宫。工程直到汉明帝永平三年(60)才完成,奠定了东汉时期洛阳都城的基本格局。

西面有四门:

南头第一门曰西明门。汉曰广阳门,魏晋因而不改,高祖改为西明门。

次北曰西阳门。汉曰雍门,魏晋曰西明门,高祖改为西阳门。

次北曰阊阖门①。汉曰上西门,上有铜璇玑玉衡②,以齐七政③。魏晋曰阊阖门,高祖因而不改。

次北曰承明门。承明者,高祖所立,当金墉城前东西大道④。迁京之始,宫阙未就,高祖住在金墉城。城西有王南寺,高祖数诣寺沙门论议,故通此门,而未有名,世人谓之新门。时王公卿士常迎驾于新门,高祖谓御史中尉李彪曰:"曹植诗云'谒帝承明庐'⑤,此门宜以'承明'为称。"遂名之。

[注释]

①阊阖：原指传说中的天门，如《楚辞·离骚》："吾令帝阍开关兮，倚阊阖而望予。"东汉王逸注："阊阖，天门也。"后来用来指室门、宫门等，泛指都城、宫殿。

②璇玑玉衡：古代观察天象的仪器。《尚书·尧典》："舜让于德，弗嗣。正月上日，受终于文祖。在璇玑玉衡，以齐七政。"

③七政：一说指日、月和金、木、水、火、土五星；一说指北斗七星。

④金墉城：三国魏明帝时建造的城池，位于当时洛阳城（今河南洛阳东）西北角。北魏迁都初期，孝文帝曾暂住于此。

⑤谒帝承明庐：出于三国魏曹植《赠白马王彪》诗。

[译文]

西面有四道门：

南头第一道门叫西明门。（汉朝时叫广阳门，魏晋时因袭旧名未改，高祖改为西明门。）

往北边的门叫西阳门。（汉朝时叫雍门，魏晋时叫西明门，高祖改为西阳门。）

再往北边的门叫阊阖门。（汉朝时叫上西门，安置有铜制的观察天象的仪器璇玑玉衡，用来观察北斗七星等天象。魏晋时叫阊阖门，高祖因袭旧名未改。）

再往北边的门叫承明门。（承明门是高祖所立，对着金墉城前的东西大道。北魏迁都之始，宫殿尚未建造完成，高祖曾暂住金墉城。金墉城城西有王南寺，高祖曾多次到寺院和沙门谈论佛理，所以开通了此门，但没有名字,世人称为新门。当时王公卿相常在此迎接圣驾,所以高祖对御史中尉李彪说:"曹植有诗云'谒帝承明庐',此门应该以'承明'为名。"于是此门乃名承明门。)

[评析]

曹植《赠白马王彪》作于黄初四年(223)。当年五月,曹植同白马王曹彪、任城王曹彰到洛阳朝见曹丕。任城王不幸病死,七月份返回时,曹植和曹彪又被官府勒令不得同行,曹植悲愤不已,作诗赠给曹彪。其序云:"黄初四年五月,白马王、任城王与余俱朝京师,会节气。到洛阳,任城王薨。至七月,与白马王还国。后有司以二王归藩,道路宜异宿止,意毒恨之。盖以大别在数日,是用自剖,与王辞焉,愤而成篇。"全诗分为七部分,第一部分有"谒帝承明庐,逝将归旧疆。清晨发皇邑,日夕过首阳。伊洛广且深,欲济川无梁。泛舟越洪涛,怨彼东路长。顾瞻恋城阙,引领情内伤"之句。

北面有二门:

西头曰大夏门。汉曰夏门,魏晋曰大夏门。宣武帝造三层楼,去地二十丈。洛阳城门,楼皆两重,去地百尺,惟大夏门甍栋干云[①]。

东头曰广莫门。汉曰穀门,魏晋曰广莫门,高祖因而不改。广莫门以西,至于大夏门,宫观相连,被诸城上也。

一门有三道,所谓九轨[②]。

[注释]

①甍栋：屋梁。南朝梁刘孝绰《酬陆长史倕》诗："朝猿响甍栋，夜水声帷薄。"干云：直插云霄。三国魏何晏《景福殿赋》："飞阁干云，浮阶乘虚。"

②九轨：可容九辆车并行的路面宽度。

[译文]

北面有两道门：

西头的是大夏门。（汉朝时叫夏门，魏晋时叫大夏门。宣武帝在此建造了三层门楼，高二十丈。洛阳城门楼都是两重结构，离地有百尺之高，唯有大夏门屋脊直冲云霄。）

东头的是广莫门。（汉朝时叫榖门，魏晋时叫广莫门，高祖因袭旧名未改。广莫门以西，到大夏门，宫观相连，连接城门。）

一门有三条路，就是所说的九辆车并行的大道。

[评析]

当时的洛阳城四面有十二道门。按当时的记载，城门有三条大道通往远方，中间的道路为御道，是官员行走的道路，两边筑有四尺高的土墙。普通人走左右两条道路，左边进城，右边出城。道路两边种植有槐树和柳树。由此可见当时洛阳城建造的恢宏。

卷第一

城　　内

永　宁　寺

　　永宁寺，熙平元年灵太后胡氏所立也①，在宫前阊阖门南一里御道西。其寺东有太尉府②，西对永康里，南界昭玄曹③，北邻御史台④。阊阖门前御道东有左卫府⑤，府南有司徒府⑥。司徒府南有国子学堂⑦，内有孔丘像，颜渊问仁、子路问政在侧。国子学南有宗正寺⑧，寺南有太庙⑨，庙南有护军府⑩，府南有衣冠里。御道西有右卫府，府南有太尉府⑪，府南有将作曹⑫，曹南有九级府，府南有太社⑬，社南有凌阴里，即四朝时藏冰处也⑭。

[注释]

　　①灵太后：即胡太后，北魏安定临泾（今甘肃镇原）人。宣武帝初年，胡氏的姑姑出家为尼后因善讲经闻名，被召入宫中讲经。在姑姑的引荐下，胡氏被宣武帝纳入后宫，为"承华世妇"。永平三年（510），胡氏生下皇子元诩。元诩即位后为孝明帝，尊宣武帝皇后高氏为皇太后，胡氏为皇太妃。后高氏被逼出家，胡氏自为皇太后。因元诩年幼，胡太后临朝听政。受姑姑影响，胡太后颇为重佛法，熙平元年（516），造永平寺浮屠塔。

②太尉：古代官名，为全国军政首脑，与丞相、御史大夫并称三公。汉武帝时改称大司马。东汉时太尉与司徒、司空并称三公。北魏孝文帝改革后，沿袭此制，设立太尉一职。

③昭玄曹：管理僧众的官署。北魏前期称监福曹，后改为昭玄曹。《大宋僧史略》云："后魏有云：初立监福曹以统摄僧伍，寻更为昭玄寺也。"

④御史台：兼有皇帝秘书与监察百官功能的官署，长官称御史中丞、御史中尉。北魏时期沿袭晋制。

⑤左卫府：左卫将军的官署。汉时有卫将军，晋时设左卫将军、右卫将军，北魏沿袭晋制。左卫将军是禁卫军的最高长官之一，多由皇帝信任的大将担任。

⑥司徒：掌管民事之官。《后汉书·百官志》："掌人民事。凡教民孝悌、逊顺、谦俭，养生送死之事，则议其制，建其度。凡四方民事功课，岁尽则奏其殿最而行赏罚。"一般认为，北魏时期包括司徒在内的八公多属礼遇之官，并无实际权力。

⑦国子学堂：晋武帝咸宁二年（276）始设，作为五品以上官僚贵族子弟的专门学校，形成了与面向下层士人的太学并立的学校制度。北魏道武帝沿袭晋制，设立国子太学。后孝文帝、宣武帝时，又增设了四门小学，形成了国子学、太学、四门小学三学并存的教育体系。

⑧宗正寺：管理皇家事务的官署。

⑨太庙：帝王的祖庙。

⑩护军府：为护军或中护军的官署。北魏时设有中护军一职，总统诸将，并且主武官选任。

⑪太尉府：前面已有太尉府，《元河南志》此处作"太府寺"，疑

"太尉府"为"太府寺"之误。太府寺是掌管财务库藏的官署。

⑫将作曹：掌管宫殿、宗庙和陵园等建设工程的官署。

⑬太社：古代帝王为百姓祈福，祭祀土神、谷神之处。东汉班固撰《白虎通·社稷》："太社为天下报功，王社为京师报功。"

⑭四朝藏冰处：中国自古即有冬季储藏冰块的做法。《周礼》载："凌人掌冰正，岁十有二月，令斩冰，三其凌。"四朝，指西晋的武帝、惠帝、怀帝、愍帝四朝皇帝。

[译文]

永宁寺，是熙平元年时灵太后胡氏建造的，在皇宫前阊阖门南一里的御道西边。（永宁寺东有太尉府，西面对着永康里，南面与昭玄曹接界，北边与御史台为邻。阊阖门前御道东边有左卫府，府南有司徒府。司徒府南边有国子学堂，内供有孔子像，旁边有"颜渊问仁""子路问政"的壁画。国子学堂南边有宗正寺，寺南边有太庙，庙的南边有护军府，护军府南有衣冠里。御道西有右卫府，府南有太尉府，太尉府南有将作曹，将作曹的南边有九级府，府南有太社，太社南有凌阴里，即武帝、惠帝、怀帝、愍帝四朝用来藏冰的地方。）

[评析]

永宁寺周边有不少的官府，北魏时期的官职前后期有变化，但总体上承袭晋制。陈寅恪先生对北魏的官职承袭有过评论："所谓（北）魏、（北）齐之源者，凡江左承袭汉、魏、西晋之礼乐政刑典章文物，自东晋至南齐其间所发展变迁，而为北魏孝文帝及其子孙模仿采用，传至北齐成一大结集者是也。其在旧史往往以'汉魏'制度目之，实则其流变所及，不止限于汉魏，而东晋南朝前半期俱包括在内。旧史又或以'山东'目之者，则以山东之地指北齐而言，凡北齐承袭元魏所采用东晋南朝前半期之文物制度皆属于此范围也。又西晋永嘉之乱，中原魏晋以降之文化转移保存于凉州一隅，至北魏取凉州，而河西文化遂输入于魏，其后北魏孝文、宣武两代所制定之典章制度遂深受其影响，故此（北）魏、（北）齐之源其中亦有河西之一支派，斯则前人所未深措意，而今日不可不详论者也。"（《隋唐制度渊源略论稿》）

关于永宁寺的建造，《历代三宝记》卷九记载："至孝文帝宏世，迁京洛阳，改姓称元，始服冠冕。至孝明帝熙平元年，灵太后胡氏造永宁寺。起九层木浮图，高九十丈，上有宝刹复高十丈，去地千尺，离京百里即遥见之。初欲筑基，掘至黄泉下得金像三十二躯。太后信为法之祥征，是以营造穷极世工。刹上金宝瓶容二十五石，宝瓶下有承露金盘，一十一重周匝轮郭，皆垂金铎。复有铁锁四道，引刹向浮图角，四角锁上亦有金铎，大小皆如一石瓮。浮图九级，角角皆悬金铜铃铎，合上下有百三十铎。浮图四面，面别各有三门六窗，并皆朱漆扇，扇上各有五行金铃，其十二门二十四扇，合有五千四百枚铃。铃下复镂金镮铺首，穷造制之巧，极土木之工。庶民子来，匪日而作。佛事精妙，不可思议。绣柱金铺，骇人心目。至于秋月永夜高风，宝铎和鸣声响谐韵。中霄晃朗昱爊耀空，铿锵之音闻十余里。浮图北有佛殿一所，形如太极，中有八丈金像一躯，等身金像十躯，编真珠像三躯，金织成像五躯，玉像二躯，作工奇巧，冠于当世。僧房楼观一千余间，雕梁粉壁，青琐绮疏，难得而言。栝柏椿松，扶疏檐溜，丛竹香草，布护阶庭。是以常景制寺碑云：'须弥宝殿，兜率净宫，莫尚于斯是也。'外国所献神异经像，皆在此寺。寺之墙院，皆施短椽以瓦覆之，状若宫墙。寺之四面，各开一门，其正南门有三重楼，通三阁道，去地二十丈，形制似今端门。图以云气，画彩仙灵，列钱青锁，赫奕华丽。挟门两傍有四力士、四师子，饰以金银，加之珠玉。庄严焕炳，世所未闻，东西两门，悉亦如之。所可异者，唯楼两重，北门一道上不施屋，似乌头门。其四门外皆树青槐，亘以渌水，京邑行人，多庇其下。路断车盖，非由淹云之润；清风送凉，岂藉合欢之发？而供养具与祇园等。"

中有九层浮图一所①，架木为之，举高九十丈。上有金刹②，复高十丈，合去地一千尺。去京师百里，已遥见之。初掘基至黄泉下③，得金像三十躯，太后以为信法之征，是以营建过度也。刹上有金宝瓶，容二十五斛④。宝瓶下有承露金盘三十重⑤，周匝皆垂金铎。复有铁锁四道，引刹向浮图四角。锁上亦有金铎，铎大小如一石瓮子。浮图有九级，角角皆悬金铎，合上下有一百二十铎。浮图有四面，面有三户六窗，户皆朱漆。扉上有五行金钉，合有五千四百枚。复有金环铺首⑥，殚土木之功，穷造形之巧。佛事精妙，不可思议；绣柱金铺，骇人心目。至于高风永夜，宝铎和鸣，铿锵之声闻及十余里。

[注释]

①浮图：又作浮屠，有两种含义：一是佛陀（Buddha）的早期译名，《魏书·释老志》："浮屠，正号曰佛陀，佛陀与浮图声相近，皆西方言，其来转为二音，华言译之谓净觉。"一是窣堵波（buddha–stūpa）的早期译名，指佛寺、佛塔。此处浮图当指佛塔。

②刹：此处指塔刹，即塔顶部由刹座、刹身、刹顶、刹杆所组成的建筑。

③黄泉：古代人认为是人死后的归处。此处比喻地下深处。

④斛：古代容量单位。秦汉时一斛为十斗，后改为五斗。

⑤承露金盘：承露盘，原指用来承接甘露的盘状物。此处指塔刹上的相轮。

⑥铺首：古代大门上用来衔着门环的铜座。

[译文]

　　寺中间有九层佛塔一座，乃是用木头建造而成的，高有九十丈。塔上有高十丈的金饰塔刹，从塔刹到塔基，合起来离地有一千多尺。在离京城百里的地方，就能远远看到。当初建造时挖地基到比较深的地下，发现了铜佛像三十尊，胡太后视为佛法显现的吉祥征兆，因此开始大规模营造。塔刹上面有金宝瓶，容量达二十五斛。宝瓶下面有承露金盘（相轮）三十重，周边皆挂有金铃铛。又有四道铁索，从塔刹连接塔的四个角。锁链上也有金铃铛，每一个铃铛大小相当于一个石瓮。宝塔共有九层，每层的边角上都悬挂有金铃铛，上下加起来一共有一百二十个。佛塔共有四面，每一面有三门六窗，每一扇都用朱漆粉刷，门上有五行金钉，合计共有五千四百枚。门上还有金环铺首，竭尽土木建造的能力，穷极造型设计的想象。如此佛教建筑精妙无边，不可思议；锦绣的立柱、金色的铺首，震撼人心，夺人眼目。至于到了漫长的夜晚，秋风吹拂，宝铎晃动，铃声铿锵，声音可传至十余里之外。

[评析]

　　佛塔，原为安放佛陀舍利等的墓形建筑，后逐渐发展为覆钵形的砖石建筑。相传释迦牟尼去世后，八分舍利，信徒在八处建造佛塔供奉。佛教传入中土，礼佛之人对建造佛塔也颇受重视，如《后汉书·陶谦传》载："初，同郡人笮融，聚众数百，往依于谦，谦使督广陵、下邳、彭城运粮。遂断三郡委输，大起浮屠寺。上累金盘，下为重楼，又堂阁周回，可容三千许人，作黄金涂像，衣以锦彩。每浴佛，辄多设饮饭，布席十路，其有就食及观者且万余人。"印度的佛塔多为覆钵形，中国的佛塔则因应中国传统建筑的特色，多呈现楼阁式。从建塔的动因看，除了作为佛及高僧之舍利等圣物的供奉地外，也有很多是出于祈福、报恩等原因。

　　浮图北有佛殿一所，形如太极殿。中有丈八金像一躯，中长金像十躯，绣珠像三躯，金织成像五躯，玉像二躯。作工奇巧，冠于当世。僧房楼观，一千余间。雕梁粉壁，青璅绮疏①，难得而言。栝柏松椿②，扶疏拂檐③。丛竹香草，布护阶墀④。是以常景碑云："须弥宝殿⑤，兜率净宫⑥，莫尚于斯也。"

[注释]

　　①青璅：即青琐，指装饰皇宫窗户的青色连环花纹。《汉书·元后传》："曲阳侯根，骄奢僭上，赤墀青琐。"绮疏：指雕刻有空心花纹的窗户。《后汉书·梁冀传》："窗牖皆有绮疏青琐，图以云气仙灵。"唐李贤注："绮疏谓镂为绮文。"

②栝：即桧树，也称刺柏。

③扶疏：枝叶繁茂。

④阶墀：台阶。

⑤须弥：指须弥山，意译为妙高山。佛教中认为其是位于世界中心的一座高山，为八山八海所环绕，同一日月所照耀，由此构成了一个小世界。

⑥兜率净宫：佛教认为须弥山之上有欲界六天，即四天王天、忉利天、夜摩天、兜率天、化乐天、他化自在天。其中四天王天和忉利天依山而居，后四天则居于虚空之中。六天中第四天为兜率天，兜率天宫的内院为弥勒菩萨的净土，外院则为其他天众所居。

[译文]

佛塔北面有佛殿一所，形状犹如太极殿。中间有丈八金像一尊，中等长度金像十尊，绣珍珠像三尊，金线织成佛像五尊，玉佛像二尊。制作精巧，冠于当世。僧房楼观，有一千多间。雕梁画栋，粉饰墙壁，窗户上青色连环花纹、镂空的装饰，无法用语言形容。栝柏松椿，枝叶繁茂，覆盖房檐。丛丛竹林、满园香草，布满了台阶。（因此常景碑说："须弥天宫，兜率净土，都无法与此相比。"）

[评析]

佛殿形如太极殿，在《续高僧传》中说得更加直接："浮图北有正殿，形拟太极。"北魏时的太极殿为宫中正殿，后代皆沿此制。"历代殿名，或沿或革，唯魏之太极，自晋以降，正殿皆名之。"（《初学记·居处部》）佛殿仿自宫中太极殿，一方面说明佛教建筑的中国特色，一方面说明建造者地位之高。

外国所献经像，皆在此寺。寺院墙皆施短椽，以瓦覆之，若今宫墙也。四面各开一门，南门楼三重，通三阁道①，去地二十丈，形制似今端门②。图以云气③，画彩仙灵，列钱青璅④，赫奕华丽。拱门有四力士、四狮子⑤，饰以金银，加之珠玉，装严焕炳，世所未闻。东西两门，亦皆如之。所可异者，唯楼二重。北门一道不施屋，似乌头门⑥。四门外树以青槐，亘以绿水，京邑行人，多庇其下。路断飞尘，不由滓云之润⑦；清风送凉，岂藉合欢之发⑧！

[注释]

①阁道：楼隔间架空的通道，也称复道。

②端门：宫殿的正南门。

③云气：云雾。

④列钱：宫墙上用镶嵌玉石的金环装点在一条横木上，像串在一起的铜钱，故称列钱。

⑤力士：即金刚力士，具有大力的佛教护法神。

⑥乌头门：类似牌坊的一种大门，以两根立柱和一根横梁为基础结构，立柱自横梁上涂成黑色，故称乌头门。古代社会中，乌头门常是地位身份的象征。本书是比较早提到这种建筑形制的文献。

⑦滓云：阴云。

⑧合欢：这里指合欢扇，即团扇，上绘有对称的图案，象征男女情谊相融。

[译文]

　　外国所贡献的经典和佛像，都存放在本寺。寺院墙上皆盖有短椽，椽上覆盖有瓦片，类似今天的宫墙。四面各有一门，南门的楼阁有三层，通有三座环楼的通道，离地二十丈高，形制类似今天的端门。上面雕饰有云雾装饰，画有各种色彩的仙灵，还有串成一串的金环和青色的连环等装饰物，光亮奢华。拱门上有四力士、四狮子，装饰有金银，再加上珠宝玉石，庄严光彩，为世间所未闻。东西两门，也都如此。所不同的是，唯有楼阁为两层。北门没有建筑楼阁，好像乌头门一样。四门外植有清槐，环绕绿水，京城行人，多庇护在树荫下。路上没有灰尘，靠的不是天降雨水；清风送凉，岂用扇子扇风！

[评析]

　　寺院建筑亮丽奢华，富丽堂皇，建筑形制颇似宫殿，由此可见当时永宁寺的繁盛。

　　诏中书舍人常景为寺碑文①。景，字永昌，河内人也。敏学博通，知名海内。太和十九年，为高祖所器，拔为律学博士，刑法疑狱，多访于景。正始初，诏刊律令，永作通式。敕景共治书侍御史高僧裕、羽林监王元龟、尚书郎祖莹、员外散骑侍郎李琰之等撰集其事。又诏太师彭城王勰、青州刺史刘芳入预其议。景讨正科条，商榷古今，甚有伦序，见行于世，今律二十篇是也。又共芳造洛阳宫殿门阁之名，经途里邑之号。出除长安令，时人比之潘岳②。其后历位中书舍人、黄门侍郎、秘书监、幽州刺史、仪同三司③。学徒以为荣焉。景入参近侍，出为侯牧，居室贫俭，事等农家，唯有经史盈车满架。所著文集数百余篇，给事中封昕伯作序，行于世。

[注释]

①中书舍人：为皇帝起草各类文书的秘书。常景（？—550）：河内温（今河南温县）人，北魏时期历任律学博士、门下录事、太常博士、幽州刺史等官职。正始（504—508）初年，宣武帝诏令尚书、门下在金墉中书外省考查讨论律令，常景也参与其中。

②潘岳：即潘安，西晋时期著名的文学家和美男子。

③黄门侍郎：为侍从皇帝、传递诏令的官职。秘书监：东汉桓帝时始设立，负责掌管国家各类典籍。仪同三司：是一种等级类同于三司，但不享有三司职权的散官。

[译文]

诏命中书舍人常景为寺作碑文。（常景，字永昌，河内人。聪敏好学，博学通达，知名海内外。太和十九年（495），为高祖孝文帝所器重，升为律学博士，凡是刑法及疑难的案件高祖都会向常景咨询。正始初年，宣武帝下诏刊定律令，作为永久的法律条文。敕令常景与治书侍御史高僧裕、羽林监王元龟、尚书郎祖莹、员外散骑侍郎李琰之等共同审定撰写。又诏令太师彭城王元勰、青州刺史刘芳参与其中。常景检讨条文，与古今条文比对，很有条理，通行于世，即今天的律二十篇。又和刘芳共同命名洛阳各宫殿门阁的名称、各条道路经过的里邑的名称。出任长安令，当时人将他比作潘岳。其后历任中书舍人、黄门侍郎、秘书监、幽州刺史、仪同三司。弟子都以他为荣。常景入则为皇帝身边重臣，出则为地方高官，但所居之处寒酸简朴，如同农民之家，唯有各类经史典籍摆满房间。所著文集有数百篇，由给事中封昕伯作序，流通于世。)

[评析]

　　常景参与制定的《正始律》二十条，是北魏正始年间颁布的一部重要法律文书。宣武帝即位后，"意在宽政"。于正始元年冬下诏曰："议狱定律，有国攸慎，轻重损益，世或不同。先朝垂心典宪，刊革令轨，但时属征役，未之详究，施于时用，犹致疑舛。尚书门下可于中书外省论律令。诸有疑事，斟酌新旧，更加思理，增减上下，必令周备，随有所立，别以申闻。庶于循变协时，永作通制。"除了常景外，参与此次修律工作的有三十余人。

　　北魏时期断狱除了依照律令，也常引用"与杀无辜，宁失有罪"的原则。比如《魏书》中载，有名叫刘景晖的九岁儿童，号称月光童子，妖言惑众。被官府缉拿，按律当治死罪。但考虑到"景晖九岁小儿，口尚乳臭，举动云为，并不关己，月光之称，不出其口"。因而定其罪名为疑罪。参照律令"八十已上，八岁已下，杀伤论坐者上请"的规定，刘景晖又超出了八岁以下的范围，所以特上奏请胡太后定夺。最终胡太后赦免了刘景晖。

　　装饰毕功，明帝与太后共登之，视宫内如掌中，临京师若家庭。以其目见宫中，禁人不听升。衍之尝与河南尹胡孝世共登之，下临云雨，信哉不虚！

时有西域沙门菩提达摩者①,波斯国胡人也。起自荒裔,来游中土。见金盘炫日,光照云表;宝铎含风,响出天外。歌咏赞叹,实是神功。自云年一百五十岁,历涉诸国,靡不周遍,而此寺精丽,阎浮所无也②。极佛境界,亦未有此。口唱南无③,合掌连日。

[注释]

①菩提达摩:相传为中国禅宗的初祖,西天二十八祖之一。

②阎浮:即阎浮提,佛教中世界之名。即佛教以须弥山为中心四大洲之南瞻部洲。《长阿含经》载:"须弥山北有天下,名郁郁单曰,其土正方,纵广一万由旬,人面亦方,像彼地形。须弥山东有天下,名弗于逮,其土正圆,纵广九千由旬,人面亦圆,像彼地形。须弥山西有天下,名俱耶尼,其土形如半月,纵广八千由旬,人面亦尔,像彼地形。须弥山南有天下,名阎浮提,其土南狭北广,纵广七千由旬,人面亦尔,像此地形。须弥山北面天金所成,光照北方。须弥山东面天银所成,光照东方。须弥山西面天水精所成,光照西方。须弥山南面天琉璃所成,光照南方。"

③南无:佛教用语。梵语 Namas,巴利语 Namo,音译作南牟、那谟、南谟、那摩等。意为敬礼、归敬、归依。佛教中常用在敬奉的佛、菩萨或佛经前,表归依信顺之意。

[译文]

装饰完毕后,魏明帝与太后一起登上了永宁寺的高塔,俯视宫中建筑,如同掌中之物,远看京师,宛若一家之庭院。因为在塔上能够看到宫中，所以禁止人们登塔。（我曾经和河南尹胡孝世一起登塔，云雾在下，确实如此。）

当时有西域沙门菩提达摩，是波斯国胡人。从遥远的国度出发，来游中土。见到永宁寺中金盘炫目，光照四方；风吹动悬挂的宝铃，声音远播天外。因此歌咏赞叹，称永宁寺乃是神功。自称年纪一百五十岁，跋涉诸国，风物遍历，但从没见过如此精美的寺院，乃世间罕有。其极致的造物境界，也未曾有过。于是口唱南无，连日合掌。

[评析]

菩提达摩，又作菩提达磨，一般被认为是禅宗的初祖。关于其生平，史籍记载则模糊不清。本节是有关菩提达摩的最早记载。杨衒之对菩提达摩的身份，做了下述几个方面的交代：第一，他是一个波斯国的胡人。第二，一百五十岁的高龄。第三，曾游历各国。第四，佛教僧人的身份。虽然后人对杨衒之在《洛阳伽蓝记》中所提到的菩提达摩是否就是后来禅宗的初祖尚有疑问，但无疑杨衒之的记载为后来菩提达摩形象的塑造提供了一个基础。

第二份较早期的资料是《楞伽师资记》所载的昙林撰《略辨大乘入道四行并序》。昙林的生平不详。自东魏元象元年（538）至武定元年（543）期间，他为瞿昙般若流支、毗目智仙、菩提流支、佛陀扇多等诸师的译经担任笔受，并撰序文。作为菩提达摩的弟子，他在序言中对菩提达摩有如下的描述：

法师者，西域南天竺国，是大婆罗门国王第三之子。神惠疏朗，闻皆晓晤，志存磨诃衍道，故舍素从缁。绍隆圣，冥心虚寂。通鉴世事，内外俱明，德超世表。悲悔边隅，正教陵替，遂能远涉山海，游化汉魏。亡心寂默之士，莫不归信；取相存见之流乃生讥谤。于时，唯有道育、惠可此二沙门，年虽后生，携志高远，幸逢法师，事之数载，虔恭谘启，善蒙师意。法师感其精成，诲以真道。（《大正藏》第85册）

在这份资料中，对于菩提达摩的生平的描述还是比较平实的，主要表述了三个方面的内容。第一，菩提达摩的生平。和前一条资料对比，他的籍贯有所变化，从前者所称的"波斯国胡人"变为"南天竺国"人。并且进一步指出他是国王的第三子，在印度出家后，成为一个既精通佛法，又对世事明达的一代高僧。有感于中土佛法的衰败，于是不远万里，来到中国，在江南及北方弘传佛法。第二，菩提达摩的思想和修行。昙林将菩提达摩的禅法概括为八个字：安心、发行、顺物、方便，即"如是安心者，壁观。如是发行者，四行。如是顺物者，防护讥嫌。如是方便者，遣其不着"（《大正藏》卷八十五）。从昙林的描述看，菩提达摩的禅法在当时既有追捧者，也有怀疑和排斥者。第三，菩提达摩的弟子。在这份资料中，明确地认为道育和慧可是菩提达摩的两个重要弟子，跟随其数年，得到了菩提达摩的真传。

第三份较早期的资料是道宣所撰《续高僧传》（成书于645年）的《菩提达摩传》以及其他部分所涉及菩提达摩的记载，其中以《菩提达摩传》的记载最为详细和全面：

菩提达摩，南天竺婆罗门种。神慧疏朗，闻皆晓悟。志存大乘，冥心虚寂。通微彻数，定学高之。悲此边隅，以法相导。初达宋境南越，末又北度至魏。随其所止，诲以禅教。于时合国盛弘讲授，乍闻定法多生讥谤。有道育、慧可，此二沙门，年虽在后，而锐志高远，初逢法将，知道有归。寻亲事之，经四五载，给供谘接。感其精诚，诲以真法。如是安心，谓壁观也。如是发行，谓四法也。如是顺物，教护讥嫌。如是方便，教令不着……摩以此法,开化魏土。识真之士,从奉归悟。录其言诰,卷流于世。自言年一百五十余岁。游化为务,不测于终。(《大正藏》卷五十)

从这份资料中,明显可以看出道宣主要以昙林的记述为主,可能参考了《洛阳伽蓝记》中的有关说法,对菩提达摩的生平做了部分的修正。结合《续高僧传》其他地方的记载,道宣对菩提达摩形象的修正和补充的部分主要有:第一,对于昙林所说的"游化汉魏"的经历做了细化,具体地表述为"初达宋境南越,末又北度至魏",首次提出了菩提达摩初到中国的地点,即南朝宋(419—479)时期的广东一带,从而也给出了一个菩提达摩到达中国的大致时间。并且在同书《慧可传》中,进一步说菩提达摩"游化嵩洛",即在嵩山和洛水一带传法,也就是说菩提达摩曾在洛阳地区传播佛法,将菩提达摩在魏境活动的范围给予了限定。第二,道宣把"自云一百五十岁",作为一个重要内容添加进了达摩的生平中。这一记载始自《洛阳伽蓝记》,最大的可能是道宣参考了《洛阳伽蓝记》的说法,当然如果这个猜测属实,所面临的最大问题在于,为什么道宣对于菩提达摩游历永宁寺的重要经历不加理会呢?第三,一向严谨的道宣,对于菩提达摩死于何地何年,一方面做了一个模糊的表述,即"游化为务,不测于终"。另一方面在《慧可传》中又说:"达摩灭化洛滨,可以埋形河涘。……后以天平之初,北就新邺,盛开秘苑。"意指菩提达摩卒于洛阳附近。两条资料互相冲突,反映了在道宣时,有关菩提达摩的生平已经有不同的传说。第四,在《慧可传》中,还增加了一条对后世禅宗影响深远的资料,即"达摩禅师以四卷《楞伽》授可,曰:我观汉地,惟有此经,仁者依行,自得度世"。明确地说明了菩提达摩禅法的一个经典依据,即南朝宋元嘉二十年(443)求那跋陀罗译《楞伽阿跋多罗宝经》四卷,又称《四卷楞伽经》《宋译楞伽经》。

从上述三种资料有关菩提达摩的记载看,菩提达摩的形象基本是平实的。从他的籍贯到他的传法经历,都没有太多的不同于其他僧人的地方。唯一的一个例外是菩提达摩一百五十岁的年龄是其他人难以想象和企及的。

至孝昌二年中①,大风发屋拔树,刹上宝瓶随风而落,入地丈余,复命工匠更铸新瓶。

建义元年②,太原王尔朱荣总士马于此寺③。

荣字天宝,北地秀容人也。世为第一领民酋长④,博陵郡公,部落八千余家,有马数万匹,富等天府。武泰元年二月中,帝崩无子,立临洮王世子钊以绍大业,年三岁。太后贪秉朝政,故以立之。荣谓并州刺史元天穆曰⑤:"皇帝晏驾,春秋十九,海内士庶,犹曰幼君。况今奉未言之儿,以临天下,而望升平,其可得乎?吾世荷国恩,不能坐看成败。今欲以铁马五千赴哀山陵,兼问侍臣帝崩之由,君竟谓如何?"穆曰:"明公世跨并肆⑥,雄才杰出,部落之民,控弦一万。若能行废立之事,伊霍复见于今日⑦。"荣即共穆结异姓兄弟,穆年大,荣兄事之。荣为盟主,穆亦拜荣。于是密议长君诸王之中不知谁应当璧⑧。遂于晋阳,人各铸像,不成,唯长乐王子攸像光相具足,端严特妙。是以荣意在长乐。遣苍头王丰入洛⑨,询以为主。长乐即许之,共克期契。

[注释]

①孝昌：北魏孝明帝元诩的第四个年号（525—527）。孝昌二年为526年。

②建义：北魏孝庄帝元子攸短暂使用了半年左右的年号，建义元年即528年。

③士马：兵马，代指军队。

④第一领民酋长：北魏时期授予归附的少数民族首领的名誉性官职，可世袭。

⑤元天穆（489—530）：北魏宗室大臣，曾与尔朱荣一起发动"河阴之变"。

⑥并肆：并州和肆州。并州，古九州之一，今山西太原一带。肆州，北魏太平真君七年（446）设置，领永安郡、秀容郡、雁门郡。治所在九原（今山西忻州）。

⑦伊霍：即伊尹和霍光。伊尹，商朝初年的大臣，相传他曾因商帝太甲不明事理，将太甲放逐至山西一带反省，三年后太甲改过才迎回。霍光，西汉时期大臣，为霍去病之弟。曾辅佐汉昭帝。汉昭帝去世后，立汉武帝的孙子昌邑王刘贺为帝，但因刘贺不堪大用，霍光遂另立汉武帝的曾孙刘询，即汉宣帝。

⑧当璧：应当成为国君之征兆。典出《左传·昭公十三年》："初，共王无冢适，有宠子五人，无适立焉。乃大有事于群望，而祈曰：'请神择于五人者，使主社稷。'乃遍以璧见于群望，曰：'当璧而拜者，神所立也，谁敢违之？'既，乃与巴姬密埋璧于大室之庭，使五人齐，而长入拜……平王弱，抱而入，再拜，皆厌纽。"

⑨苍头：即奴隶。因奴隶常裹深青色头巾，故称。

[译文]

到了孝昌二年（526）间，大风吹倒房屋，拔掉树木，刹上的宝瓶也随风坠落，砸入地下一丈有余，于是再命工匠铸造新瓶。

建义元年（528），太原王尔朱荣统率兵马住在此寺。

（荣，字天宝，北方秀容人。世代为第一领民酋长，博陵郡公，部落八千余家，有马数万匹，富可敌国。武泰元年（528）二月，皇帝驾崩无子嗣，立临洮王世子元钊继承王位，时年三岁。胡太后因为贪恋朝政，所以立他。尔朱荣对并州刺史元天穆说："皇帝驾崩之时，春秋十九，国内臣民还认为他是幼年之君主。况且今天奉一个还说不全话的孩子为帝，使他君临天下，而希望天下升平，这可能实现吗？我家世受国恩，不能坐视不管。现在我打算派铁骑五千，前去悼念先君，兼问皇帝身边近臣皇帝病逝的原因，你觉得怎么样？"元天穆回答说："明公世代雄踞山西太原和忻州一带，雄才大略，部落百姓，善射箭者一万。如果能够行废立皇帝之事，当是尹伊和霍光再现今日。"尔朱荣即和元天穆结为异姓兄弟，元天穆年长，尔朱荣以兄长待之。尔朱荣为盟主，元天穆也拜服他。于是秘密商议诸王中适合做帝王的，在晋阳各造诸王像，多未成功，唯有长乐王元子攸之像，光芒四射，相貌具足，端庄威严，殊胜美妙，因此尔朱荣中意于长乐王。派遣奴仆王丰到洛阳，征询元子攸的意见。元子攸随即表示同意，共同约定期限。）

[评析]

北魏时有铸像占卜决策的习俗。清赵翼《廿二史札记》卷十四"后魏以铸像卜休咎"条载："《北史·魏后妃传》序云：'魏故事：将立皇后，必令手铸金人，以成者为吉，否则，不得立也。'"北魏在正式册立皇后之前，需要让皇后亲手铸造金人，以成功与否，来确定结果。如果铸造不成，则不能立。比如，道武帝宠幸妃子慕容氏，令她铸金人，成功后才立为皇后。慕容氏去世后，道武帝又打算立刘氏为皇后，但因为铸造金人不成，未能立为皇后。明元帝时，后妃姚氏铸金人不成，也未能立为皇后，但皇帝待之如皇后，死后，追赠为皇后。作为当时流行的风俗，不仅立皇后用此法，本节中尔朱荣在选择立谁为皇帝一事上也使用此法。"尔朱荣与元天穆议，以彭城武宣王有忠勋，其子长乐王子攸，素有令望，欲立之。又遣从子天光及亲信奚毅、仓头王相入洛，与尔朱世隆密议。天光见子攸，具论荣心，子攸许之。天光等还晋阳，荣犹疑之，乃以铜为显祖诸子孙各铸像，唯长乐王像成。"（《资治通鉴》卷一百五十二）后来尔朱荣打算称帝，"荣既有异图，遂铸金为己像，数四不成。时幽州人刘灵助善卜占，为荣所信，言天时人事必不可尔。荣亦精神恍惚，不自支持，久而方悟，遂便愧悔"（《魏书·尔朱荣传》）。北齐高洋欲僭位，群臣皆认为不可，"铸像卜之，一写而成，遂决意僭号"（《廿二史札记》卷十四）。

铸造金人，即镏金铜像，在当时系手工操作，本身具有很大的不确定性，即使熟练工匠，也会存在一定的失败概率，何况生手操作。这种偶然性为铸像占卜提供了可能。至于镏金铜像，是佛像还是铸造者本人之像，因资料匮乏，不能确定。本节中，元子攸所铸造的金像，"光相具足，端严特妙"，因用语常用作形容佛像庄严，故所铸造金像可能为佛像。但尔朱荣所铸造的金像明确说"铸金为己像"，似乎铸造的是本人之像。

另据《晋书》载，十六国后赵的大将冉闵称帝后，遣常炜出使前燕的慕容儁，慕容儁令封裕问常炜："听闻冉闵为自己铸像，都坏掉了，始终不成功，为什么还自称有天命呢？"常炜说："这不是事实。"因此可知，铸像预测天命的风俗，在北魏前的少数民族中已经流行。

荣三军皓素①，扬旌南出。太后闻荣举兵，召王公议之。时胡氏专宠，皇宗怨望，入议者莫肯致言。唯黄门侍郎徐纥曰："尔朱荣，马邑小胡②，人才凡鄙，不度德量力，长戟指阙，所谓穷辙拒轮③，积薪候燎④。今宿卫文武，足得一战。但守河桥⑤，观其意趣。荣悬军千里，兵老师弊，以逸待劳，破之必矣。"后然纥言，即遣都督李神轨、郑季明等领众五千镇河桥。四月十一日，荣过河内，至高头驿⑥。长乐王从雷陂北渡赴荣军所。神轨、季明等见长乐王往，遂开门降。十二日，荣军于芒山之北⑦，河阴之野⑧。十三日，召百官赴驾，至者尽诛之，王公卿士及诸朝臣死者三千余人。十四日，车驾入城，大赦天下，改号为建义元年，是为庄帝。

[注释]

①三军皓素：指军队穿孝服出征。皓素，纯白色。

②马邑：古县名，治所在今山西朔州。

③穷辙拒轮：穷途末路，螳臂当车。

④积薪候燎：将干柴堆积在一起等候燃烧。

⑤河桥：古代桥名。原址在今河南孟州市西南、洛阳孟津区东北黄河上。晋泰始（265—274）中，杜预因孟津渡口渡河危险，于是建浮桥于富平津，世称河桥。

⑥河内：今河南沁阳一带。

⑦芒山：即邙山，位于洛阳北部。

⑧河阴：今河南洛阳孟津区东。

[译文]

（尔朱荣大军穿着白色孝服，打着军旗挥兵南下。胡太后听说尔朱荣发兵后，召集王公商议。当时胡氏专权，皇族怨恨，前来议事的人不肯发言，只有黄门侍郎徐纥说："尔朱荣是马邑的小胡，才能平庸鄙陋，不衡量自己的德行、能力，长戟直指宫阙，就是所说的穷途末路，螳臂当车，堆柴积薪，等候火燃。现在保卫皇宫的文武官员，足能和他一战。只要守住河桥，观察敌人意向即可。尔朱荣孤军深入千里，兵困马乏，我们以逸待劳，击败他们是必然的。"胡太后同意徐纥的看法，随即派都督李神轨、郑季明等率领五千人镇守河桥。四月十一日，尔朱荣过河内到达高头驿。长乐王从雷陂北渡，抵达尔朱荣驻军处。李神轨、郑季明见到长乐王投奔尔朱荣，于是开门纳降。十二日，尔朱荣驻扎在邙山北面、河阴的荒野。十三日，召集百官来见新帝，来的人都被杀掉，王公卿士及众朝臣被杀死者有三千余人。十四日，大军攻入城内，大赦天下，改号建义元年，庄帝即位。）

[评析]

尔朱荣进军洛阳途中，在河南孟津一带，以新皇帝之名，召见百官，而后将他们全部诛杀，历史上称为"河阴之变"。《魏书·尔朱荣传》载："（建义元年四月）十三日，荣惑武卫将军费穆之说，乃引迎驾百官于行宫西北，云欲祭天。朝士既集，列骑围绕，责天下丧乱、明帝卒崩之由，云皆缘此等贪虐不相匡弼所致。因纵兵乱害，王公卿士皆敛手就戮，死者千三百余人。皇弟、皇兄并亦见害，灵太后、少主其日暴崩。"《资治通鉴》中所载更详："庚子，荣遣骑执太后及幼主，送至河阴。太后对荣多所陈说，荣拂衣而起，沉太后及幼主于河。"武卫将军费穆密对尔朱荣说：

"公士马不出万人,今长驱向洛,前无横陈,既无战胜之威,群情素不厌服。以京师之众,百官之盛,知公虚实,有轻侮之心。若不大行诛罚,更树亲党,恐公还北之日,未度太行而内变作矣。"尔朱荣征求亲信慕容绍宗的意见,慕容绍宗认为:"今无故歼夷多士,不分忠佞,恐大失天下之望,非长策也。"但是,"荣不听,乃请帝循河西至淘渚,引百官于行宫西北,云欲祭天。百官既集,列胡骑围之,责以天下丧乱、肃宗暴崩,皆由朝臣贪虐,不能匡弼。因纵兵杀之,自丞相高阳王雍、司空元钦、仪同三司义阳王略以下,死者二千余人"。

于时新经大兵,人物歼尽,流迸之徒,惊骇未出。庄帝肇升太极,解网垂仁①,唯散骑常侍山伟一人拜恩南阙②。加荣使持节中外诸军事大将军、开府北道大行台、都督十州诸军事大将军、领左右、太原王③。其天穆为侍中、太尉公、世袭并州刺史、上党王。起家为公卿牧守者④,不可胜数。二十日,洛中草草,犹自不安,死生相怨,人怀异虑。贵室豪家,并宅竞窜;贫夫贱士,襁负争逃。于是出诏:"滥死者普加褒赠,三品以上赠三公,五品以上赠令仆,七品以上赠州牧,白民赠郡镇。"于是稍安。帝纳荣女为皇后,进荣为柱国大将军录尚书事⑤,余官如故。进天穆为大将军,余官皆如故。

[注释]

①解网垂仁:解开罗网,垂示仁德。语出《史记·殷本纪》:"汤出,见野张网四面,祝曰:'自天下四方皆入吾网。'汤曰:'嘻,尽之矣!'

乃去其三面，祝曰：'欲左，左。欲右，右。不用命，乃入吾网。'诸侯闻之，曰：'汤德至矣，及禽兽。'"

②山伟：字仲才，河南洛阳人，北魏时期的大臣。尔朱荣杀害众朝臣时，恰值山伟在朝中当值，幸免于难。孝庄帝进入洛阳时，剩余的官员死的死，跑的跑，唯有山伟出来迎驾。

③使持节：魏晋南北朝时期，加封给地方行政长官的称号，给予诛杀中下级官员的权力。开府：原指高级官员（三公）等可以自设办公机构并聘用僚属的做法。魏晋南北朝时期，资格放宽，开府的渐多。行台：魏晋时为出征将军在其驻地设立的代表中央的政府机构。领左右：为皇帝身边的亲信大臣，掌管宫中事务，权力极大。

④起家：从家中被征召为官。

⑤柱国大将军：北魏官名，是位在丞相之上的权臣。

[译文]

（当时，刚刚经历战火，知名人物死亡殆尽，逃亡藏匿之人，惊恐不敢露面。庄帝登基后，解开罗网，垂示仁德，当时只有散骑常侍山伟一人出来拜恩迎驾。加封尔朱荣为使持节中外诸军事大将军、开府北道大行台、都督十州诸军事大将军、领左右、太原王。封元天穆为侍中、太尉公，世袭并州刺史、上党王。从家里被征召为公卿牧守的人不可胜数。二十日，洛阳百姓人心浮动，惴惴不安，生死忧怨，人们各怀疑虑。贵族豪室，抛弃家舍，竞相逃窜；贫贱人士，拖家带口，争先逃离。于是下诏："无辜死者，普加褒奖追赠。三品以上赠三公，五品以上赠尚书令、太仆，七品以上赠州牧，平民赠郡镇级别长官。"随后，百姓情绪才稍稍平静。庄帝娶尔朱荣之女为皇后，升尔朱荣为柱国大将军录尚书事，其他加官不变。升元天穆为大将军，其他加官不变。)

[评析]

　　胡太后擅权专政，引得朝臣离心离德。当危机之时，众叛亲离，无人挺身而出，看似强大的城防，抵不住人心涣散。尔朱荣以悼念先帝之名，发兵洛阳，在河阴滥杀朝臣，丧尽天下人心。幸亏随后大赦天下，天下才稍稍安定。但尔朱荣晋官加爵，权欲熏天，种下以后覆亡的种子。

　　永安二年五月①，北海王元颢复入洛②，在此寺聚兵。颢，庄帝从兄也。孝昌末，镇汲郡。闻尔朱荣入洛阳，遂南奔萧衍。是年入洛，庄帝北巡。颢登皇帝位，改年曰建武元年。颢与庄帝书曰："大道既隐，天下匪公③，祸福不追，与能义绝。朕犹庶几五帝，无取六军④，正以糠秕万乘⑤，锱铢大宝⑥，非贪皇帝之尊，岂图六合之富？直以尔朱荣往岁入洛，顺而勤王，终为魏贼。逆刃加于君亲，锋镝肆于卿宰，元氏少长，殆欲无遗。已有陈恒盗齐之心⑦，非无六卿分晋之计⑧。但以四海横流，欲篡未可；暂树君臣，假相拜置；害卿兄弟，独夫介立。遵养待时，臣节讵久？朕睹此心寒，远投江表，泣请梁朝，誓在复耻。风行建业，电赴三川，正欲问罪于尔朱，出卿于桎梏；恤深怨于骨肉，解苍生于倒悬。谓卿明眸击节，躬来见我，共叙哀辛，同讨凶羯。不意驾入城皋，便尔北渡。虽迫于凶手，势不自由，或贰生素怀，弃剑猜我。闻之永叹，抚衿而失。何者？朕之于卿，兄弟非远，连枝分叶，兴灭相依。假有内阋，外犹御侮⑨。况我与卿，睦厚偏笃，其于急难，凡今莫如⑩。弃亲即仇，义将焉据也？且尔朱荣不臣之迹，暴于旁午⑪；谋魏社稷，愚智同见。卿乃明白，疑于必然，托命豺狼，委身虎口，弃亲助贼，兄弟寻戈。假获民地，本是荣物；若克城邑，绝非卿有。徒危宗国，以广寇仇，快贼莽之心，假下庄之利⑫。有识之士，咸为惭之。今家国隆替，在卿与我。若天道助顺，誓兹义举，则皇魏宗社，与运无穷。傥天不厌乱，胡羯未殄，鸱鸣狼噬，荐食河北，在荣为福，于卿为祸。岂伊异人？尺书道意，卿宜三复。义利是图，富贵可保，徇人非虑。终不食言，自相鱼肉。善择元吉，勿贻后悔。"此黄门郎祖莹之词也。

[注释]

①永安二年：即公元529年。孝庄帝即位于武泰元年（528）四月，随即改号建义元年，九月改为永安元年。

②元颢（494—529）：字子明。北魏宗室、大臣，献文帝拓跋弘之孙，北海平王元详长子，孝文帝元宏之侄。后因征伐葛荣叛乱不力，投奔南朝梁。在梁朝支持下，攻入北地，于永安二年四月在睢阳称帝，五月攻入洛阳，改元建武。六月兵败被杀。

③大道既隐，天下匪公：《礼记·礼运》所说"大道既行也，天下为公"的反语。

④五帝：指中国古代五位圣帝：黄帝、颛顼、帝喾、尧、舜。六军：皇帝所统率的军队。《周礼·夏官·序官》："凡制军，万有二千五百人为

军。王六军，大国三军，次国二军，小国一军。"

⑤糠秕万乘：把万乘之国看得像糠秕一样，指不贪恋王位。

⑥锱铢大宝：把皇帝之位看得像锱铢一样微不足道。锱铢，比喻微不足道的数量。

⑦陈恒盗齐：即田恒，又称田成子。因祖籍陈国，故又称陈恒。后因避汉文帝刘恒讳，改称田常。公元前481年，任齐国国相的田恒发动政变，杀死了阚止和齐简公，拥立齐简公的弟弟为王，称齐平公。此后田恒独揽齐国大权。田恒弑君后，孔子曾请求鲁国发兵征讨。"陈成子弑简公。孔子沐浴而朝，告于哀公曰：'陈恒弑其君，请讨之。'"（《论语·宪问》）但鲁哀公以鲁国兵弱推脱。《庄子·胠箧》也有对此事的评价："然而田成子一旦杀齐君而盗其国，所盗者岂独其国邪？并与其圣知之法而盗之。故田成子有乎盗贼之名，而身处尧舜之安，小国不敢非，大国不敢诛，十二世有齐国。则是不乃窃齐国，并与其圣知之法，以守其盗贼之身乎？"

⑧六卿分晋：春秋末期，中原霸主晋国君主权力旁落，大权被韩、赵、魏、智、范、中行氏六卿把持。后来智、范、中行氏被灭掉，韩、赵、魏三家瓜分晋国，成为诸侯，史称"三家分晋"。

⑨假有内阅，外犹御侮：兄弟在家里吵架，但能一致对付外人欺侮。语出《诗经·小雅·常棣》："兄弟阋于墙，外御其侮。"

⑩其于急难，凡今莫如：出自《诗经》"脊令在原，兄弟急难""凡今之人，莫如兄弟"。

⑪旁午：此处指"傍午"，即将近正中午时分。

⑫贼莽、卞庄：贼莽，指王莽篡位之事，暗讽尔朱荣。卞庄，春秋时鲁国的勇士，传说他趁着两虎相争之际，一举杀死二虎，有"卞庄子刺

虎"之说。《史记·张仪列传》:"亦尝有以夫卞庄子刺虎闻于王者乎?庄子欲刺虎,馆竖子止之,曰:'两虎方且食牛,食甘必争,争则必斗,斗则大者伤,小者死,从伤而刺之,一举必有双虎之名。'卞庄子以为然……一举果有双虎之功。"

[译文]

　　永安二年五月,北海王元颢再次进入洛阳,并在永宁寺聚集兵马。(元颢,是孝庄帝的堂兄。孝昌末年,镇守汲郡。听闻尔朱荣攻入洛阳,随即南下投奔梁武帝萧衍。是年元颢攻入洛阳,孝庄帝逃到北方。元颢登皇帝位,改年号为建武元年。元颢修书给孝庄帝说:"大道隐去,天下不公,祸福无踪影可寻,有能力与道义之人不能重用。朕和五帝差不多,不会动用军队,因为我视万乘之国为糠秕,把皇帝之位看作微不足道之物,所以并非贪恋皇帝之尊贵,也非图谋天下之财富。只是因为尔朱荣去年进入洛阳后,以勤王之名,终成北魏之逆贼。逆贼刀刃加于君亲,箭锋射向宰臣,元氏无论少长,几乎都无遗漏。尔朱荣已有陈恒盗齐之心,并非没有六卿分晋的计划。只是因为天下动荡不安,想篡国但不行,所以暂时确立君臣关系,假装拜为国相,害得兄弟你像独夫一样形单影只。其实,他一直在养精蓄锐,等待时机,岂会永远称臣?我看到这一切,感到心寒,因此远投江表,恳请梁朝支援,发誓复仇。像风一样奔赴建业,又像电一样回到三川,正是打算问罪于尔朱荣,把你从桎梏解救出来。体恤骨肉间的怨恨,解救百姓于倒悬之中。原以为你会惊喜击节,亲自来见我,共叙哀痛艰辛,同讨凶残的羯贼。不料我刚入城,你就北渡离开。虽说迫于凶手胁迫,身不由己,或者与我生有二心,扔掉对抗羯贼的剑而猜忌我。我听了这样的说法,长叹一声,抚摸衣襟,怅然若失。为什么呢?我与你,是亲近的兄弟而非远亲，好比连枝分叶，兴亡相依。即使兄弟内部有矛盾，还是要共御外侮。况且我与你交情深厚，今天所面临的急难之情，当今没有像我们兄弟一样感同身受的了。假若抛弃亲人，投向仇敌，那么道义何在呢？况且尔朱荣背离为人臣子的行迹，暴露在光天化日之下；谋篡魏国政权的动机，无论愚智都能看见。你虽然明白这些，但对于必然之事尚有怀疑，将性命托付给豺狼，委身于虎口，抛弃亲人，帮助逆贼，兄弟相争。假使战争获得了百姓和土地，本来归于尔朱荣；若占领了城池，绝对不是你能拥有的。徒然危害宗国，扩大了敌人的势力范围，使得如贼莽之人心大快，给了像卞庄子那样的人有利的机会。有识之士，都为之惭愧。现今国家兴亡与更替，在于你我。如果天道顺利，发誓参与此正义行动，则魏国社稷江山，同天命一样无穷。倘使天不讨厌祸乱，羯胡没有消灭，如同鸱鸣狼嚎，蚕食黄河以北之地，这些对尔朱荣来说是福，对你来说是祸。你我兄弟岂是外人？这封信所表达的意思，你应该好好考虑。义利并图，富贵可保有，听从别人的建议，不要多虑。我决不食言，决不自相残害。把握好的选择，不要留下后悔。"这个书信是黄门侍郎祖莹撰写的。）

[评析]

元颢起初雄心壮志，决意剪除逆贼，恢复魏国正统。可惜进入京都洛阳后，花天酒地，沉溺于酒色之中，荒废朝政，称帝短短三个月时间，就落得身败名裂的下场。

时帝在长子城①，太原王、上党王来赴急难。六月，帝围河内。太守元桃汤、车骑将军宗正珍孙等为颢守，攻之弗克。

时暑炎赫，将士疲劳。太原王欲使帝幸晋阳，至秋更举大义。未决，召刘助筮之②。助曰："必克。"于是至明尽力攻之，如其言。桃汤、珍孙并斩首，以殉三军。颢闻河内不守，亲率百僚，出镇河桥，特迁侍中安丰王延明往守硖石③。七月，帝至河阳，与颢隔河相望。太原王命车骑将军尔朱兆潜师渡河，破延明于硖石。颢闻延明败，亦散走。所将江淮子弟五千人，莫不解甲相泣，握手成别。颢与数千骑欲奔萧衍，至长社为社民斩其首④，传送京师。二十日，帝还洛阳。进太原王天柱大将军，余官亦如故。进上党王太宰，余官亦如故。

[注释]

①长子城：位于今山西长子县。相传尧之长子丹朱受封于此，故得名。

②刘助：《魏书》作"刘灵助"，燕郡（今北京一带）人，"粗疏无赖"，善卜筮，为尔朱荣信服。

③硖石：今河南洛阳孟津区东北。《魏书·孝庄纪》：永安二年（529），"秋七月戊辰，都督尔朱兆、贺拔胜从硖石夜济，破颢子冠受及安丰延明军，元颢败走"。

④长社：今河南长葛市东北。

[译文]

（当时，孝庄帝在长子城，太原王和上党王赶来救急。六月，庄帝包围河内。太守元桃汤、车骑将军宗正珍孙等为元颢守卫城池，进攻不能克敌。当时正值天气炎热,将士疲劳。太原王打算让庄帝先到晋阳,等秋天时再举兵征讨。还没决定,召刘助卜筮。刘助说:"必定攻克。"于是,到天亮时,全力攻城,果然如刘助所言。桃汤、珍孙一并被斩首,以殉葬三军。元颢听闻河内失守,亲率百官,出镇河桥,特命侍中安丰王延明前往守卫硖石。七月,庄王抵达河阳,与元颢隔河相望。太原王命车骑将军尔朱兆带领军队隐蔽渡河,在硖石攻破了王延明的守军。元颢听说王延明失败后,也慌忙出逃。他所带领的江淮子弟兵五千人,莫不解卜筮甲互相哭泣,成队握手告别。元颢与数千骑人马欲投奔萧衍,至长社时被当地村民斩首,并送至京师。二十日,庄帝回到洛阳。晋封太原王为天柱大将军,原来的官衔保留。晋封上党王为太宰,原来的官衔同样保留。)

[评析]

加官晋爵看似荣耀无比,功高震主才是真实情形,此时,已经埋下尔朱荣和元天穆被诛杀的伏笔。

永安三年,逆贼尔朱兆囚庄帝于寺。

时太原王位极心骄,功高意侈,与夺任情,臧否肆意。帝怒谓左右曰:"朕宁作高贵乡公死①,不作汉献帝生②。"九月二十五日,诈言产太子,荣、穆并入朝。庄帝手刃荣于明光殿,穆为伏兵鲁遑所杀。荣世子部落大人亦死焉。荣下车骑将军尔朱阳都等二十人随入东华门,亦为伏兵所杀。唯右仆射尔朱世隆素在家③,闻荣死,总荣部曲④,烧西阳门,奔河桥。至十月一日,隆与荣妻北乡郡长公主,至芒山冯王寺⑤，为荣追福荐斋⑥。即遣尔朱侯讨伐。尔朱那律归等领胡骑一千，皆白服来至郭下，索太原王尸丧。帝升大夏门望之，遣主书牛法尚谓归等曰⑦："太原王立功不终，阴图衅逆，王法无亲，已依正刑，罪止荣身，余皆不问。卿等何为不降？官爵如故。"归曰："臣从太原王来朝陛下，何忽今日枉致无理？臣欲还晋阳，不忍空去，愿得太原王尸丧，生死无恨。"发言雨泪，哀不自胜。群胡恸哭，声振京师。帝闻之亦为伤怀，遣侍中朱元龙赍铁券与世隆⑧，待之不死，官位如故。世隆谓元龙曰："太原王功格天地，道济生民，赤心奉国，神明所知。长乐不顾信誓，枉害忠良。今日两行铁字，何足可信？吾为太原王报仇，终不归降。"元龙见世隆呼帝为长乐，知其不款⑨，且以言帝。帝即出库物置城西门外，募敢死之士，以讨世隆，一日即得万人。与归等战于郭外，凶势不摧。归等屡涉戎场，便利击刺，京师士众未习军旅，虽皆义勇，力不从心。三日频战，而游魂不息。帝更募人断河桥。有汉中人李苗为水军，从上流放火烧桥。世隆见桥被焚，遂大剽生民，北上太行。帝遣侍中源子恭、黄门郎杨宽，领步骑三万镇河内。世隆至高都，立太原太守长广王晔为主，改号曰建明元年。尔朱氏自封王者八人。长广王都晋阳，遣颍川王尔朱兆举兵向京师，子恭军失利，兆自雷陂涉渡，擒庄帝于式乾殿。帝初以黄河奔急，谓兆未得猝济，不意兆不由舟楫，凭流而渡。是日水浅，不没马腹，故及此难。书契所记，未之有也。

[注释]

①高贵乡公：即曹髦（241—260），字彦士，魏文帝曹丕之孙，三国时期曹魏第四皇帝，公元254—260年在位。曹髦曾被齐王曹芳封为高贵乡公，司马师废齐王曹芳后，立曹髦为帝。当时，司马氏兄弟专横跋扈，曹髦虽为司马兄弟所扶植，但对此局面也十分不满，曾说"司马昭之心，路人所知也"，谋划诛杀司马昭，但消息走漏，被司马昭心腹贾充手下的武士成济所杀。

②汉献帝：即东汉末年皇帝刘协（181—234）。中平六年（189），九岁时，被董卓立为皇帝。建安元年（196），被曹操迎来许都，"挟天子以令诸侯"。曹丕称帝后，被废为山阳公。

③尔朱世隆（500—532）：北魏将领，字荣宗，北秀容（治今山西忻州西北）人。太原王尔朱荣从弟，彭城王尔朱仲远之弟。永安三年（530），与尔朱度律共推长广王元晔为帝，元晔封尔朱世隆为开府仪同三司、尚书令、乐平郡王，加太傅，行司州牧。

④部曲：即军队。

⑤冯王寺：即冯熙所建之寺院。冯熙，字晋国，北魏冯朗之子，冯太后之兄，长乐信都人。《魏书·外戚传》："熙为政不能仁厚，而信佛法，自出家财，在诸州镇建佛图精舍，合七十二处，写一十六部一切经。延致名德沙门，日与讲论，精勤不倦，所费亦不赀。"

⑥追福荐斋：通过施舍斋饭，为亡者做功德，祈求福报。

⑦主书：主管文书的官员。

⑧铁券：皇帝颁赐给功臣的状若筒瓦的铁质凭证，用作享有优厚待遇或免死的证明。

⑨款：诚心。

[译文]

永安三年，逆贼尔朱兆将庄帝囚禁于该寺。

（当时，太原王位高权重，内心骄横，自恃功高，野心膨胀，奖赏与惩罚、正确与错误全凭一己之见。庄帝气愤地对身边人说："朕宁愿像高贵乡公曹髦那样，为反对权臣操控而死去，也不愿意做一个像汉献帝那样的傀儡皇帝。"九月二十五日，谎称太子降生，骗尔朱荣和元天穆入朝。庄帝在明光殿亲手杀死了尔朱荣，元天穆则被伏兵鲁暹所杀。尔朱荣的儿子部落大人也死在这里。尔朱荣手下车骑将军尔朱阳都等二十人跟随进入东华门，也被伏兵所杀。唯有右仆射尔朱世隆平素都在家，当他听说尔朱荣被杀死后，统领尔朱荣的部队，烧了西阳门，奔河桥而去。到十月一日，世隆与尔朱荣的妻子北乡郡长公主到邙山冯王寺为尔朱荣荐斋追福。随即派遣尔朱侯讨伐。尔朱那律归等统领胡骑一千，皆穿着白色孝服来到城下，索要太原王的尸体。庄帝登上大夏门观察，派遣主管文书的官员牛法尚对那律归说："太原王虽有功但不能始终一致，阴谋篡位，王法之下无亲情，已经依照刑法处置，但治罪仅限于尔朱荣，其他过往不究。你等为何还不纳降？将为你们官复原位。"那律归说："臣等跟随太原王来朝见陛下，为何突然遭受今天这样的无辜结局？臣等想回晋阳，但不想空手而归，希望能得到太原王的尸首，那样就生死无怨无恨了。"说完后，泪如雨下，哀不自禁。一众胡人也都悲伤痛哭，声震京城。庄帝见状，也颇感伤怀，命侍中朱元龙送给尔朱世隆铁券一个，宽恕其不死，官复原位。世隆对元龙说："太原王功劳可比天地，以救济生命为使命，忠心为国，神明可鉴。长乐王不顾信用和誓愿，无辜杀害忠良。今天送来两行铁字，怎能令人相信？我将为太原王报仇，永不投降。"元龙见世隆直呼庄帝为长乐王，知道了他的真实想法，并告诉了庄帝。庄帝随即拿出库房中物品，放置于城西门外，招募敢死之人，讨伐世隆，一天就募集了一万人。与那律归战于城外，但未能摧毁敌人的气势。那律归等久经沙场，击刺敏捷，而京师民众不熟悉战斗，虽然都仗义英勇，但力不从心。连续三天作战，但敌人的勇气丝毫未减弱。庄帝又召集人断掉河桥。有汉中人李苗为水军，从上游放火烧桥。世隆见桥被焚毁，于是大肆掠夺百姓，北上进入太行山。庄帝派遣侍中源子恭、黄门郎杨宽，领步兵三万镇守河内。世隆退军高都所，立太原太守长广丁元晔为主，改年号为建明元年。尔朱家族自封为王者有八人。长广王建都晋阳，派遣颖川王尔朱兆举兵攻向京城，源子恭军队失利，尔朱兆从雷陂渡河，在式乾殿生擒庄帝。庄帝原以为黄河水流湍急，尔朱兆不可能很快渡河，未曾料想尔朱兆不用舟船，涉水渡河。当天水很浅，没有淹没到马腹的位置，所以才有此难。书上的记载，从未有过此事。）

[评析]

短短几年之间，皇帝更替，朝臣轮换，血雨腥风，真可谓世事难料。

衔之曰："昔光武受命，冰桥凝于滹水①；昭烈中起，的卢踊于泥沟②。皆理合于天，神祇所福，故能功济宇宙，大庇生民。若兆者，蜂目豺声，行穷枭獍③，阻兵安忍④，贼害君亲。皇灵有知，鉴其凶德。反使孟津由膝，赞其逆心。《易》称'天道祸淫，鬼神福谦'⑤，以此验之，信为虚说。"

[注释]

①光武受命：传说刘秀在河北一带兴兵，被王朗追击至滹沱河附近，

因河冰融化，又无渡船，无法渡河。情况危急之下，天气变寒，河面重新结冰，刘秀得以逃脱。滹水：即滹沱河。文天祥作《滹沱河二首》之一："风沙睢水终亡楚，草木公山竟麋秦。始信滹沱冰合事，世间兴废不由人。"

②昭烈中起：昭烈，指刘备。的卢：指刘备的坐骑。南朝宋裴松之注《三国志·蜀书·先主传》引《世语》曰："备屯樊城。刘表礼焉，惮其为人，不甚信用。曾请备宴会，蒯越、蔡瑁欲因会取备。备觉之，伪如厕，潜遁出。所乘马名的卢，骑的卢走，堕襄阳城西檀溪水中，溺不得出。备急曰：'的卢，今日厄矣，可努力！'的卢乃一踊三丈，遂得过。乘桴渡河，中流而追者至。"

③枭獍：比喻忘恩负义的恶人。枭，食母的恶兽。獍，食父的恶兽。

④阻兵：仗恃军队。安忍：安心于残忍之事。

⑤鬼神福谦：《周易》谦卦的象辞原文是："天道亏盈而益谦，地道变盈而流谦，鬼神害盈而福谦，人道恶盈而好谦。谦，尊而光，卑而不可逾，君子之终也。"意思是天道运行的法则是减损满盈者，而增益谦虚者，地道运行的法则是变化满盈者，而流注谦虚者。鬼神祸害满盈者而造福谦虚者，人之道是厌恶满盈者而喜欢谦虚者。

[译文]

（杨衒之评论说："往昔光武帝刘秀受天之命，滹沱河上结冰桥；刘备中兴，的卢骏马从泥沟中一跃而出。这些都是合于天理，神祇造福，因此能够功德济世，庇护百姓。像尔朱兆这样的人，长着马蜂眼，发出豺狼声，行为如同枭獍那样的恶兽一般，拥兵为非作歹，残害君亲。如果上天有知，应明察其凶恶之性。却反而使得孟津之河流水浅至膝盖，来助其叛逆之心。《周易》说'天道祸害作恶多端的人，鬼神造福谦虚的人'，以此验证，确实是句空话。"）

[评析]

常言说：善有善报，恶有恶报，但世事常有例外。尔朱兆本性凶恶，却鬼使神差般取得了胜利。杨衒之举此例感叹，传统的教诲好像在此成了空话，不起作用。这种对天命的质疑和司马迁"余甚惑焉，倘所谓天道，是耶非耶"的感慨如出一辙。

时兆营军尚书省，建天子金鼓①，庭设漏刻②。嫔御妃主，皆拥之于幕。锁帝于寺门楼上。时十二月，帝患寒，随兆乞头巾，兆不与。遂囚帝还晋阳，缢于三级寺。帝临崩礼佛，愿不为国王。又作五言曰："权去生道促，忧来死路长。怀恨出国门，含悲入鬼乡。隧门一时闭，幽庭岂复光？思鸟吟青松，哀风吹白杨。昔来闻死苦，何言身自当。"至太昌元年冬③，始迎梓宫赴京师④，葬帝靖陵。所作五言诗，即为挽歌词。朝野闻之，莫不悲恸。百姓观者，悉皆掩涕而已。

[注释]

①金鼓：金属乐器及鼓，军队用来传达军令。这里指象征天子权威的发号施令的器具。

②漏刻：古代计时工具，由漏壶和标尺组成。漏壶用来漏水或盛水，

标尺则用来观察水位高度,来确定时间。

③太昌元年:公元532年,北魏孝武帝元脩的第一个年号。

④梓宫:皇帝、皇后或重臣的棺材。

[译文]

(当时尔朱兆驻军在尚书省,建立了天子所用的金鼓,在庭上设立计时的漏刻。嫔妃贵人,都纳入幕室之中。将庄帝锁在寺院的门楼上。当时已十二月,庄帝怕冷,向尔朱兆要头巾,尔朱兆不给。随后将庄帝押至晋阳,吊死在三级寺之中。庄帝临死之前礼佛,发愿不再生为国王。又作一首五言诗:"权去生道促,忧来死路长。怀恨出国门,含悲入鬼乡。隧门一时闭,幽庭岂复光?思鸟吟青松,哀风吹白杨。昔来闻死苦,何言身自当。"到太昌元年冬天,才将庄帝灵柩迎回京师,葬在靖陵。所作的五言诗,即作为悼词。朝野上下闻之,莫不悲痛。观看的百姓,都掩面流泪。)

[评析]

北魏王朝(386—534)历时149年,14位皇帝。最长寿者为太武帝拓跋焘,被杀时仅45岁。近一半皇帝寿命不到30岁,其中11位皇帝死于非命。难怪孝庄帝临死前发愿不再生于帝王之家。

永熙三年二月①,浮图为火所烧。帝登凌云台望火②,遣南阳王宝炬③、录尚书事长孙稚,将羽林一千救赴火所,莫不悲惜,垂泪而去。火初从第八级中平旦大发,当时雷雨晦冥,杂下霰雪。百姓道俗,咸来观火,悲哀之声,振动京邑。时有三比丘,赴火而死。火经三月不灭。有火入地寻柱,周年犹有烟气。其年五月中，有人从东莱郡来，云："见浮图于海中，光明照耀，俨然如新。海上之民，咸皆见之。俄然雾起，浮图遂隐。"至七月中，平阳王为侍中斛斯椿所挟④，奔于长安。十月而京师迁邺⑤。

[注释]

①永熙三年：公元534年，北魏孝武帝的第三个年号。

②凌云台：位于洛阳城内的高台，始建于三国魏文帝曹丕时。本书"瑶光寺"条："千秋门内御道北有西游园，园中有凌云台，即是魏文帝所筑者。"《世说新语·巧艺》："凌云台楼观精巧，先称平众木轻重，然后造构，乃无锱铢相负揭。台虽高峻，常随风摇动，而终无倾倒之理。魏明帝登台，惧其势危，别以大材扶持之，楼即颓坏。论者谓轻重力偏故也。"

③南阳王宝炬：即西魏文帝元宝炬（507—551），北魏孝文帝元宏之孙，京兆王元愉之子。孝庄帝时被封南阳王。孝武帝与高欢决裂后，元宝炬随孝武帝赴关中投奔宇文泰。535年，孝武帝被害后，在宇文泰的推举下，元宝炬称帝，年号大统，成为西魏的开国皇帝。

④平阳王：即孝武帝元脩。永安三年被封为平阳王。永熙三年时，在侍中斛斯椿的鼓动下，讨伐高欢，但被击败。随后，元脩在斛斯椿挟持下，赴长安投奔宇文泰。

⑤京师迁邺：永熙三年，孝武帝到长安投奔宇文泰后，高欢先立元亶为帝。十月，废元亶，改立其子元善见为皇帝，迁都邺城，改元天平，史称东魏。

[译文]

永熙三年二月,永宁寺被大火所烧。孝武帝登上凌云台观察火情,派遣南阳王宝炬、录尚书事长孙稚,带领禁卫军一千人前去救火,没有不悲痛可惜、垂泪而去的。起初大火是白天从第八层突然烧起来的,当时雷雨交加,天气阴晦,杂有雪粒。百姓大众,都来看火,悲哀之声,震动京城。当时,有三位比丘投火而死。大火烧了三个月还不熄灭。有大火烧到埋在地下的柱子,一年后还冒着烟气。那年五月中,有人从东莱郡来,说:"看到浮图在海上,光明照耀,好像新的一样。海上之人,都看到了。一会大雾升起,浮图就消失了。"到七月中,孝武帝为侍中斛斯椿挟持,奔赴长安。十月份,高欢迁都邺城。

[评析]

永宁寺的大火是一个象征,不仅烧尽了富丽堂皇的皇家寺院,也将北魏的国运烧蚀殆尽。失火的当年,因讨伐高欢失利,导致高欢大军兵临城下,孝武帝带领宗室、朝臣、将士等近万人,西奔长安,投奔宇文泰。不久被宇文泰毒死。大统元年(535),宇文泰立元宝炬为帝,是为西魏。高欢因孝武帝逃走,故迁都邺城,并立元善见为帝,即孝静帝,年号天平,是为东魏。北魏由此分裂成东西两魏。

建 中 寺

建中寺,普泰元年尚书令乐平王尔朱世隆所立也①,本是阉官司空刘腾宅②。屋宇奢侈,梁栋逾制,一里之间,廊庑充溢。堂比宣光殿,门匹乾明门,博敞弘丽,诸王莫及也。在西阳门内御道北所谓延年里。刘腾宅东有太仆寺③,寺东有乘黄署④，署东有武库署⑤，即魏相国司马文王府库⑥，东至阊阖宫门是也。西阳门内御道南，有永康里，里内复有领军将军元义宅⑦。掘故井得石铭，云是汉太尉荀彧宅⑧。正光年中，元义专权，太后幽隔永巷，腾为谋主。义是江阳王继之子，太后妹婿。熙平初，明帝幼冲⑨，诸王权上。太后拜义为侍中、领军左右，令总禁兵，委以腹心，反得幽隔永巷六年。太后哭曰："养虎自啮，长虺成蛇。⑩"至孝昌二年，太后反政，遂诛义等，没腾田宅。元义诛日，腾已物故。太后追思腾罪，发墓残尸，使其神灵无所归趣。以宅赐高阳王雍。建义元年，尚书令乐平王尔朱世隆为荣追福，题以为寺。朱门黄阁，所谓仙居也。以前厅为佛殿，后堂为讲室，金花宝盖，遍满其中。有一凉风堂，本腾避暑之处，凄凉常冷，经夏无蝇，有万年千岁之树也。

[注释]

①普泰元年：公元531年。孝庄帝被废后，尔朱世隆等拥立元恭为帝，改元普泰。第二年即被高欢废黜。

②刘腾（463—523）：字青龙，北魏时期的权宦。正光元年（520），与元义勾结，杀死清河王元怿，囚禁胡太后。

③太仆寺：掌管全国车马的官署。

④乘黄署：太仆寺的下属机构，负责车马等的管理及日常驾驭训练。

⑤武库署：掌管武器保管的官署。

⑥司马文王：即司马昭。

⑦元乂（484—525）：又作元义，北魏宗室。是胡太后之妹夫。后来伙同刘腾软禁胡太后，把持朝政。胡太后复出后，元乂被赐死。

⑧荀彧（163—212）：字文若，三国魏颍川颍阴（今河南许昌）人。曹操的重要谋士。

⑨幼冲：年龄幼小。《尚书·盘庚下》："肆予冲人。"孔安国传："冲，童。"孔颖达疏："冲、童声相近，皆是幼小之名。"

⑩长虺成蛇：将小蛇养成大蛇，比喻养奸遗患。虺，小蛇。

[译文]

　　建中寺，是普泰元年尚书令乐平王尔朱世隆建造的，本来是宦官司空刘腾的宅院。（房屋奢侈，梁栋超越规制。一里之内，充满走廊连阁。大堂好比宣光殿，大门媲美乾明门，宽广敞亮，宏大壮丽，诸王府不及。）寺院位于西阳门内御道北边的延年里。（刘腾宅子东边有太仆寺，太仆寺东边有乘黄署，乘黄署东边有武库署，即三国魏相国司马文王的库房，东边到阊阖宫门。）西阳门内御道南边有永康里。里内又有领军将军元乂的府宅。（挖掘一口古井得到了石头，上有铭文说是汉太尉荀彧的宅第。）正光年中，元乂专权，太后被幽禁在隔永巷，刘腾是主谋者。（元乂是江阳王元继的儿子，胡太后的妹夫。熙平初年，明帝年幼，诸王权力膨胀，太后任命元乂为侍中、领军左右，命他总领禁军，把他当成心腹，没想到反过来被幽禁在隔永巷六年。太后哭着说："养虎为患，养小蛇成大蛇。"）至孝昌二年，太后重新执政，遂诛杀了元乂，没收了刘腾的田宅。元乂被诛时，刘腾已死去，太后想到刘腾罪有余辜，于是掘墓抛尸，使其神灵无从回归。将其宅第赐给高阳王元雍，建义元年，尚书令乐平王尔朱世隆为尔朱荣祈福，题做寺院。朱红大门、黄色殿阁，真所谓仙居之地也。以前厅为佛殿，后堂为讲室。金色莲花、华丽宝盖，充满其中。有一个凉风堂，本来是刘腾的避暑之地，凄凉阴冷，整个夏天没有苍蝇，长满了成千上万年的树木。

[评析]

宣武帝之妃，即后来的胡太后，冒着生子被杀的危险，生元诩。元诩即位（孝明帝）后，尊母亲为皇太妃，又尊为太后。因元诩年幼，胡太后开始把持朝政。正光元年，胡太后被妹夫元义和刘腾等囚禁。六年后重执朝政，诛杀元义，掘刘腾墓穴。又杀孝明帝，立元钊为帝。尔朱荣率大军入京师后，胡太后被杀死。胡太后颇有心计，心狠手辣，但中间被囚禁，最后被溺死，度过了可叹、可恨、可悲的一生。

长 秋 寺

长秋寺，刘腾所立也。腾初为长秋令卿①，因以为名。在西阳门内御道北一里。亦在延年里，即是晋中朝时金市处②。寺北有蒙汜池③，夏则有水，冬则竭矣。中有三层浮图一所，金盘灵刹，曜诸城内。作六牙白象④，负释迦在虚空中⑤。庄严佛事，悉用金玉，作工之异，难可具陈。四月四日⑥，此像常出。辟邪、师子导引其前⑦，吞刀吐火，腾骧一面⑧，彩幢上索⑨，诡谲不常。奇伎异服，冠于都市。像停之处，观者如堵，迭相践跃，常有死人。

[注释]

①长秋令卿：北魏时期官名。为内侍官，掌管宫内事务，一般由宦官担任。

②金市：为洛阳城内比较大的一处集市。西晋陆机《洛阳记》："三市，大市名也。金市在大城西，南市在大城南，马市在大城东。按：金市名商观西，兑为金，故名金市。"（《说郛》卷六十一）

③蒙汜池：三国魏明帝时在洛阳皇宫西边开凿的沟池。蒙汜，日落之处。《魏书·释老志》："魏明帝曾欲坏宫西佛图。外国沙门乃金盘盛水，置于殿前，以佛舍利投之于水，乃有五色光起，于是帝叹曰：'自非灵异，安得尔乎？'遂徙于道（阙），为作周阁百间。佛图故处，凿为蒙汜池，种芙蓉于中。"

④六牙白象：《摩诃止观》卷二："言六牙白象者，是菩萨无漏六神通。牙有利用如通之捷疾。象有大力，表法身荷负。无漏无染，称之为白。"六牙，表示六度或六神通。白象，指纯白之象。因为大象有力而性温顺，佛经中常用来表示佛菩萨性善柔和而有威力。

⑤释迦：即佛教的创始人释迦牟尼。

⑥四月四日：汉传佛教关于释迦牟尼生日有不同说法，常见的有二月八日和四月八日，后世常以四月八日为佛诞日。结合下文"景明寺"和"昭仪尼寺"条所记，四月四日可能为四月八日之误写。

⑦辟邪、师子：佛教中常用来比喻佛的无畏与勇猛。辟邪，古代传说中的神兽，似鹿而长尾，有两角。师子，即狮子。

⑧腾骧：奔腾跳跃。

⑨彩幢：疑为缘幢，即攀爬竖杆。上索：即绳索上表演的杂技。

[译文]

长秋寺，是刘腾建造的。（刘腾当时是长秋令卿，故以此为名。）寺院在西阳门内御道北一里。（也是在延年里，即西晋洛阳的金市所在地。寺北边有蒙汜池，夏天有水，冬天则枯竭。）中间有三层佛塔一座。塔上金盘和塔刹，照耀城内。塔顶还有六牙白象，背上有释迦牟尼佛像，高悬空中。佛像庄严，雕刻所用的都是金玉之类贵重之物，做工精细，难以细细描述。四月四日，此佛像常被抬出行像。装扮的辟邪、狮子等神兽在前面引导，随后表演吞刀吐火、表演马戏的人向一个方向奔腾跳跃，攀爬竖杆，绳索上跳跃，表演奇异诡怪，不是常见的。奇特的杂技、怪异的服装，在都市中招摇。佛像所停之处，观众蜂拥而至，互相践踏，常致人丧命。

[评析]

古代在佛诞日，常举行盛大的行像和浴佛活动。按北宋释赞宁所记："行像者，自佛泥洹，王臣多恨不亲睹佛，由是立佛降生相，或作太子巡城像。晋法显到巴连弗城，见彼用建卯月八日行像。以车结缚五层，高二丈许，状如塔，彩画诸天形，众宝作龛，佛坐菩萨立侍。可二十车，车各样严饰。"（《僧史略》）由此可知这种仪式传自印度。在中国古代社会中，行像和浴佛，一方面是佛教信仰活动，另一方面也是盛大的节日活动。

瑶 光 寺

瑶光寺，世宗宣武皇帝所立[①]，在阊阖城门御道北，东去千秋门二里。千秋门内道北有西游园，园中有凌云台，即是魏文帝所筑者。台上有八角井，高祖于井北造凉风观，登之远望，目极洛川。台下有碧海曲池，台东有宣慈观，去地十丈。观东有灵芝钓台，累木为之，出于海中，去地二十丈。风生户牖，云起梁栋，丹楹刻桷，图写列仙。刻石为鲸鱼，背负钓台，既如从地踊出，又似空中飞下。钓台南有宣光殿，北有嘉福殿，西有九龙殿。殿前九龙，吐水成一海。凡四殿皆有飞阁②，向灵芝往来。三伏之月，皇帝在灵芝台以避暑。

有五层浮图一所，去地五十丈，仙掌凌虚，铎垂云表，作工之妙，埒美永宁。讲殿尼房，五百余间，绮疏连亘，户牖相通。珍木香草，不可胜言。牛筋、狗骨之木③，鸡头、鸭脚之草④，亦悉备焉。椒房嫔御⑤，学道之所。掖庭美人⑥，并在其中。亦有名族处女，性爱道场，落发辞亲，来仪此寺。屏珍丽之饰，服修道之衣，投心八正，归诚一乘。

永安三年中，尔朱兆入洛阳，纵兵大掠。时有秀容胡骑数十人，入瑶光寺淫秽，自此后颇获讥讪。京师语曰："洛阳男儿急作髻，瑶光寺尼夺作婿。"

瑶光寺北有承明门，有金墉城，即魏氏所筑。晋永康中，惠帝幽于金墉城。东有洛阳小城，永嘉中所筑。城东北角有魏文帝百尺楼，年虽久远，形制如初。高祖在城内作光极殿，因名金墉城门为光极门。又作重楼飞阁，遍城上下，从地望之，有如云也。

[注释]

①世宗宣武皇帝：即元恪（483—515），北魏太和二十三年（499）至延昌四年（515）在位。庙号世宗，谥号宣武皇帝。

②飞阁：即阁道，架在各殿之间的空中通道。

③牛筋：为庭园中供观赏的一种珍贵花木，其木材可为弓弩杆。《毛诗注疏》说："杻，檍也。叶似杏而尖，白色皮正赤，为木多曲少直，枝叶茂好。二月中，叶疏，华如练而细，蕊正白盖树，今官园种之正名曰万岁，既取名于亿万其叶，又好故种之共汲山下，人或谓之牛筋，或谓之檍材，可为弓弩干也。"狗骨：即枸骨树，似女贞，肌理为白色，状若骨头。

④鸡头：即芡，是一种多年生草本植物，全株有刺，叶子圆形，像荷叶，浮在水面。花为紫色，如鸡头，故得名。鸭脚：即鸭脚葵。

⑤椒房：汉代时皇后和后妃所居住的宫殿，因为用花椒和泥涂墙，故称椒房。后来也用来指代皇后、嫔妃。

⑥掖庭：宫中的旁舍，一般供嫔妃居住。《后汉书》唐李贤注引《汉官仪》："婕妤以下皆居掖庭。"

[译文]

瑶光寺，是世宗宣武皇帝建造的，在阊阖城门附近御道北边，东边离千秋门约有二里地。（千秋门内道北有西游园。西游园中有凌云台，是魏文帝建造的。凌云台上有八角井，高祖在井北边建造了凉风观，登高远望，能看到洛川。凌云台下有碧海曲池，台东边有宣慈观，离地十丈高。宣慈观东边有灵芝钓台，采用木头架起，建在水面上，离地二十丈高。和风从门窗吹起，祥云环绕梁栋，梁柱刷上了红漆，椽上雕刻上了花纹，画着众多仙人。台下用巨石雕刻成鲸鱼，好像背负钓台一样，既好像从水面跃出，又好像从空中飞下。钓台南边有宣光殿，北边有嘉福殿，西边有九龙殿。殿前有九条龙，口吐水流，注入水中。四殿都有阁道相通，通向灵芝钓台。三伏天时，皇帝在灵芝台避暑。）

寺中有五层佛塔一座，离地五十丈高，如承露金盘般的仙掌凌空而立，金色的铃铎高垂于云天，做工精妙，可比美永宁寺。讲堂和尼房有五百余间，建筑精美，疏密连绵，门窗相通。珍贵的名木香草，不可胜数。牛筋、狗骨这样的树木，鸡头、鸭脚这样的花草，也都布满园中。住在椒房中的嫔妃们，以此为修道的场所。掖庭中的美人，也常在其中。也有名门望族的少女，钟爱修行的场所，剃除头发，辞别亲人，来到该寺。她们除去了华贵漂亮的服饰，穿上修道的服装，专心于佛法之八正道，归宗于一乘之佛法。

永安三年中，尔朱兆攻入洛阳，纵容手下大肆抢掠。当时有秀容郡的胡人骑兵数十人，闯入瑶光寺奸淫尼僧，自此之后，此寺开始受到讥讽非议。京师有俗语说："洛阳男儿急作髻，瑶光寺尼夺作婿。"

瑶光寺北有承明门，有金墉城，即魏明帝曹叡所造。（晋永康年间，晋惠帝司马衷被囚禁于金墉城。东边有洛阳小城，永嘉年间所造。城东北角有魏文帝所造的百尺楼，年代虽已久远，但形制一如其初。高祖孝文帝在城内建造光极殿，因此将金墉城城门命名为光极门。还建造了重楼飞阁，散布在城内，从地上看，高入云端。）

[评析]

世宗皇帝对佛教极有兴趣，常亲自讲经。"世宗笃好佛理，每年常于禁中，亲讲经论，广集名僧，标明义旨。沙门条录，为《内起居》焉。上既崇之，下弥企尚。至延昌中，天下州郡僧尼寺，积有一万三千七百二

十七所，徒侣逾众。"(《魏书·释老志》)

景 乐 寺

景乐寺，太傅清河文献王怿所立也①。怿是孝文皇帝之子，宣武皇帝之弟。在阊阖南，御道东，西望永宁寺正相当。寺西有司徒府，东有大将军高肇宅②，北连义井里。义井里北门外有丛树数株，枝条繁茂。下有甘井一所，石槽、铁罐，供给行人，饮水、庇阴，多有憩者。有佛殿一所，像辇在焉③。雕刻巧妙，冠绝一时。堂庑周环，曲房连接。轻条拂户，花蕊被庭。至于六斋④，常设女乐。歌声绕梁，舞袖徐转，丝管寥亮，谐妙入神。以是尼寺，丈夫不得入。得往观者，以为至大堂。及文献王薨，寺禁稍宽，百姓出入，无复限碍。后汝南王悦复修之⑤。悦是文献之弟。召诸音乐，逞伎寺内。奇禽怪兽，舞抃殿庭。飞空幻惑，世所未睹。异端奇术，总萃其中。剥驴投井，植枣种瓜，须臾之间，皆得食之。士女观者，目乱精迷。自建义已后，京师频有大兵，此戏遂隐也。

[注释]

①太傅清河文献王怿：即元怿（487—520），孝文帝元宏第四子，宣武帝元恪异母弟。太和二十一年（497）被封为清河王，孝明帝时曾任太傅。大将军元义和宦官刘腾发动政变时被杀，年仅34岁，谥号文献王。

②高肇：字首文，北魏宣武帝元恪舅父，曾任大将军。

③像辇：佛像与运载车辆。

④六斋：佛教认为在家居士每月应当持斋的六日。即阴历每月的八日、十四日、十五日、二十三日、二十九日、三十日。

⑤汝南王悦：即元悦（？—533），孝文帝元宏之子，宣武帝元恪之弟。

[译文]

　　景乐寺，是太傅清河文献王元怿建造的。（元怿是孝文皇帝的儿子，宣武帝的弟弟。）景乐寺位于阊阖门南，御道东，西边和永宁寺正相对。（寺西边有司徒府，东边有大将军高肇的宅邸，北边连着义井里。义井里北门外有丛树数株，枝条繁茂。下面有甜水井一座，边上有石槽、铁罐，供行人饮水遮阴，多有人在此休息。）寺中有佛殿一所，佛像与装载佛像的四轮车辇都还在。雕刻巧妙程度，称绝于当时。殿堂与廊道环绕，房屋曲折相连。树的枝条轻拂门户，鲜花覆盖着庭院。至于六斋日，常常请女乐进行歌舞表演。歌声绕梁，舞姿翩翩，丝竹之声嘹亮，和谐美妙神奇。因为是尼僧所居之寺，故而禁止男人入内。有机会前去观赏的人，常常以为到了天堂一样。到文献王死去之后，寺院的管理稍微松懈，普通百姓出入，不再有限制。后来汝南王元悦重修该寺。（元悦是文献王的弟弟。）召集通音乐之人，在寺中展示技能。各种珍禽怪兽，在庭院中飞舞跳跃。空中飞行的幻术，世人从未见过。异端奇术，都汇集其中。表演生剥活驴，投于井中；表演栽枣种瓜，片刻之间，就能吃到。士女前来观看的，眼花缭乱。自从建义年之后，京城常有战祸，这种把戏就消失了。

[评析]

　　佛教作为一种外来宗教，其在中国的传播，常与异域文化结伴而行。北魏时期寺院中的音乐表演、杂技表演常常有外国色彩。《法苑珠林》卷七十六载有类似此段中"植枣种瓜"的故事："汉明帝时，有檀国蛮夷，善闲幻术，能徙易牛马头。上与群臣共观之，以为笑乐。及三国时，吴有徐光者，不知何许人也，常行幻化之术。于市廛内，从人乞菰，其主弗与。便从索子，掘地而种，顾眄之间菰生。俄而蔓延生华，俄而成实，百姓咸瞩目焉。子成乃取而食之，因以赐观者。"

昭仪尼寺

　　昭仪尼寺，阉官等所立也。在东阳门内一里御道南。东阳门内道北有太仓、导官二署①，东南治粟里，仓司官属住其内。太后临朝，阉寺专宠②，宦者之家，积金满堂。是以萧忻云："高轩斗升者③，尽是阉官之嫠妇④；胡马鸣呵者，莫不黄门之养息也。"忻，阳平人也，爱尚文籍，少有名誉，见阉寺宠盛，遂发此言，因即知名，为治书侍御史。

　　寺有一佛二菩萨，塑工精绝，京师所无也。四月七日，常出诣景明，景明三像恒出迎之。伎乐之盛，与刘腾相比。堂前有酒树、面木⑤。

　　昭仪寺有池，京师学徒谓之翟泉也⑥。衒之按：杜预注《春秋》云："翟泉在晋太仓西南。"⑦按晋太仓在建春门内，今太仓在东阳门内，此地今在太仓西南，明非翟泉也。后隐士赵逸云："此地是晋侍中石崇家池，池南有绿珠楼。"⑧于是学徒始寤，经过者想见绿珠之容也。

池西南有愿会寺，中书舍人王翊舍宅所立也⑨。佛堂前生桑树一株，直上五尺，枝条横绕，柯叶傍布，形如羽盖。复高五尺，又然。凡为五重，每重叶椹各异。京师道俗谓之神桑，观者成市，施者甚众。帝闻而恶之，以为惑众，命给事中黄门侍郎元纪伐杀之。其日云雾晦冥，下斧之处，血流至地，见者莫不悲泣。

寺南有宜寿里，内有苞信县令段晖宅。地下常闻钟声，时见五色光明，照于堂宇。晖甚异之，遂掘光所，得金像一躯，可高三尺，并有二菩萨。趺坐上铭云："晋泰始二年五月十五日，侍中中书监荀勖造。"晖遂舍宅为光明寺。时人咸云此是荀勖旧宅。其后盗者欲窃此像，像与菩萨合声喝贼，盗者惊怖，应即殒倒。众僧闻像叫声，遂来捉得贼。

[注释]

①太仓：即京城中储存粮食的大仓库。导官：负责皇家用米的官员。

②阉寺：这里指宦官。阉，指管理内廷门禁之人。寺，指掌管内侍及女官戒令之人。

③高轩：指显贵所乘车辆。斗升：这里特指如斗一样的车帐。

④嫠妇：寡妇。

⑤酒树：果实能当酒之树，多指椰子树。周祖谟《洛阳伽蓝记校释》："《齐民要术》卷十引刘欣期《交州记》：'椰子有浆，截花以竹筒承其汁，作酒饮之，亦醉也。'"面木：即桄榔。周祖谟《洛阳伽蓝记校

释》:"《后汉书·西南夷传》:'牂柯句町县有桄榔木,可以为面,百姓资之。'"

⑥翟泉:又作狄泉。春秋周王城池,春秋时诸侯会盟处。《春秋》:"(僖公二十九年)夏六月,会王人、晋人、宋人、陈人、蔡人、秦人,盟于翟泉。"

⑦杜预(222—284):字元凯,西晋京兆杜陵(今陕西西安东南)人。自谓有"《左传》癖",撰写《春秋左氏经传集解》三十卷,收入《十三经注疏》。

⑧石崇(249—300):字季伦。西晋时期的官员、富商。因与贵戚王恺斗富,闻名后世。绿珠:石崇的爱妾,后晋惠帝时,中书令孙秀向石崇索要绿珠被拒绝,于是捏造罪名,唆使赵王司马伦处死了石崇。故此处绿珠楼当是石崇为爱妾所建。

⑨王翊:字士游。北魏时期历任司空主簿、济州刺史、金紫光禄大夫等职。

[译文]

昭仪尼寺,是宦官们建造的。在东阳门内一里御道南边。(东阳门内道北边有太仓、导官两个官署。东南边有治粟里,太仓、导官等官员家属住在其中。)胡太后临朝执政时,宦官受宠,宦官之家,金玉满堂。因此萧忻说:"乘坐华贵车辆者,尽是宦官的寡妇;骑着带有响铃的胡马者,无不是宦官的养子。"(萧忻,阳平人,喜爱重视文化典籍,年轻时即有盛名。看到宦官受宠得志,于是说了这番话,因此而扬名,做官为治书侍御史。)

昭仪尼寺有一佛二菩萨,雕塑之工精美,京师没有能比得上的。四月七日，这三尊塑像常被送到景明寺，景明寺的三尊塑像也常被抬出来迎接。音乐表演之盛况，可与刘腾所造的长秋寺比美。佛堂前有酒树和面木。

昭仪寺中有一个池子，京师的信徒称之为翟泉。（衒之按语说：杜预注《春秋》记载："翟泉在晋时的太仓西南。"按晋时太仓在建春门内，现在的太仓在东阳门内，此地现在太仓西南，明显不是翟泉。后来隐士赵逸说："此地是晋朝侍中石崇家的池塘，池塘南边有绿珠楼。"于是信徒这才明白过来，每每经过此处的人，都会想象绿珠之美丽容颜。）

池塘西南有愿会寺，是中书舍人王翊施舍宅院建造的。佛堂前生长有桑树一株，直上有五尺多高，枝条缠绕，枝叶密布，如同一个羽毛制成的华盖。其上还有五尺多高，又是这样。总共分成五重，每重桑叶和桑葚各不相同。京城中的道俗都认为这棵树是神桑，前来观看的人如同赶集一样，施舍者也人数众多。孝武帝元脩听说后很讨厌它，认为这是迷惑众人，命令给事中黄门侍郎元纪砍掉它。砍树之日，云雾笼罩，天空暗晦，斧头砍过的地方，流血淌到了地上，看到的人莫不悲伤流泪。

昭仪寺南边有宜寿里，里面有苞信县令段晖的宅舍。（地下经常听到钟声，时时看到五色光，照耀在堂宇中。段晖觉得很奇异，所以挖掘发光的地方，得到金色佛像一尊，约高三尺，还发现有两尊菩萨像。佛像脚部底座上有铭文说："晋泰始二年五月十五日，侍中中书监荀勖造。"段晖于是捐赠住宅为光明寺。当时人都说这里是荀勖的旧宅所在之处。其后，偷盗者想盗窃佛像，佛像和二菩萨像齐声呵斥盗贼，盗贼惊恐万分，应声倒在地上。众僧听到佛像的呵斥声，赶过来将盗贼捉住。）

[评析]

一佛二菩萨是中国佛教三圣信仰的重要内容，主要有以下几种类型，即西方三圣：阿弥陀佛、观世音菩萨、大势至菩萨；华严三圣：毗卢遮那佛、文殊菩萨、普贤菩萨；药师三圣：药师佛、日光菩萨、月光菩萨；弥勒三圣：弥勒佛、法华林菩萨、大妙相菩萨，等等。现存最早的一佛二菩萨造像发现于印度秣菟罗地区，主尊是坐姿的佛像，身旁是两位菩萨，铭义记为雕凿于迦腻色迦土一世四年（公元82年）。一佛二菩萨的造像约在东汉末年开始在中国出现，北魏时期大量出现。龙门石窟北魏时期开凿的古阳洞正中就是一佛二菩萨的造像，宾阳三洞中也有大量北魏时期的一佛二菩萨造像。但这一时期的一佛二菩萨的造像多为一般意义上的佛与二胁侍菩萨的组合形象，而非确指西方三圣或华严三圣等。

胡　统　寺

胡统寺，太后从姑所立也①。入道为尼，遂居此寺。在永宁南一里许。宝塔五重，金刹高耸。洞房周匝②，对户交疏。朱柱素壁，甚为佳丽。其寺诸尼，帝城名德，善于开导，工谈义理。常入宫与太后说法。其资养缁流③，从无比也。

[注释]

①从姑：即从祖姑，父亲的叔伯姐妹。

②洞房：连接相通的房间。晋陆云《登台赋》："蒙紫庭之芳尘兮，骇洞房之回飙。"《梁书·徐勉传》："高门甲第，连闼洞房，宛其死矣，

定是谁室?"

③缁流:指出家僧尼,因出家僧尼身穿紫黑色僧服得名。《释氏要览》卷上"称谓·缁流":"此从衣色名之也。《僧史略》云:'问缁衣者色何状貌?答:紫而浅黑。'《考功记》云:'三入为纁,五入为緅,七入为缁矣。'固知缁本出绛雀头色,即紫赤色也。故梁净秀尼见圣众衣,如桑熟椹,此乃浅赤深黑色也。"

[译文]

胡统寺,是胡太后的堂姑建造的。(自她开始学佛出家为尼,就居住在这个寺院。)寺院位于永宁寺南一里左右。寺中有五层的宝塔,金色刹顶高高耸立。相互连接的房间环绕相通,大门相对交错。朱红色的柱子、素色的墙壁,甚是庄严华丽。寺中众尼僧,是京城中著名大德,善于唱导,好谈玄理。她们常常入宫给胡太后讲法。它对出家女众的培养,也是其他寺院不能相比的。

[评析]

讲经弘法,是出家僧人的重要职责。胡统寺尼僧因为善于讲法唱导而闻名当时,入宫为太后讲法,同时培养教育年轻尼众,为弘扬佛教做出了贡献。从佛教发展历史来看,讲经说法有僧讲与俗讲之分。俗讲中又有唱导的形式。"唱导者,盖以宣唱法理,开导众心也。"(《高僧传》卷十三)唱导是讲经说法、宣传佛教教义的一种相对通俗易懂的形式。唱导通常在举行法会和斋会时,由通经的法师升座开讲,化导众生。按《高僧传》之说,佛教初传中国时,斋会聚众是比较通行的信仰方式。在聚会中,先宣唱佛名,依经文中出现顺序,引导信众一一致敬。到半夜时分,会众疲乏至极，为了保持大家的兴趣，另外邀请高僧大德升座说法，用一些吸引人的故事或譬喻来讲说佛法，进一步引起大家的注意。后来庐山慧远每次举办斋会时，都亲自升座说法，先讲三世因果报应，然后再讲说本次斋会的目的与意义。这种做法，经历代传授，逐渐成为一种通行的方式。作为一名合格的唱导师，有"声""辩""才""博"四种素质的要求："唱导所贵，其事四焉：谓声、辩、才、博。非声则无以警众，非辩则无以适时，非才则言无可采，非博则语无依据。至若响韵钟鼓则四众惊心，声之为用也。辞吐后发，适会无差，辩之为用也。绮制雕华，文藻横逸，才声之为用也。商榷经论，采撮书史，博之为用也。""声"，声音洪亮，铿锵有力，如同演奏用的钟鼓，一出声就令四众警觉，吸引听众的注意力。"辩"，口齿伶俐，表达清楚，随机应变，少有口误。"才"，口若悬河，文采飞扬，才华横溢。"博"，知识渊博，内外典兼通，说法过程中广征经论史书，善于旁征博引。这四点构成了一名唱导者所应该具有的四种基本功。具备了声、辩、才、博四种基本功后，还需要具有因材施教的能力，即根据不同的对象，来区别地采用不同的唱导方式："若能善兹四事，而适以人时。如为出家五众，则须切语无常苦陈忏悔；若为君王长者，则须兼引俗典绮综成辞；若为悠悠凡庶，则须指事造形直谈闻见；若为山民野处，则须近局言辞陈斥罪目。凡此变态，与事而兴，可谓知时知众，又能善说。"这就是说，针对出家众的宣导，要以一切皆苦、诸行无常，自恣忏悔等佛教经典中的教义为中心；针对帝王长者，则不能局限在佛教典籍，还要适当引用世间的典籍，讲究辞藻，方能引起他们的重视；对于广大的一般信众来讲，讲法则要通俗易懂，以街谈巷议的各种闻见、以发生于身边的各种故事来引导他们；至于那些居住在偏僻之地的山民愚夫，则可以直陈其罪过，促其改正。这些都是唱导师需要具备的能力。当然，这些能力固然重要,但更为重要的是能够以真情感人。"故以恳切感人,倾诚动物,此其上也",这才是最为根本的一点。

修 梵 寺

修梵寺,在青阳门内,御道北。嵩明寺,复在修梵寺西。并雕墙峻宇①,比屋连甍②,亦是名寺也。修梵寺有金刚③,鸠鸽不入,鸟雀不栖。菩提达摩云得其真相也。寺北有永和里,汉太师董卓之宅也。里南北皆有池,卓之所造,今犹有水,冬夏不竭。里中有太傅录尚书事长孙稚④、尚书右仆射郭祚⑤、吏部尚书邢峦⑥、廷尉卿元洪超⑦、卫尉卿许伯桃⑧、凉州刺史尉成兴等六宅⑨。皆高门华屋,斋馆敞丽,楸槐荫途,桐杨夹植,当世名为贵里。掘此地者,辄得金玉宝玩之物。时邢峦家常掘得丹砂,及钱数十万,铭云:"董太师之物。"后卓夜中随峦索此物,峦不与之,经年峦遂卒矣。

[注释]

①峻宇:高大的屋宇。

②连甍:连接成片的房屋。甍,屋脊。

③金刚:持金刚杵之力士,称为执金刚,略称金刚。此外有四大金刚之说,指寺院的四大天王:东方持国天王、南方增长天王、西方广目天王和北方多闻天王,是佛教重要的护法神。

④太傅录尚书事长孙稚:字承业,原名冀归,北魏孝文帝赐名稚(《北史》中为避唐高宗李治讳,称"孝文以其幼承家业,赐名幼")。北

魏分裂时，跟随孝武帝奔关中，官至太师、录尚书事，封上党王，谥号文宣。

⑤尚书右仆射郭祚：字季祐。孝文帝时为黄门侍郎，宣武帝时，为吏部尚书。

⑥吏部尚书邢峦：字洪宾，孝文帝时为尚书，后暴病而卒。

⑦廷尉卿元洪超：北魏宗室。北魏孝明帝时，镇压沙门法庆起义后，元洪超曾以持节兼黄门侍郎巡视冀州。返回后上书称："冀土宽广，界去州六七百里，负海险远，宜分置一州。"于是始有沧州之设。

⑧卫尉卿许伯桃：《北史》中无载，在《续高僧传·昙无最》中描绘昙无最和道士姜斌论战时，昙无最得到了许伯桃等人的支持。"中书侍郎魏收、尚书郎祖莹，就观取经。大尉萧综、太傅李寔、卫尉许伯桃、吏部尚书邢栾（峦）、散骑常侍温子升等一百七十人，读讫奏云：'老子止著五千文，余无言说。'"

⑨凉州刺史尉成兴：道武帝时枭州侯尉古真的玄孙，名聿，字成兴，曾任武卫将军、凉州刺史。

[译文]

修梵寺，在青阳门内，御道北边。嵩明寺，又在修梵寺西边。两寺皆雕画墙壁，屋宇宽敞，房屋连着房屋，都是当时的名寺。修梵寺有金刚力士，鸠鸽不进入，鸟雀不栖至其中。菩提达摩称这是得到了佛法的真相。寺的北边为永和里，有汉朝太师董卓的宅第。（永和里南北都有池塘，是董卓建造的，现在还有水，冬夏不枯竭。）永和里有太傅录尚书事长孙稚、尚书右仆射郭祚、吏部尚书邢峦、廷尉卿元洪超、卫尉卿许伯桃、凉州刺史尉成兴等六家的宅院。（都是高高门第和华丽的房屋，斋戒时住宿的馆舍宽敞明亮，楸树、槐树遮阴蔽日，桐树和杨树夹杂种植，当世就是名贵的街区。在此地挖掘，总能得到金玉宝物。当时邢峦家常常挖掘得到丹砂，以及钱数十万，铭文说："这是董卓的物品。"后来夜里邢峦梦到董卓向他索要这些物品，邢峦不给，结果过一年后邢峦就暴病而亡。）

[评析]

　　北魏时期的三教关系，大体上以儒为主，辅以释道二教。三教之间的论辩大多发生在佛道之间。《续高僧传·昙无最》中记载了一次激烈的争论。魏孝明帝正光元年（520），诏佛道二家到朝廷辩论。论辩双方是昙无最和道馆道士姜斌。孝明帝首先发问："佛与老子是同时代的人吗？"姜斌回答说："老子到西域教化胡人，佛当时是老子的侍者，这个记载来自《老子开天经》，如果以此为据，两人为同时之人。"昙无最则批驳说，佛比老子早生四百三十年，不可能是同时之人。虽然两人所据典籍皆不可靠，但经包括邢峦等人在内奉佛的群臣的裁定，认为姜斌所说没有根据，"罪当惑众"。这次佛道论辩佛教占了上风，"遂使达儒朝士，降阶设敬，接足归依。佛法中兴，惟其开务"。

景　林　寺

　　景林寺，在开阳门内御道东。讲殿叠起，房庑连属，丹楹炫日，绣桷迎风，实为胜地。寺西有园，多饶奇果，春鸟秋蝉，鸣声相续。中有禅房一所，内置祇洹精舍①，形制虽小，巧构难比。加以禅阁虚静，隐室凝邃，嘉树夹牗，芳杜匝阶。虽云朝市，想同岩谷。净行之僧，绳坐其内②，飡风服道③,结跏数息④。

有石铭一所,国子博士卢白头为其文。白头,一字景裕,范阳人也。性爱恬静,丘园放敖⑤,学极六经,说通百氏。普泰初,起家为国子博士。虽在朱门,以注述为事,注《周易》行之于世也。

[注释]

①祇洹精舍:又作"祇树给孤独园"或"祇园精舍"。相传在舍卫城,富商给孤独长者购买波斯匿王的太子祇陀的园林,为佛建造了说法修行的场所,释迦牟尼在此说法二十余年。

②绳坐:坐绳床(即禅床)上。

③飧风:即餐风,以风为食,形容超脱世俗的修道生活。服道:潜心修道。

④结跏:即结跏趺坐,俗称打坐。有全跏趺坐和半跏趺坐之分。"若半跏坐,以左脚置右脚上,牵来近身,令左脚指与右髀齐,右脚指与左髀齐。若欲全跏,即正右脚置左脚上。"(《童蒙止观》)全跏趺坐,又称双盘,即左右两脚分别置于两腿之上。半跏趺坐,又称单盘,即将左脚置于右腿之上。数息:通过控制呼吸,安静身心,即数数字,将一念集中在出气或吸气上,达到排除杂乱念头的状态。

⑤丘园:即田园,象征隐逸生活。《易·贲》:"六五,贲于丘园,束帛戋戋。"孔颖达疏:"丘谓丘墟,园谓园圃。唯草木所生,是质素之所。"放敖:即游览观赏。

[译文]

　　景林寺，在开阳门内的御道东边。讲堂重叠，屋宇相连，红色的柱子炫目耀眼，锦绣的椽头迎风而现，实在是一个胜地。景林寺西边有园林，有丰富多样的奇异水果，春天鸟叫，秋蝉蝉鸣，鸣叫声连成一片。寺中间有禅房一座，里面有祇洹精舍，形制虽然不大，但巧夺天工。加以是禅修之地、清静之所，故而隐修之室宁静深邃，珍贵树木掩映于窗户，芬芳的杜若草铺满台阶。虽说是闹市之中，但如同处在深山之谷中。修行的高僧，坐绳床之上，以风为食，潜心修道，结跏趺坐，控制呼吸，心止一处。

　　有石头铭文一个，是国子监博士卢白头所撰写的文字。（白头，字景裕，范阳人。天性喜欢清静之地，向往自由自在的隐居生活。学通六经，精通百家之说。普泰初年，成为国子监博士。虽在官府之中，以注述为事业，著有《周易》注疏，流行于世间。）

[评析]

　　佛教认为调息是入道修心的必要手段，《童蒙止观》中说："初入禅调息法者，息有四种相：一、风，二、喘，三、气，四、息。前三为不调相，后一为调相。云何为风相？坐时则鼻中息出入觉有声，是风也。云何喘相？坐时息虽无声，而出入结滞不通，是喘相也。云何气相？坐时息虽无声，亦不结滞，而出入不细，是气相也。云何息相？不声不结不粗，出入绵绵，若存若亡，资神安隐，情抱悦豫，此是息相也。守风则散，守喘则结，守气则劳，守息即定。坐时有风、喘、气三相，是名不调；而用心者，复为心患，心亦难定。若欲调之，当依三法：一者、下着安心，二者、宽放身体，三者、想气遍毛孔出入通同无障。若细其心，令息微微然。息调则众患不生，其心易定。是名行者初入定时调息方法。举要言之：不涩不滑，是调息相也。"

建春门内御道南有句盾、典农、籍田三署①，籍田南有司农寺。御道北有空地，拟作东宫，晋中朝时，太仓处也。太仓西南有翟泉，周回三里，即《春秋》所谓王子虎、晋狐偃盟于翟泉也②。水犹澄清，洞底明静，鳞甲潜藏，辨其鱼鳖。高祖于泉北置河南尹。中朝时步广里也。泉西有华林园，高祖以泉在园东，因名苍龙海。华林园中有大海，即汉天渊池。池中犹有魏文帝九华台。高祖于台上造清凉殿，世宗在海内作蓬莱山。山上有仙人馆，台上有钓台殿，并作虹蜺阁，乘虚来往。至于三月禊日③、季秋巳辰④，皇帝驾龙舟鹢首，游于其上。

海西有藏冰室，六月出冰，以给百官。海西南有景阳山⑤，山东有羲和岭，岭上有温风室。山西有姮娥峰，峰上有露寒馆。并飞阁相通，凌山跨谷。山北有玄武池，山南有清暑殿。殿东有临涧亭，殿西有临危台。景阳山南有百果园，果别作林，林各有堂。有仙人枣长五寸，把之两头俱出，核细如针，霜降乃熟，食之甚美。俗传云出昆仑山，一曰西王母枣。又有仙人桃，其色赤，表里照彻，得霜即熟。亦出昆仑山，一曰王母桃也。奈林南有石碑一所，魏文帝所立也⑥，题云"苗茨之碑"。高祖于碑北作苗茨堂。永安中，庄帝马射于华林园,百官皆来读碑,疑"苗"字误。国子博士李同轨曰⑦:"魏文英才⑧,世称三祖⑨,公幹、仲宣⑩,为其羽翼,但未知本意如何,不得言误也。"衒之时为奉朝请,因即释曰:"以蒿覆之,故言苗茨。何误之有?"众咸称善,以为得其旨归。

奈林西有都堂,有流觞池。堂东有扶桑海。凡此诸海,皆有石窦流于地下⑪,西通谷水,东连阳渠,亦与翟泉相连。若旱魃为害,谷水注之不竭;离毕滂润⑫,阳谷泄之不盈。至于鳞甲异品,羽毛殊类,濯波浮浪,如似自然也。

[注释]

①句盾:即钩盾,少府的官署,掌管京城附近苑囿。典农:掌管屯田事务的官署。籍田:古代天子、诸侯象征性耕种的田地,相传天子籍田千亩,诸侯百亩。每到春耕时节,由天子、诸侯举行耕种之礼,便是对农业的重视,此处指管理皇家田地的官署。

②王子虎:春秋时期周天子的上卿。狐偃(?—前629):字子犯,晋文公的舅舅,晋国重臣。二人共同促成了践土之盟,确立了晋文公的霸主地位。"夏,六月,会王人、晋人、宋人、齐人、陈人、蔡人、秦人,盟于翟泉。鲁侯讳盟天子大夫,诸侯大夫又违礼盟公侯,王子虎违礼下盟,故不言公会,又皆称人。"(《春秋左传正义》卷十七"僖公二十九年")

③禊日:修禊日,古代民俗活动,一般在三月第一个巳日(汉代以后定为三月三日),春天来临之际,在河中沐浴,祛除疾病及灾祸。

④季秋：即秋天的最后一个月，即九月。巳辰：一作"良辰"。

⑤景阳山：原文为"景山殿"，据下文当为"景阳山"。

⑥魏文帝：原文为"魏明帝"，下文有"公幹、仲宣，为其羽翼"，魏明帝时，二人已去世，故不可能为明帝的官员。魏明帝当为魏文帝之误。

⑦李同轨（500—546）：精通儒学，兼善佛学，曾参与僧徒的论辩。《魏书·儒林列传》载其出使南朝梁期间，曾被梁武帝带领参加高僧的讲经活动。

⑧魏文：即魏文帝，原文"魏明"为"魏文"之误。

⑨三祖：即魏武帝、魏文帝和魏明帝。

⑩公幹：即刘桢（？—217），字公幹，东平宁阳（今属山东）人，建安时期著名文学家，建安七子之一。仲宣：即王粲（177—217），字仲宣，山阳高平（今属山东）人，建安时期著名文学家，同为建安七子之一。

⑪石窦：石洞。《水经注·漓水》："验其山有石窦，下深数丈，洞穴深远，莫究其极。"

⑫离毕滂润：传说当月亮附着毕星时，会降大雨。《诗经·小雅》："月离于毕，俾滂沱矣。"离，通"丽"，附丽，附着。毕，毕星，二十八星宿之一。滂润，浇灌。

[译文]

建春门内的御道南边，有句盾、典农、籍田等三个官署，籍田南边有司农寺。御道北边有空地，计划建东宫，是晋朝时太仓所在之处。太仓西南有翟泉，周遭有三里长，即《春秋》所记载的王子虎和狐偃结"践土之盟"的地方。(翟泉的水还很洁净,清澈见底,鱼鳖潜藏水下,能够清楚加以辨别。)高祖在泉水北边设置了河南尹。(晋朝时为步广里。)泉水西边有华林园,高祖因为泉在华林园东,所以称之为苍龙海。华林园中有一大湖,即汉时的天渊池。(池中尚有魏文帝所造的九华台。高祖在九华台上建造了清凉殿,世宗在水上建造了蓬莱山。山上建有仙人馆,九华台上有钓台殿,并造虹蜺阁,从空中将楼阁连接起来。到了三月修禊日、九月吉日,皇帝驾着船头雕有鹢鸟的龙舟,在其上游乐。)

湖西边有藏冰室,六月时将冰取出,以之供给百官。湖西南有景阳山,山东边有羲和岭,岭上有温风室。山西有姮娥峰,峰上有露寒馆,并有架在空中的廊道相通,接山跨谷。山北有玄武池,山南有清暑殿,殿东边有临涧亭,殿西边有临危台。景阳山南有百果园,各类水果分别成为一片果林,每片林地都建有堂舍。有一种仙人枣长五寸,手握之其两头还能漏出,枣核细如针头,霜降时成熟,很好吃。民间传说出自昆仑山,一说是西王母枣。又有仙人桃,其色为赤色,表里一致,有霜降时即成熟。也出自昆仑山,一说是王母桃。奈林南有石碑一座,是魏文帝建造的,上题有"苗茨之碑"。高祖在碑北边造了苗茨堂。(永安年间,庄帝在华林园中骑射,百官都来解读此碑,怀疑"苗"字有误。国子博士李同轨说:"魏文帝颇具英才,与魏武帝、魏明帝并称三祖,刘桢和王粲,并为其谋士,因此如果不知其本意,不能说这是错误。"杨衒之此时为奉朝请,于是解释道:"以蒿草覆盖,就叫作苗茨,有什么错误?"大家都夸解释得好,都认为得到了这句话的真意。)

奈林西有都堂,有流觞池。堂东边有扶桑海。凡此诸海,都有石洞与地下相通,西边通向谷水,东边连接阳渠,也和翟泉相通。如果遭遇大旱,谷水能够源源不断地注入其中;如果遭遇滂沱大雨,阳渠能起到泄洪作用。至于各种鱼虾鳖类、各种水鸟，都能在波中沐浴，在浪头上游憩，一幅悠然自得的景象。

[评析]

  殿堂楼阁，曲径通幽，阁道相连，水路互通，一片自然盛景。可惜人世间常常物是人非，无可奈何花落去！

卷第二

城　东

明悬尼寺

明悬尼寺，彭城武宣王勰所立也，在建春门外石桥南。谷水周围绕城，至建春门外，东入阳渠石桥。桥有四石柱，在道南铭云："汉阳嘉四年，将作大匠马宪造①。"逮我孝昌三年，大雨颓桥，南柱始埋没，道北二柱，至今犹存。衒之按：刘澄之《山川古今记》②、戴延之《西征记》并云晋太康元年造③，此则失之远矣。按澄之等并生在江表，未游中土，假因征役，暂来经过，至于旧事，多非亲览，闻诸道路，便为穿凿，误我后学，日月已甚。有三层塔一所，未加庄严。寺东有中朝时常满仓④，高祖令为租场，天下贡赋所聚蓄也。

[注释]

①将作大匠：古代负责宫廷建设的官员。《水经注》卷十六载："桥之右柱铭云：阳嘉四年（135）乙酉壬申诏书，以城下漕渠，东通河济，南引江淮，方贡委输所由而至，使中谒者魏郡清渊马宪监作石桥梁柱。敕敕工匠，尽要妙之巧，撰立重石，累高周距，桥工路博，流通万里云云。"

②刘澄之：南朝齐人，曾官至尚书，著作有《永初山川古今记》二十卷、《司州山川古今记》三卷等。

③戴延之：东晋时人，曾著有《西征记》二卷。

④常满仓：王莽时所建的仓库名称。

[译文]

明悬尼寺，是彭城武宣王元勰建造的，在建春门外石桥南。（谷水围绕洛阳城，到建春门外，向东流入阳渠石桥。石桥上有四个石柱，在道南边的石柱上面铭文说："汉阳嘉四年，将作大匠马宪造。"到我孝昌三年时，大雨冲垮了桥梁，道南的石柱被埋了起来，道北的两个石柱至今尚存。杨衒之按语：刘澄之《山川古今记》、戴延之《西征记》都说是晋太康元年造，这种说法错得离谱了。因为刘澄之等都生在江南，未曾在中原地区生活，只是借出使的机会，暂时经过，至于过去之事，多数不是亲自见到的，道听途说，就拿来穿凿附会，贻误后学，日月之时间记载错误得厉害。）明悬尼寺有三层塔一座，未曾装饰。寺东边有晋朝时的常满仓，高祖下令作为租场，天下贡赋都聚集于此。

[评析]

关于阳渠石桥的建造年代，有差别比较大的两种记载，一说是汉阳嘉四年，即135年。另一说是晋太康元年，即280年。两种说法相差100多年。从原始的铭文看，当是前一种记载较为可靠，后一种则错得离谱。之所以会造成这种失误，是因为古往今来不少人都喜欢将道听途说之事，视为真实发生之事。

龙 华 寺

龙华寺，宿卫羽林虎贲等所立也①，在建春门外阳渠南。寺南有租场。阳渠北有建阳里，里内有土台，高三丈，上作二精舍。赵逸云："此台是中朝时旗亭也。②上有二层楼，悬鼓击之以罢市。"有钟一口，撞之，闻五十里。太后以钟声远闻，遂移在宫内，置凝闲堂前，与内讲沙门打为时节③。孝昌初，萧衍子豫章王综来降④，闻此钟声，以为奇异，遂造《听钟歌》三首，行传于世。综，字世谦，伪齐昏主宝卷遗腹子也。宝卷临政淫乱，吴人苦之。雍州刺史萧衍立南康王宝融为主，举兵向秣陵⑤，事既克捷，遂杀宝融而自立。宝卷有美人吴景晖，时孕综经月，衍因幸景晖，及综生，认为己子，小名缘觉，封豫章王。综形貌举止甚似昏主，其母告之，令自方便。综遂归我圣阙，更改名曰缵，字德文，始为宝卷追服三年丧。明帝拜综太尉公，封丹阳王。永安年中，尚庄帝姊寿阳公主，字莒犁。公主容色美丽，综甚敬之。与公主语，常自称下官。授齐州刺史，加开府。及京师倾覆，综弃州北走。时尔朱世隆专权，遣取公主至洛阳，世隆逼之，公主骂曰："胡狗，敢辱天王女乎！"世隆怒，遂缢杀之。

[注释]

①宿卫：晚上在宫中值宿警卫之人。羽林：禁卫军。虎贲：守卫王宫的人员。

②旗亭：建在高处，用来观察、维护市场的场所，上有旗帜，故得名。

③内讲沙门：在宫中讲经的僧人。打为时节：打钟告知大众聚散的时间。

④萧衍子豫章王综：即萧综（502—532）。萧衍称帝后，将南齐东昏侯萧宝卷的妃子吴氏纳入后宫，立为淑媛。当时吴氏已有身孕，但隐瞒了这一实情，故而萧衍将吴氏所生了萧综视为己出，封为豫章王。萧综得知自己身世后投奔北魏。

⑤秣陵：今南京。

[译文]

龙华寺，是宫中守夜、执勤等守卫人员建造的，在建春门外的阳渠南边。（寺的南边有租场。）阳渠北边有建阳里，里边有土台，高约三丈，上面建造有两座精舍。（赵逸说："这座土台是晋朝时的旗亭。土台上面有两层楼，上悬有大鼓，击鼓时市场散场。"）有一口钟，撞钟的话，钟声五十里外都能听到。太后因为钟声能够传得很远，于是将其移到了宫中，放到了凝闲堂前。宫中讲经沙门用撞钟来告知大众聚散的时间。孝昌初年，萧衍之子豫章王萧综来降，听到钟声后，认为很是奇异，遂作了《听钟歌》三首，传播于世间。（综，字世谦，是伪齐东昏侯萧宝卷的遗腹子。萧宝卷执政时，昏庸淫乱，吴地百姓深受其害。雍州刺史萧衍立南康王萧宝融为主，举兵杀向南京，事成之后，杀掉了宝融取而代之。萧宝卷有美人吴景晖，已怀有身孕数月，萧衍临幸吴景晖，等萧综出生后，萧衍视为己出，取小名缘觉，封豫章王。萧综形貌举止，很像萧宝卷，他的母亲这时说出了实情，让他自己做出决定。萧综于是归附北魏，改名缵，字德文，才开始为萧宝卷追服三年之丧。北魏明帝任命萧综为太尉公，封其为丹阳王。永安年间，娶了孝庄帝之姊寿阳公主，公主字莒犁。公主容色美丽，萧综很敬重她。和公主说话时，常自称下官。后授齐州刺史，加开府。到朝廷被颠覆之后，萧综放弃齐州出走北方。当时尔朱世隆专权，派人将公主带回洛阳，尔朱世隆逼迫公主，公主骂道："胡狗，你胆敢侮辱天王之女！"尔朱世隆发怒，于是勒死了公主。)

[评析]

萧综得知自己身世投奔北魏后，表面上看颇受重视，但其内心却仍是孤独愁苦的，从其所作的《听钟歌》《悲落叶》等诗作可见一斑。《梁书》所载《听钟鸣》三首如下：

"听钟鸣，当知在帝城。参差定难数，历乱百愁生。去声悬窈窕，来响急徘徊。谁怜传漏子，辛苦建章台。"

"听钟鸣，听听非一所。怀瑾握瑜空掷去，攀松折桂谁相许？昔朋旧爱各东西，譬如落叶不更齐。漂漂孤雁何所栖，依依别鹤夜半啼。"

"听钟鸣，听此何穷极？二十有余年，淹留在京域。窥明镜，罢容色，云悲海思徒掩抑。"

《悲落叶》如下：

"悲落叶，连翩下重叠。落且飞，纵横去不归。 悲落叶，落叶悲。人生譬如此，零落不可持。 悲落叶，落叶何时还？夙昔共根本，无复一相关。"

另外，《艺文类聚》中所载《听钟鸣》诗与上述有所不同："历历听钟鸣，当知在帝城。西树隐落月，东窗见晓星。雾露胐胐未分明，乌啼哑哑已流声。惊客思，动客情，客思郁纵横。翩翩孤雁何所栖？依依别鹤半夜鸣。今岁行已暮，雨雪向凄凄。飞蓬旦夕起，杨柳尚翻低。气郁结，涕滂沱，愁思无所托，强作听钟歌。"

璎 珞 寺

璎珞寺①，在建春门外御道北，所谓建阳里也。即中朝时白社地，董威辇所居处②。里内有璎珞、慈善、晖和、通觉、晖玄、宗圣、魏昌、熙平、崇真、因果等十寺。里内士庶，二千余户，信崇三宝③。众僧利养，百姓所供也。

[注释]

①璎珞：梵文为 Muktā－hāra 或 Keyūra，音译为吉由罗、枳由罗，意译为璎珞。原为古代印度贵族用玉石或鲜花装饰在颈项、手臂等处的饰物，后佛教中多用于庄严佛像等。

②董威辇：即董京，字威辇，晋时著名的隐逸修道之士，常居于白社地。

③三宝：即佛、法、僧。

[译文]

璎珞寺，在建春门外的御道北边，就是所说的建阳里。（即晋朝时的白社地，董京所居之处。）建阳里有璎珞、慈善、晖和、通觉、晖玄、宗圣、魏昌、熙平、崇真、因果等十座寺院。里内士族百姓，约有二千户，都崇信三宝。众多僧众的利益供养，都由百姓所施奉。

[评析]

　　董京是著名的隐逸之士，唐朝时道教诗人吴筠曾作有《高士咏·董威辇》："董京依白社，散发咏玄风。心出区宇外，迹参城市中。嚣尘不能杂，名位安可笼。匿影留雅什，精微信难穷。"

宗　圣　寺

　　宗圣寺，有像一躯，举高三丈八尺，端严殊特，相好毕备①。士庶瞻仰，目不暂瞬。此像一出，市井皆空，炎光辉赫，独绝世表。妙伎杂乐，亚于刘腾②。城东士女，多来此寺观看也。

[注释]

　　①相好：极好的相貌。佛肉身所具有的显著而特殊的三十二种形貌，为三十二相。佛肉身所具有的微细而秘密的相貌，为八十种好。两者合称"相好"。

　　②亚于刘腾：即仅次于刘腾所建的长秋寺。

[译文]

　　宗圣寺，有佛像一尊，高三丈八尺，端庄肃穆殊胜特别，三十二相八十种好完备。士人平民瞻仰之时，目不转睛。此像只要抬出供奉，市井之处便空无一人，光芒照耀，熠熠生辉，独绝于当世。各种美妙的杂技音乐表演，仅次于刘腾所建的长秋寺。城东男男女女，多来此寺观赏。

[评析]

北魏时期佛教造像艺术取得了巨大的成就，云冈石窟和龙门石窟的开凿都始于北魏时期。北魏前后期佛教造像风格略有变化，前期胡人风格相对明显，高鼻深目，风格质朴、浑厚，有古印度犍陀罗艺术遗风。后期随着汉化的深入，造像偏清瘦，长颈、窄肩，体现了"秀骨清像"的艺术风格。

崇 真 寺

崇真寺比丘慧嶷，死经七日还活，经阎罗王检阅[①]，以错召放免。慧嶷具说过去之时，有五比丘同阅。一比丘云是宝明寺智圣，以坐禅苦行得升天堂。有一比丘是般若寺道品，以诵经四十卷《涅槃》，亦升天堂。有一比丘云是融觉寺昙谟最[②]，讲《涅槃》《华严》，领众千人。阎罗王曰："讲经者心怀彼我，以骄凌物，比丘中第一粗行[③]。今唯试坐禅、诵经，不问讲经。"其昙谟最曰："贫道立身以来，唯好讲经，实不暗诵。"阎罗王敕付司，即有青衣十人送昙谟最向西北门。屋舍皆黑，似非好处。有一比丘云是禅林寺道弘，自云教化四辈檀越[④]，造一切经，人中金像十躯。阎罗王曰："沙门之体，必须摄心守道，志在禅诵。不干世事，不作有为。虽造作经像，正欲得他人财物；既得财物，贪心即起；既怀贪心，便是三毒不除，具足烦恼。"亦付司，仍与昙谟最同入黑门。有一比丘云是灵觉寺宝真，自云出家之前，尝作陇西太守，造灵觉寺。寺成，即弃官入道。虽不禅诵，礼拜不阙。阎罗王曰："卿作太守之日，曲理枉法，劫夺民财，假作此寺，非卿之力，何劳说此！"亦付司，青衣送入黑门。时太后闻之，遣黄门侍郎徐纥依慧嶷所说，即访宝明等寺。城东有宝明寺，城内有般若寺，城西有融觉、禅林、灵觉等三寺，问智圣、道品、昙谟最、道弘、宝真等，皆实有之。议曰："人死有罪福。"即请坐禅僧一百人，常在内殿供养之，诏不听持经像沿路乞索。若私有财物，造经像者任意。慧嶷亦入白鹿山，隐居修道。自此以后，京邑比丘皆事禅诵，不复以讲经为意。

出建春门外一里余，至东石桥。南北而行，晋太康元年造。桥南有魏朝时马市，刑嵇康之所也⑤。桥北大道西有建阳里，大道东有绥民里。里内有河间刘宣明宅。神龟年中，以直谏忤旨，斩于都市。讫目不瞑，尸行百步，时人谈以枉死。宣明少有名誉，精通经史，危行及于诛死也。

[注释]

①阎罗王：即梵语 Yama-raja 的音译，又作阎魔王等。在古代印度指夜摩神，是统治死者之神。佛教吸收了印度有关夜摩神的观念，形成了一为居于六欲天中第三位的夜摩天之神，另一是更加流行的冥界支配者、人类行为审判者的阎罗王。佛教传入中国后，与本土道教观念融合，进一步形成了冥界十王等形象。

②昙谟最：昙谟最当即昙无最，《续高僧》卷二十三："释昙无最，姓董氏，武安人也。……后敕住洛都融觉寺，寺即清河文献怿所立，廊宇充溢，周于三里。最善弘敷导，妙达《涅槃》《华

严》，僧徒千人，常业无怠。天竺沙门菩提留支见而礼之，号为东土菩萨。尝读最之所撰《大乘义章》，每弹指唱善，翻为梵字，寄传大夏。彼方读者，皆东向礼之为圣人矣。"

③粗行：僧人不守戒律的行为。

④四辈：佛教指比丘、比丘尼、优婆塞、优婆夷。即僧、尼及在家奉佛的男女。檀越：即施主，施舍给僧众钱物的信众。

⑤嵇康（223—262，或224—263）：三国魏思想家、音乐家、文学家。字叔夜，谯郡铚（今安徽濉溪西南）人。因曾做中散大夫，世称"嵇中散"。后来拒绝出仕，遭到钟会的诬陷，被大将军司马昭杀害。

[译文]

崇真寺比丘慧嶷死后，经七日后复活，在阎罗王审查时，因为发现抓错了人，得以幸免。慧嶷仔细地叙述他所见到的事情，当时和他一起接受审查的有五位比丘。一位比丘是宝明寺的智圣，因为修坐禅苦行，得升天堂。有一位比丘是般若寺的道品，因为诵四十卷《涅槃经》，也升入天堂。有一位比丘是融觉寺的昙谟最，善讲《涅槃经》《华严经》，常随听众有上千人。阎罗王说："讲经的人心中有彼我之分，傲慢凌辱他人，是比丘不受戒律中第一位粗行。因此今天只检查坐禅、诵经的本领，不考虑讲经。"其中的昙谟最说："贫僧自出家以来，只喜好讲经，实在不熟悉诵经。"阎罗王随即将他交给地府官员，便有十个身穿青衣的衙役押送昙谟最到西北门。房舍黑暗，似乎不是好地方。另一位比丘是禅林寺道弘，自述说教化四辈信众，制作各类经书，还为众人铸造了十尊佛像。阎罗王说："沙门之体性，必须是收摄内心，静守佛道，志在禅定诵经。不干预世间之事，不作有为之行。你虽然制作佛经和佛像，但目的却是得到别人的财物；得到了财物，贪心就会生起；既然怀有贪心，就是贪嗔痴三毒不能除掉，充满各种烦恼。"也交给地府官员，仍然和昙谟最一样，同入黑门之中。最后一位比丘是灵觉寺的宝真，自称出家之前曾做陇西太守，建造了灵觉寺。寺院建成后，即放弃官职，出家修行。虽然不坐禅诵经，但是礼拜之事从未缺失。阎罗王说："你做太守之时，歪曲破坏法律，抢夺人民财物，建造此寺，本不是你的功劳，何必再说！"同样交给地府官员，由青衣衙役送入黑门之中。当时太后听说这件事后，派遣黄门侍郎徐纥按照慧嶷所说，探访宝明等寺院。城东有宝明寺，城内有般若寺，城西有融觉寺、禅林寺、灵觉寺等三座寺院，询问智圣、道品、昙谟最、道弘、宝真等的情况，发现都实有其人。感叹说："人死有罪有福。"随即延请坐禅高僧一百人在宫中内殿供养，诏令僧人不准持佛经佛像沿街乞讨索要财物。如果是私有财物，印佛经造佛像者，随他自己。慧嶷也进入白鹿山，隐居修行。自此以后，京城比丘都专心坐禅诵经，不再把讲经当回事。

出建春门约一里开外，到东石桥。（南北向通行，是晋太康元年建造的。桥南有三国魏时的马市，是嵇康被处死的地方。）桥北大道西边有建阳里，大道东边有绥民里。里内有河间刘宣明的老宅。（神龟年间，刘宣明因为直谏触怒了圣上，被斩杀于都市之中。死后双目不闭，尸体行走百步，当时人都认为他是冤死的。宣明年少时即有名声，精通经史，行为正直，一直到被诛。）

[评析]

这段记载阎罗王审问僧人的故事，在不同的佛教文献中都出现过。故事以死后重生的崇真寺慧嶷的口吻，讲述死后见到五位比丘被阎罗王审判的情形。五位僧人中，修坐禅苦行的宝明寺智圣经阎罗王审查后升入天堂，诵经的般若寺道品也经审查后升入了天堂。而讲经的昙谟最、印经造像的道弘、建造寺院的宝真都被打入了黑门。其中值得注意的是对讲经僧的贬斥。讲经弘法本是佛教传播的应有之意，但是在当时佛教界存在着重视坐禅、诵经，重视个体修行的倾向，反对聚众讲经的做法。其中的昙谟最在《续高僧传》卷二十三作"昙无最"。

关于佛教中阎罗王的传说，印顺法师在《药师经讲记》中曾说："琰魔，中国俗称为阎罗王，意译为平等王或双王。据说，有兄妹二人死后受生地狱，分掌统治罪人的职权，故称双王；因对罪犯的判罚公平，铁面无私，不徇人情，所以又名平等王。王的使者，或如我们人间衙门里的差役，或是生得古怪凶恶，他把病人的'神识'拘引到琰魔法王的跟前，听候审判。在佛教里，被称为法王的有三：一是推行十善，以正法治世的转轮法王；二为铁面无私，治理地狱罪犯的琰魔法王；三即于一切法得大自在的无上法王——佛。三者虽同称为法王，而意义有很大差别。这里所说的见琰魔使者等，是在病重闷绝或昏迷状态之下，过去所做的业相现前。便在自己的心识上，幻现一种果报影像，并非真的死去，也不是真被琰魔使者拘入地狱。因为依佛法真义说，人如真的死了，是不能复生的。很多关于游地府见阎王的民间故事，在众生当时的心境，确有这种经历，但绝不是真已死亡堕入地狱，而只是业相的显现于心识而已。唯识学说众生有八识，这神识即系第六意识，非是第八阿赖耶识。所以此处说神识受报的情景，纯属意识的活动作用。琰魔王的裁判罪人，或轻或重，完全是以罪人自己的'俱生神'所呈报为根据。我们每个'有情'，从生下来就有一个'俱生神'，形影不离地跟踪着，随我们所做的事情，若罪若福，或善或恶，皆一点不漏地完全书写下来，比我们自己记的还要清楚。待我们命终之后，便原原本本'尽持授与琰魔法王'。那时，琰魔王就依着记事簿册，审问那被拘去的人，并且算计他平生所做的事，看到底是善多还是恶多，然后随其罪福的轻重，而处断他该受何报。这与我国民间传说的阎罗王故事一样。"

魏昌尼寺

魏昌尼寺，阉官瀛州刺史李次寿所立也①，在里东南角。即中朝牛马市处也，刑嵇康之所。东临石桥。此桥南北行，晋太康元年中朝时市南桥也。澄之等盖见此桥铭②，因而以桥为太康初造也。

[注释]

①李次寿：即李坚，字次寿，高阳易（今河北容城东）人。文成帝时，为宦官。冯太后时，封魏昌伯。宣武帝任瀛州刺史。魏昌尼寺之称，当取自李坚的封号。

②澄之：即刘澄之。见前"明悬尼寺"条。

[译文]

魏昌尼寺，是宦官瀛洲刺史李次寿建造的，在建阳里的东南角。（即晋朝时的牛马市场，也是嵇康受刑的地方。）东边和石桥相邻。（此桥为南北向，晋朝太康元年时的市南桥也。刘澄之等大概见到了此桥的铭文，因而以为桥是太康初年建造的。）

[评析]

嵇康，魏晋玄学的代表人物，竹林七贤之一。主张"越名教而任自然"，善古琴。在魏晋乱世中，嵇康不拘一格的生活与处世态度常常为人乐道。比如同为竹林七贤之一的山涛曾评价嵇康说："嵇叔夜之为人也，岩岩若孤松之独立；其醉也，傀俄若玉山之将崩。"（《世说新语·容止》）。而当山涛举荐他做官时，嵇康马上写了《与山巨源绝交书》，拒绝出仕。后受人诬陷，被司马昭下令处死。魏景元四年（263），嵇康在洛阳建春门外东石桥南面的马市被斩首。临刑前，嵇康演奏了一首成为绝唱的古琴曲目《广陵散》。

景兴尼寺

石桥南道有景兴尼寺，亦阉官等所共立也。有金像辇，去地三丈，上施宝盖，四面垂金铃、七宝珠①，飞天伎乐，望之云表。作工甚精，难可扬榷②。像出之日，常诏羽林一百人举此像，丝竹杂伎，皆由旨给。

建阳里东有绥民里，里内有洛阳县，临渠水。县门外有洛阳令杨机清德碑③。绥民里东有崇义里，里内有京兆人杜子休宅。地形显敞，门临御道。时有隐士赵逸，云是晋武时人，晋朝旧事，多所记录。正光初④，来至京师，见子休宅，叹息曰："此宅中朝时太康寺也。"时人未之信，遂问寺之由绪。逸云："龙骧将军王濬平吴之后⑤，始立此寺。本有三层浮图，用砖为之。"指子休园中曰："此是故处。"子休掘而验之，果得砖数万。并有石铭云："晋太康六年，岁次乙巳，九月甲戌朔八日辛巳⑥，仪同三司襄阳侯王濬敬造。"时园中果菜丰蔚，林木扶疏，乃服逸言，号为圣人。子休遂舍宅为灵应寺。所得之砖，还为三层浮图。好事者遂寻问晋朝京师何如今日。逸曰："晋时民少于今日，王侯第宅与今日相似。"又云："自永嘉已来二百余年，建国称王者十有六君⑦，吾皆游其都邑，目见其事。国灭之后，观其史书，皆非实录，莫不推过于人，引善自向。苻生虽好勇嗜酒⑧，亦仁而不杀。观其治典，未为凶暴。及详其史，天下之恶皆归焉。苻坚自是贤主，贼君取位，妄书君恶，凡诸史官，皆是类也。人皆贵远贱近，以为信然。当今之人，亦生愚死智，惑已甚矣。"人问其故，逸曰："生时中庸之人耳，及其死也，碑文墓志莫不穷天地之大德，尽生民之能事，为君共尧舜连衡，为臣与伊皋等迹。牧民之官⑨，浮虎慕其清尘⑩；执法之吏，埋轮谢其梗直。⑪所谓生为盗跖，死为夷齐，⑫佞言伤正，华辞损实。"当时构文之士，惭逸此言。步兵校尉李澄问曰："太尉府前砖浮图，形制甚古，犹未崩毁，未知早晚造？"逸云："晋义熙十二年，刘裕伐姚泓，军人所作。"汝南王闻而异之，拜为义父。因而问何所服饵，以致长年。逸云："吾不闲养生，自然长寿。郭璞尝为吾筮云⑬：'寿年五百岁。'今始逾半。"帝给步挽车一乘，游于市里。所经之处，多记旧迹。三年以后遁去，莫知所在。

　　崇义里东有七里桥，以石为之。中朝时，杜预之荆州，出顿之所也⑭。七里桥东一里，郭门开三道，时人号为三门。离别者多云："相送三门外。"京师士子，送去迎归，常在此处。

[注释]

①七宝：七种宝物，佛教诸经说法不同，如《阿弥陀经》《大智度论》所说七宝为金、银、琉璃、珊瑚、砗磲、赤珠、玛瑙等。

②扬榷：概括，扼要论述。

③杨机（476—534）：字显略，北魏天水冀（今甘肃甘谷县东南）人。先后任河南尹功曹、平南将军府长史和洛阳令等职。为官清廉，颇有声誉，"时论许其清白"。

④正光：北魏孝明帝年号，520—525年。

⑤王濬（206—286）：字士治，西晋弘农郡湖县（今河南灵宝西）人，著名将领。太康元年（280）三月，王濬率兵进入建业，消灭了吴国，立下赫赫战功。

⑥晋太康六年，岁次乙巳，九月甲戌朔八日辛巳：查陈垣《二十史朔闰表》，晋太康六年乙巳，九月初一为丙辰，八日为癸亥。杨氏所记或有错误。岁次，即岁在。朔，农历每月初一。

⑦十有六君：指五胡十六国之君。十六国分别是成汉、前赵、后赵、前秦、后秦、西秦、前燕、后燕、南燕、北燕、前凉、后凉、南凉、北凉、西凉、胡夏等十六个国家。

⑧苻生（335—357）：十六国时期前秦国君。苻健第三子。355—357年在位。字长生。后来被苻坚所杀。

⑨牧民之官：治民之官，为底层的官员。《三国志·魏志·明帝纪》："其郎吏学通一经，才任牧民，博士课试，擢其高第者亟用。"

⑩浮虎：典出《后汉书·儒林列传·刘昆》："先是崤、黾驿道多虎灾，行旅不通。昆为政三年，仁化大行，虎皆负子度河。"常用来比喻官员行仁政治理百姓。

⑪埋轮：典出《后汉书》卷五十六《张纲传》："汉安元年，选遣八使徇行风俗，皆耆儒知名，多历显位，唯纲年少，官次最微。余人受命之部，而纲独埋其车轮于洛阳都亭，曰：'豺狼当路，安问狐狸！'遂奏曰：'大将军冀，河南尹不疑，蒙外戚之援，荷国厚恩，以芻蕘之资，居阿衡之任，不能敷扬五教，翼赞日月，而专为封豕长蛇，肆其食叨，甘心好货，纵恣无底，多树谄谀，以害忠良。诚天威所不赦，大辟所宜加也。谨条其无君之心十五事，斯皆臣子所切齿者也。'书御，京师震竦。时，冀妹为皇后，内宠方盛，诸梁姻族满朝，帝虽知纲言直，终不忍用。"用来比喻官员刚直不阿。

⑫生为盗跖，死为夷齐：活着时为盗贼的人，死后被说成是圣人，说明谀墓风气之不良。盗跖，相传为春秋时期的强盗，又名柳下跖，为柳下惠之弟。在先秦古籍中被称为"盗跖"和"桀跖"。夷齐，指伯夷、叔齐，古代的两位圣人。

⑬郭璞（276—324）：字景纯，东晋河东郡闻喜县（今属山西）人。是道教正一派教徒，擅长风水、卜筮等方术，又以"游仙诗"闻名。曾为《尔雅》《方言》《山海经》等作注，明人有辑本《郭弘农集》。

⑭出顿：出外驻扎。

[译文]

石桥南边有景兴尼寺，也是宦官们共同出资建造的。寺中有载着金色佛像的车，离地有三丈多高，上面有宝盖，四面挂着金铃、七宝之珠，还装饰有飞天伎乐，看上去高入云端。做工精美，难以描述其大概。佛像出行这一天，经常下诏命羽林军一百人来抬着佛像，所用的乐器及其演奏杂技，都由圣旨安排。

建阳里东面有绥民里，里内有洛阳县衙，临近渠水。县门外有洛阳令杨机清德碑。绥民里东面有崇义里，里内有杜子休府宅。（地势宽敞显豁，大门紧邻御道。当时有隐士赵逸，自称是晋武帝时人，晋朝旧事，多有记录。正光初年，来到京师，看到杜子休的院落，叹息说："这个住宅是晋朝的太康寺。"当时人不太相信，就问这个寺院的来龙去脉。赵逸说："龙骧将军王濬在击败吴国后，建造这座寺院。本来有三层宝塔，都是用砖建造的。"然后指着子休院中说："这就是原来宝塔所在处。"杜子休挖掘地面来验证他的话，果然得到了几万块砖。而且石头铭文也说："晋太康六年，岁次乙巳，九月甲戌朔八日辛巳，仪同三司、襄阳侯王濬敬造。"当时院子中果蔬多样丰美，树木茂密，于是信服赵逸所言，称他为圣人。子休于是捐赠住宅为灵应寺，所掘得的砖，砌成了三层宝塔。好事者于是询问晋朝时的都城和今天比怎么样，赵逸说："晋朝时人民少于今天，王侯府邸宅院和今天相似。"又说："自永嘉以来二百余年，建国称王者有十六个君王，我都游历其都城，亲眼目睹所发生的事。国家灭亡之后，观察其史书所记，都非实情，莫不是将过错推给他人，把善事引向自己。苻生虽然好逞强斗勇，嗜酒如命，但也还仁爱不杀。看他治国的典章，不能说是暴虐之人。而看有关史书记载，天下之恶都归于他一人之身。苻坚自以为是贤明君主，弑君僭位，胡乱书写，增添君主恶行。凡是诸史官，都属于此类。人们大都抬高过去而轻视当下，确实如此。当今之人，也是在世时愚笨不堪，死了之后就变成了聪明过人，受这种观念迷惑太深了。"有人问为什么会这样，赵逸说："在世时再普通不过的一个人，等他死后，各种碑文墓志莫不穷尽天地之大德，括尽人类所能来描绘。为君主，则与尧舜媲美；为臣下，能与伊皋同行。做地方官，浮虎都会仰慕他的清廉；做执法官，埋轮都会羞愧于他的耿直。正所谓生时为盗跖，死后就成了伯夷叔齐。虚妄的言语毁伤了正理，浮夸的辞藻损害了事实。"当时写文章的文士，听了赵逸的话都感到很惭愧。步兵校尉李澄问道："太尉府前砖塔，形状制式都很古老，还没有崩塌，不知是什么时候建造的？"赵逸说："晋义熙十二年，刘裕讨伐姚泓时，由军人所建造。"汝南王听了后很惊异，拜其为义父。因而问他服食了什么养生药，以致能够长寿，赵逸说："我不熟悉养生，是自然长寿。郭璞曾经为我占筮，说我年寿五百岁，现在才刚过一半。"皇帝赏给他步挽车一辆，游历于都市之中。所经过的地方，对过去的遗迹都有记述。三年后离开，不知道去了哪里。）

崇义里东边有七里桥，是用石头建造的。（这里是晋朝杜预赴荆州时，出外驻扎的地方。）七里桥东边一里的地方，城郭门开了三个，当时人称为三门。（离别之人常说："相送三门外。"京城的士人，常在这里迎来送往。）

[评析]

金像辇是举行佛教行像活动时所用的车辇，前文"长秋寺"条中曾有描绘。法显在印度也曾目睹了印度行像的隆重，像车规格同上文所记有相同之处："法显等欲观行像，停三月日。其国中有四大僧伽蓝不数小者，从四月一日城里便扫洒道路，庄严巷陌。其城门上张大帏幕，事事严饰。王及夫人婇女皆住其中。瞿摩帝僧是大乘学，王所敬重。最先行像，离城二四里作四轮像车，高三丈余，状如行殿，七宝庄校，悬缯幡盖。像立车中，二菩萨侍，作诸天侍从，皆以金银雕莹，悬于虚空。像去门百步，王脱天冠，易著新衣，徒跣持花香。翼从出城，迎像头面礼足，散花烧香。像入城时，门楼上夫人婇女遥散众花纷纷而下。如是庄严供具，车车各异。一僧伽蓝，则一日行像。自月一日为始，至十四日行像乃讫。行像

讫,王及夫人乃还宫耳。"(《高僧法显传》)

庄 严 寺

庄严寺,在东阳门外一里御道北,所谓东安里也。北为租场。里内有驸马都尉司马悦①、济州刺史刀宣②、幽州刺史李真奴③、豫州刺史公孙骧等四宅。

[注释]

①驸马都尉:汉时开始设置的官职。驸,即副,掌管副车之官名。皇帝出行所乘之车为正车,由奉车都尉掌管,其他随从车辆皆为副车,由驸马都尉掌管。后此官职常由帝婿担任,魏晋以后,常用驸马来指帝婿,非实际官职。司马悦(462—508):字庆宗,北魏河内温县(今属河南)人。司马楚之之孙,文献中不见其与公主结婚的记载,但其子朏娶世宗妹华阳公主,封为驸马都尉。

②刀宣:生平不详,唯《魏书》卷三十八云:"时略姊饶安公主,刀宣妻也。"故刀宣当为元略的姐夫。

③李真奴:即李䜣(?—477),字元盛,小名真奴,北魏范阳人。曾为徐州刺史,但史传中未有他任幽州刺史的资料,唯有他父亲曾任幽州刺史的记载。

[译文]

庄严寺,在东阳门外一里的御道北,就是所说的东安里。北边为租场地。东安里内有驸马都尉司马悦、济州刺史刀宣、幽州刺史李真奴、豫州刺史公孙骧等四人的府宅。

[评析]

　　上文中提到的驸马都尉司马悦，相传善于断案。《魏书》卷三十七曾载有司马悦断案的故事：当时汝南上蔡有一个叫董毛奴的人，死在路上，身上携带的五千钱不见踪影。当时抓到了一个嫌疑犯叫张堤，在他家里搜到五千钱，严刑拷打之下，张堤认了罪。随后，司马悦提审了张堤，他察言观色，觉得案情有可疑之处。于是把董毛奴的兄长董灵之叫来询问："杀人抢劫，作案者必定慌张，应该有遗落的物品吧？"董灵之回答说："案发现场只有罪犯遗落的一个刀鞘。"司马悦于是派人取来刀鞘，仔细观察，发现此刀鞘不是自制。于是将周边的制作刀剑的工匠叫来辨认，有一个刀匠认出了刀鞘是他制作的，说去年卖给了一个叫董及祖的人。司马悦立即派人抓捕董及祖，审问之后，董及祖招认了罪行，并在其家中搜出了钱财和董毛奴所穿的衣服。由此，司马悦避免了一桩冤案，抓获了元凶。

秦太上君寺

　　秦太上君寺[①]，胡太后所立也。当时太后，正号崇训，母仪天下，号父为秦太上公，母为秦太上君。为母追福，因以名焉。在东阳门外二里御道北，所谓晖文里。里内有太保崔光[②]、太傅李延寔[③]、冀州刺史李韶[④]、秘书监郑道昭等四宅[⑤]。并丰堂崛起，高门洞开。赵逸云：晖文里是晋马道里，延寔宅是蜀主刘禅宅，延寔宅东有修和宅，是吴主孙皓宅，李韶宅是晋司空张华宅。中有五层浮图一所，修刹入云，高门向街，佛事庄饰，等于永宁。诵室禅堂，周流重叠。花林芳草，遍满阶墀。常有大德名僧讲一切经，受业沙门，亦有千数。

太傅李延寔者，庄帝舅也。永安年中除青州刺史，临去奉辞。帝谓寔曰："怀砖之俗⑥，世号难治；舅宜好用心，副朝廷所委。"寔答曰："臣年迫桑榆，气同朝露，人间稍远，日近松丘⑦。臣已久乞闲退，陛下渭阳兴念⑧，宠及老臣，使夜行罪人⑨，裁锦万里⑩，谨奉明敕，不敢失坠。"时黄门侍郎杨宽在帝侧，不晓怀砖之义，私问舍人温子昇。子昇曰："吾闻至尊兄彭城王作青州刺史，问其宾客从至青州者云：'齐土之民，风俗浅薄，虚论高谈，专在荣利。太守初欲入境，皆怀砖叩首，以美其意；及其代下还家，以砖击之。'言其向背速于反掌。是以京师谣语曰：'狱中无系囚，舍内无青州，假令家道恶，腹中不怀愁。'怀砖之义起在于此也。"

颍川荀济⑪，风流名士，高鉴妙识，独出当世。清河崔叔仁称齐士大夫⑫，曰："齐人外矫仁义，内怀鄙吝；轻同羽毛，利等锥刀⑬。好驰虚誉，阿附成名，咸势所在，侧肩竞入，求其荣利，甜然浓泗⑭。譬于四方，慕势最甚。"号齐士子为慕势诸郎。临淄官徒布在京邑，闻怀砖慕势，咸共耻之，唯崔孝忠一人不以为意⑮。问其故，孝忠曰："营丘风俗，太公余化⑯；稷下儒林⑰，礼义所出。今虽凌迟，足为天下模楷。荀济人非许郭⑱，不识东家⑲，虽复莠言自口⑳，未宜荣辱也。"

[注释]

①秦太上君：即胡太后的母亲。《魏书》卷八十三有胡太后父亲胡国珍的传记："胡国珍，字世玉，安定临泾人也。……女以选入掖庭，生肃宗，即灵太后也。肃宗践祚，以国珍为光禄大夫。灵太后临朝，加侍中，封安定郡公，给甲第，赐帛布绵谷奴婢车马牛甚厚。追崇国珍妻皇甫氏为京兆郡君，置守冢十户。……又追京兆郡君为秦太上君，太上君景明三年薨于洛阳，于此十六年矣。"

②崔光（450—523）：北魏名臣。本名孝伯，字长仁，东清河郡鄃县（今山东夏津白马湖镇）人。官至司徒、国子祭酒、太子太保。他崇信佛法，礼拜读诵，年老时信奉尤甚。"每为沙门朝贵请讲《维摩》《十地经》，听者常数百人，即为二经义疏三十余卷。"（《魏书》卷六十七）

③李延寔（？—531）：一作延实，北魏名臣。字禧，陇西郡狄道县（今甘肃临洮）人。魏孝庄帝元子攸即位后，以娘舅的身份被授予侍中、太保，封濮阳郡王。李延寔因太保犯祖父李宝的名讳，又以王爵非宗室之人所应该获封，上表坚辞。后改授太傅。不久转任司徒公，再任使持节、侍中、太傅、录尚书事、青州刺史。因李延寔是外戚，尔朱兆攻入洛阳后，派人将其杀害于青州馆舍。

④李韶（453—524）：字元伯，陇西郡狄道县（今甘肃临洮）人。北魏时期大臣，孝明帝时曾任冀州刺史。

⑤郑道昭（？—516）：字僖伯，北魏司州荥阳开封（今属河南）人。曾任员外散骑侍郎、秘书丞兼中书侍郎。道昭好为诗赋，作品现传有数十篇。

⑥怀砖：比喻人心变换之快。相传北魏时期齐地民俗浅薄，太守上任时，百姓皆怀砖叩头，表示敬意；但是一旦太守离任，则百姓会用砖头抛

向他。后文中温子昇对此作了解说。

⑦松丘：坟墓。因墓地常种植松树，故以此比喻坟墓。

⑧渭阳：此处用来比喻甥舅之情。典出《诗经·秦风·渭阳》："我送舅氏，曰至渭阳。何以赠之？路车乘黄。我送舅氏，悠悠我思。何以赠之？琼瑰玉佩。"

⑨夜行罪人：比喻年纪大而恋栈之人。典出《三国志·魏书·田豫传》："田豫，渔阳雍奴人也。……征为卫尉。屡乞逊位，人傅司马宣王以为豫克壮，书喻未听。豫书答曰：'年过七十而以居位，譬犹钟鸣漏尽而夜行不休，是罪人也。'"意思是年过七十就应当退休，如果仍然恋栈，就如同晚上该休息而行进不止的人一样，是违背自然规律的罪人。

⑩裁锦：比喻为官从政、治理一方。典出《左传·襄公三十一年》："子皮欲使尹何为邑……子产曰：不可……子有美锦，不使人学制焉。大官、大邑，身之所庇也，而使学者制焉，其为美锦不亦多乎？"意思是子皮要让尹何治理封邑，子产不同意，认为如同美锦不能让学徒用来练习一样，封邑治理这样重大的事情也不能交给没有经验的人。

⑪荀济：字子通，北魏颍川人，世居江南。和梁武帝有布衣之交。在梁武帝称帝后，荀济恃才自傲，又讥讽梁武帝佞佛，惹得梁武帝欲杀之，于是他逃到了北魏，后因与元瑾等谋杀高澄，失败后被杀。

⑫崔叔仁：北魏名臣崔休之子。曾任颍州刺史，因贪污被御史所弹劾。兴和中，被赐死于宅。临刑前，赋诗与诸弟诀别而不及其兄，怨恨他们不出力营救。

⑬锥刀：比喻细枝末节、蝇头小利。《淮南子·本经训》："昔者苍颉作书而天雨粟鬼夜哭。"东汉高诱注曰："诈伪萌生则去本趋末，弃耕作之业而务锥刀之利。"三国魏曹植《求通亲亲表》："臣伏自惟省，无锥刀

之用。"

⑭泗：鼻涕。

⑮崔孝忠：崔修和之子，曾任侍御史、秘书郎。《魏书》称其"并有容貌，无他才识"。

⑯太公：即吕尚，俗称姜太公。姜姓，吕氏，名望，字尚父，一说字子牙，西周初官太师（武官名），又称师尚父。姜太公辅佐周武王，后被封为齐侯，定都于营丘，是齐国的开创者。

⑰稷下：一般认为齐都临淄有稷门，稷门附近称稷下，士人学者并聚集于此，故有稷下学派之称。

⑱许郭：即许劭与郭泰。《后汉书》卷九十八说："故天下言拔士者，咸称许郭。"许劭（150—195），字子将，东汉汝南平舆（今属河南）人。以人物品评著名于世，每月对当时的人物进行一次评论，称为"月旦评"。郭泰（128—169），字林宗，东汉太原界休（今山西介休东南）人。善于褒贬人物。

⑲东家：即东家丘。据《孔子世家》，孔子西邻不知孔丘学问道德冠于当世，因此轻蔑称其为"东家丘"。唐李白《送薛九被谗去鲁》云："宋人不辨玉，鲁贱东家丘。"

⑳莠言：丑恶之言，坏话。《诗经·小雅·正月》："好言自口，莠言自口。"唐孔颖达疏："丑恶之言。"

[译文]

秦太上君寺，是胡太后建造的。（当时太后尊号崇训，母仪天下，追赠父亲为秦太上公，母亲为秦太上君。为了给母亲祈福，所以取了这个名称。）在东阳门外二里的御道北，就是所说的晖文里。（里内有太保崔光、太傅李延寔、冀州刺史李韶、秘书监郑道昭等四家的宅院。皆为宽堂耸立，高门洞开。赵逸说："晖文里是晋朝马道里，李延寔的家宅原来是蜀国君主刘禅之宅，宅院东边有崔修和宅，原是吴国君主孙皓之宅，李韶的家宅原是晋朝司空张华之宅。"）中间有五层的佛塔一座，高耸入云，大门面向街道，佛事隆重庄严，和永宁寺不相上下。诵经之室、坐禅之堂，周边环绕重叠。鲜花林木芳草，长满了庭院的台阶。常常有大德名僧在此讲一切经，学习的出家人常常有上千人。

（太傅李延寔是孝庄帝的舅舅。永安年间，出任青州刺史，临行前和孝庄帝告别。孝庄帝对他说："齐地有怀砖的恶俗，世人皆认为难以治理，舅舅你要好好用心，不负朝廷重托。"延寔回答说："臣下已近桑榆之晚年，生命同朝露一样，离人间越来越远，离坟墓越来越近。臣早已经祈求退居，陛下念及甥舅之情，恩宠老臣，使一个夜行罪人，去治理一方。谨当遵奉皇帝敕令，不敢错失。"当时黄门侍郎杨宽侍奉在孝庄帝一旁，不明白"怀砖"之义，私下问中书舍人温子昇。子昇说："我听说皇上的哥哥彭城王做青州刺史时，曾询问跟随其到青州的宾客，宾客说：'齐地的人民，风俗浅薄，喜欢高谈阔论，专心于虚名利益。太守初入齐地时，百姓都怀砖叩头，表示敬意；等到太守辞任回家时，就会用砖头抛向他。'这说明当地百姓变化比颠倒手掌还快。因此京师有民谣说：'狱中无系囚，舍内无青州；假令家道恶，腹中不怀愁。'怀砖之义，起源于此。"

颍川的荀济，是风流名士，见识高远，观点巧妙，于当世出类拔萃。清河的崔叔仁常称赞齐地的士大夫，荀济说："齐人表面讲仁义，内心常有鄙视之心，将仁义看得轻如鸿毛，哪怕有锥刀之利也不放过。喜欢追逐虚名，阿谀攀附权贵以成名，权势所在之处，竞相侧着肩膀挤进去，追求荣华与利益，像舔着浓鼻涕一样。与四方相比，齐人爱慕权势最厉害。"

称齐人为慕势诸郎。在京城为官的临淄人，听说怀砖慕势的说法后，都感到耻辱，唯有崔孝忠不以为意。有人问他原因，孝忠说："营丘风俗，是姜太公遗留下的教化；稷下学林，是礼义所造就的。今天虽然有所破坏，但仍足以为天下楷模。荀济既非许劭、郭泰，也不知道东家丘为何人，即使不好的话出自其口，但也不用觉得荣耀或者耻辱。"）

[评析]

《洛阳伽蓝记》多有对史书的补充，如崔孝忠，仅在《魏书》卷五十七中载有其父崔修和以及诸兄弟的简略事迹："挺从祖弟修和，州主簿。子俭，字元恭。雅有器度。历太学博士，终于符玺郎中。俭弟绪，字仲穆。定州抚军府法曹参军。绪小弟孝忠，侍御史、秘书郎。并有容貌，无他才识。"此节中关于崔孝忠对荀济等人评价齐人的看法，补充了相关的史料。

正 始 寺

正始寺，百官等所立也。正始中立①，因以为名。在东阳门外御道南，所谓敬义里也。里内有典虞曹②。檐宇清净，美于丛林，众僧房前，高林对牖，青松绿柽，连枝交映。多有枳树，而不中食。有石碑一枚，背上有侍中崔光施钱四十万，陈留侯李崇施钱二十万③，自余百官各有差，少者不减五千已下。后人刊之。敬义里南有昭德里，里内有尚书仆射游肇④、御史中尉李彪⑤、七兵尚书崔休⑥、幽州刺史常景⑦、司农张伦等五宅⑧。彪、景出自儒生，居室俭素，惟伦最为豪侈。斋宇光丽，服玩精奇，车马出入，逾于邦君。园林山池之美，诸王莫及。伦造景阳山，有若自然。其中重岩复岭，欹崟相属⑨。深溪洞壑，逦迤连接⑩。高林巨树，足使日月蔽亏；悬葛垂萝，能令风烟出入。崎岖石路，似壅而通；峥嵘涧道，盘纡复直。是以山情野兴之士，游以忘归。天水人姜质⑪，志性疏诞，麻衣葛巾，有逸民之操。见，偏爱之，如不能已，遂造《庭山赋》行传于世。

其辞曰："今偏重者，爱昔先民之由朴由纯，然则纯朴之体，与造化而津梁。濠上之客⑫，柱下之史⑬，悟无为以明心，托自然以图志。辄以山水为富，不以章甫为贵⑭。任性浮沉，若淡兮无味。今司农张氏，实踵其人，巨量焕于物表，天矫洞达其真⑮，青松未胜其洁，白玉不比其珍。心托空而栖有，情入古以如新。既不专流宕⑯，又不偏华尚⑰。卜居动静之间，不以山水为忘。庭起半丘半壑，听以目达心想。进不入声荣，退不为隐放。尔乃决石通泉，拔岭岩前，斜与危云等并，危与曲栋相连。下天津之高雾⑱，纳沧海之远烟，纤列之状一如古，崩剥之势似千年。若乃绝岭悬坡，蹭蹬蹉跎⑲，泉水纡徐如浪峭，山石高下复危多。五寻百拔，十步千过，则知巫山弗及，未审蓬莱如何？其中烟花露草，或倾或倒；霜干风枝，半耸半垂。玉叶金茎，散满阶坪。然目之绮，裂鼻之馨，既共阳春等茂，复与白雪齐清。或言神明之骨，阴阳之精，天地未觉生此，异人焉识其名？羽徒纷泊，色杂苍黄，绿头紫颊，好翠连芳，白鹞生于异县，丹足出自他乡，皆远来以臻此，藉水木以翱翔。不忆春于沙漠，遂忘秋于高阳。非斯人之感至，何候鸟之迷方？岂下俗之所务，实神怪之异趣。能造者其必诗，敢往者无不赋。或就饶风之地，或入多云之处，□菊岭与梅岑，随春秋之所悟。远为神仙所赏，近为朝士所知。求解脱于服佩，预参次于山陲。子英游鱼于玉质[20]，王乔系鹄于松枝[21]。方丈不足以妙□，咏歌此处态多奇。嗣宗闻之动魄[22]，叔夜听此惊魂[23]。恨不能钻地一出，醉此山门！别有王孙公子，逊遁容仪，思山念水，命驾相随。逢岑爱曲，值石陵欹。庭为仁智之田，故能种此石山。森罗兮草木，长育兮风烟。孤松既能却老，半石亦可留年。若不坐卧兮于其侧，春夏兮其游陟。白骨兮徒自朽，方寸心兮何所忆？"

[注释]

①正始：北魏宣武帝元恪的第二个年号，504—508年。

②典虞曹：官署名。官职设置于三国魏、西晋，负责田猎，并与典牧都尉管理牛马牧养，属太仆卿。下设司马、典虞令、典虞丞等。

③李崇（455—525）：北魏名臣。字继长，黎阳郡顿丘（今河南浚县）人。袭爵陈留郡公，历经高祖孝文帝、世宗宣武帝、肃宗孝明帝三朝，功勋卓著。

④游肇（452—520）：北魏名臣。字伯始，广平郡任县（今河北邢台市任县）人。游明根之子。孝明帝时期，曾任尚书右仆射。《魏书》卷五十五说："肇外宽柔，内刚直，耽好经传，手不释书。治《周易》《毛

诗》，尤精'三礼'。为《易集解》，撰《冠婚仪》《白珪论》，诗赋表启凡七十五篇，皆传于世。"

⑤御史中尉：原为御史中丞，北魏时为强化对武将的监察，故改称，主御史台，权力极大，可与太子分道而行，其他百官遇到御史中尉则需驻车避让。李彪（444—501）：北魏名臣。字道固，顿丘（今河南清丰）人。孝文帝时期曾任御史中尉。孝文帝对李彪很重视，称呼彪为李生，曾说："吾之有彪生，犹汉之有汲黯。"后又刘仆射李冲曰："崔光之博，李彪之直，是我国家得贤之基。"《北史》卷四十评价他说："李彪生自微族，见擢明世，辎轩骤指，声骇江南，执笔立言，遂为良史。逮于直绳在手，厉气明目，持坚无术，末路蹉跎。行百里者半于九十，彪之谓也。"

⑥七兵尚书：即兵部尚书。七兵之说源于曹魏时期的五兵：中兵、外兵、骑兵、别兵、都兵，太康年间，中兵和外兵各分左右，合起来共有七兵。崔休（472—523）：北魏名臣。字惠盛，清河东武城（今河北故城）人。孝文帝时曾任七兵尚书。

⑦常景（？—550）：北魏名臣。字永昌，河内温（今河南温县）人。历任律学博士、门下录事、太常博士、幽州刺史等官职。

⑧张伦：字天念，北魏上谷沮阳（今河北怀来）人，张白泽之子。曾任护军长史、员外常侍、大司农少卿等职。

⑨欹崟：高大险峻。北魏郦道元《水经注·江水二》："南岸有青石，夏没冬出，其石欹崟，数十步中，悉作人面形。"

⑩逦迤：曲折连绵之貌。唐元稹《黄明府诗》："逦迤七盘路，坡陀数丈城。"

⑪姜质：北魏人，喜作鄙俗诗赋，与成淹之子成霄趣味相投。《魏书》卷七十九："（成淹）子霄，字景鸾。亦学涉，好为文咏，但词彩不

伦，率多鄙俗。与河东姜质等朋游相好，诗赋间起。知音之士，共所嗤笑；闾巷浅识，颂讽成群，乃至大行于世。"

⑫濠上之客：指庄子。语出《庄子·秋水》："庄子与惠子游于濠梁之上。庄子曰：'儵鱼出游从容，是鱼之乐也。'惠子曰：'子非鱼，安知鱼之乐？'庄子曰：'子非我，安知我不知鱼之乐？'惠子曰：'我非子，固不知子矣；子固非鱼矣，子之不知鱼之乐全矣。'庄子曰：'请循其本。子曰：汝安知鱼乐云者，既已知吾知之而问我，我知之濠上也。'"

⑬柱下之史：史传老子曾任周朝柱下史，故后世以"柱下"代指老子。

⑭章甫：古代的一种冠。《庄子·逍遥游》："宋人资章甫而适诸越，越人断发文身，无所用之。"此处借指为官。

⑮夭矫：自由伸展之貌。

⑯流宕：放荡不羁。晋陶潜《闲情赋》序："将以抑流宕之邪心，谅有助于讽谏。"

⑰华尚：奢华的崇尚。

⑱天津：天上河流，即银河。唐李绅《奉酬乐天立秋夕有怀见寄》："天津落星河，一苇安可航。"

⑲蹭蹬：险要难以通行。

⑳子英：传说中的神仙，因捕得红鲤鱼，将其饲养大后，乘之飞升成仙。《列仙传》载："子英者，舒乡人也，善入水捕鱼。得赤鲤，爱其色好，持归著池中，数以米谷食之。一年长丈余，遂生角，有翅翼。子英怪异，拜谢之。鱼言：'我来迎汝。汝上背，与汝俱升天。'即大雨。子英上其鱼背，腾升而去。岁岁来归故舍，食饮，见妻子，鱼复来迎之。如此七十年。故吴中门户皆作神鱼，遂立子英祠云：子英乐水，游捕为职。灵

鳞来赴，有炜厥色。养之长之，挺角傅翼。遂驾云螭，超步太极。"

㉑王乔：又作王子乔。相传为周灵王的太子，名晋。善吹笙，后成仙，能乘鹤飞行。《列仙传》载："王子乔者，周灵王太子晋也。好吹笙，作凤凰鸣。游伊洛之间，道士浮丘公接以上嵩高山三十余年。后求之于山上，见桓良曰：'告我家，七月七日待我于缑氏山巅。'至时，果乘白鹤驻山头，望之不得到。举手谢时人，数日而去。亦立祠于缑氏山下，及嵩高首焉。妙哉王子，神游气爽。笙歌伊洛，拟音凤响。浮丘感应，接手俱上。挥策青崖，假翰独往。"

㉒嗣宗：即阮籍（210—63），字嗣宗，三国魏陈留尉氏（今属河南）人。为官历任散骑常侍、步兵校尉等，世称阮步兵。喜好老庄，任性不羁，常酗酒。与山涛、嵇康等交游，是"竹林七贤"之一。

㉓叔夜：即嵇康，字叔夜。

[译文]

　　正始寺，是众官员建造的。（建造于正始年间，因此有此名称。）在东阳门外的御道南边，就是所说的敬义里。（里内有典虞曹。）屋舍清净，比景林寺更美。众僧房前，高高的树林对着窗户，青松绿柳，枝条相连，掩映着日光。有很多枳树，但果实不能食用。有石碑一块，碑上刻有侍中崔光施舍四十万钱，陈留侯李崇施舍二十万钱，其他百官各有施舍，少者也不少于五千。后人刻碑记载。敬义里南边有昭德里，里内有尚书仆射游肇、御史中尉李彪、七兵尚书崔林、幽州刺史常景、司农张伦等五家的宅院。（李彪、常景儒生出身，居室比较简朴，只有张伦的府邸最为奢华。家居的房屋光亮明丽，服饰和古玩精妙珍奇，车马出入，超过了邦君。园林中假山池塘的精美，诸王不及。王伦建造了景阳山，如同天然形成一样。其中重叠的岩石、道道的山岭,高耸相连。深溪幽谷,连绵相接。高高的树林、巨大的树木,足以使日月掩蔽;高悬的葛藤,低垂的藤萝,能使云烟腾起。崎岖的石路,看似拥塞而实际通达;险峻的溪涧道路,曲径通幽。因而爱好山野自然的人士,常常流连忘返。天水人姜质,志向疏狂,天性不羁,穿着麻衣戴着葛巾,有逸民的操行。见到景阳山,喜欢不能自已,于是写了《庭山赋》,流传于世。

其辞说:"特别看重的是,喜爱从前人民的纯朴,这种纯朴之体性,与自然造化相通。游于濠上的庄子,曾为柱下之史的老子,都悟到了用无为表明心迹,托自然流露志向。常以山水为富有,不以官帽为尊贵,任性浮沉,将一切看成淡而无味。现有司农张氏,实在是紧随前人,宽宏的气量超越于尘世,自由自在地真实地把握了真性,青松未胜过其洁净,白玉不如其珍奇。心寄托于空而栖于有,情入于古而用之如新。既不过于放荡,又不偏于奢华,择地居于动静之间,不因山水而忘怀。庭院一半山丘一半溪谷,通过眼睛观察,依靠内心观想。进取时不追逐名望,退居不故作清高。于是凿开石头通流泉水,山岭突出于岩石之前,斜着与高高的白云并列,旁边与曲折的柱子相连。落下来自天河的高高云雾,容纳来自沧海的辽远的烟气。密密排列的形状如同自古如此,崩塌剥落的态势好像历经千年。那些悬绝的山岭与陡坡,险峻得使人跌倒,泉水缓缓流下如同波浪的峭壁,山石高高下下,多有险境。五寻之内高拔百次,十步之路跨越千次,则知道巫山不及此,不知道蓬莱如何?其中笼罩着水雾的花、含着露水的草,或者倾覆或者颠倒;经霜的树干和风打的枝条,半是高耸半是低垂。白玉般的树叶、金黄的茎干,遍散在台阶与草坪之上。炫目的绮丽,冲鼻的馨香,既如阳春一样茂盛,也和白雪一般洁清。或者说是神明之骨髓,阴阳之精华,天地不知不觉生化此景,他人怎能知道它的名字!

鸟类纷纷栖息此地，颜色驳杂，或苍或黄，绿头紫颊各色鸟类，喜欢这片翠色连着芳草之地。白鹤生长于异县，丹足来自他方，都远道而来，借此地水面树木以翱翔。不回忆沙漠之春天，也忘却向阳高地的秋天。如果不是斯人之感怀，何以候鸟会迷失方向？岂是低下俗人之追求，实是神仙之特异趣味。能造访者都必然写诗，敢去往者无不作赋。或者就多风之地，或入多云之处。登上菊岭梅山，跟随春秋之所感悟。远的为神仙所赞扬，近的为朝廷文士所知晓。求解脱于官场，想游参于山阵之中。子奠养游鱼于池水之中，王乔系白鹄于松枝之上。仙山方丈不足以形容其妙，歌咏此地形态奇异。阮籍闻之扰动心念，嵇康听此惊动魂魄。恨不能从地下钻出，醉倒在此山门！另外有王孙公子，逃避世间纷扰，思念山水，乘车追随而来。碰到山，喜欢其曲折；遇到石头，欣赏其嶙峋。庭院足以为仁智生长之田地，因此能有这样的山石。草木茂盛杂陈，雾气生于此处。孤松就能阻止衰老，半石也可延年。倘若不是坐卧于此山之旁，春夏共游其中，到了白骨徒然自己枯朽的时候，心里还能留下什么值得记挂的呢？")

[评析]

　　本节虽以介绍正始寺为中心，但主要篇幅是渲染司农张伦的奢侈。张伦府邸庭院豪奢，服饰精美，古玩典藏，出入车马都不逊于帝王之家。特别是他所造景阳山，更是精美异常，天水人姜质特意创作了关于景阳山的《庭山赋》，本节中全文照录。但《魏书》对姜质与成霄所作之文评价不高，称其为"率多鄙俗""词彩不伦"。

平 等 寺

　　平等寺，广平武穆王怀舍宅所立也[①]。在青阳门外二里御道北，所谓孝敬里也。堂宇宏美，林木萧森，平台复道，独显当世。寺门外有金像一躯②，高二丈八尺，相好端严，常有神验，国之吉凶，先炳祥异。孝昌三年十二月中，此像面有悲容，两目垂泪，遍体皆湿，时人号曰佛汗。京师士女空市里往而观之。有一比丘，以净绵拭其泪，须臾之间，绵湿都尽。更换以它绵，俄然复湿。如此三日乃止。明年四月，尔朱荣入洛阳，诛戮百官，死亡涂地。永安二年三月，此像复汗，京邑士庶复往观之。五月，北海王入洛，庄帝北巡。七月，北海王大败，所将江淮子弟五千，尽被俘虏，无一得还。永安三年七月，此像悲泣如初。每经神验，朝野惶惧，禁人不听观之。至十二月，尔朱兆入洛阳，擒庄帝，帝崩于晋阳。在京宫殿空虚，百日无主，唯尚书令司州牧乐平王尔朱世隆镇京师，商旅四通，盗贼不作。

建明二年，长广王从晋阳赴京师，至郭外。世隆以长广本枝疏远，政行无闻，逼禅与广陵王恭。恭是庄帝从父兄也，正光中为黄门侍郎，见元乂秉权，政归近习③，遂佯哑不语，不预世事。永安中遁于上洛山中，州刺史泉企执而送之④。庄帝疑恭奸诈，夜遣人盗掠衣物，复拔刀剑欲杀之，恭张口以手指舌，竟乃不言。庄帝信其真患，放令归第。恭常住龙华寺，至是，世隆等废长广而立焉。

禅文曰："皇帝咨广陵王恭，自我皇魏之有天下也，累圣开辅，重基衍业，奄有万邦，光宅四海，故道溢百王，德渐无外。而孝明晏驾,人神乏主。故柱国大将军大丞相太原王荣,地实封陕,任惟外相,乃心王室⑤,大惧崩沦,故推立长乐王子攸以续绝业。庶九鼎之命日隆⑥,七百之祚唯永⑦。然群飞未宁,横流且及,皆狼顾鸱张⑧,岳立棋峙⑨。丞相一麾,大定海内。而子攸不顾宗社,仇忌勋德,招聚轻侠,左右壬人⑩,遂虐甚剖心⑪,痛齐钳齿⑫,岂直金版告怨⑬,大鸟感德而已⑭!于是天下之望,俄然已移。窃以宸极不可久旷⑮,神器岂容无主?故权从众议,暂驭兆民。今六军南迈⑯,已次河浦,瞻望帝京,赧然兴愧。自惟寡薄,本枝疏远,岂宜仰异天情,俯乖民望?惟王德表生民,声高万古,往以运属殷忧,时遭多难,卷怀积载,括囊有年⑰。今天眷明德,民怀奥主,历数允集,歌讼同臻。乃徐发枢机⑱,副兹仁属。便敬奉玺绶,归于别邸。王其寅践成业,允执其中⑲,虽休勿休,日慎一日,敬之哉!"

[注释]

①广平武穆王怀:即元怀(488—517),字宣义,北魏孝文帝元宏第五子。怀与宣武帝元恪为同母所生,太和二十二年(498),封广平王。宣武帝时,被禁于别馆,帝死方得出。谥号武穆。

②金像一躯:《冯翊王修平等寺碑》载:"永平中,造定光铜像一区。"(《全北齐文》卷十)

③近习:君主宠爱的谄佞的小人。

④泉企:字思道,北魏上洛丰阳(今陕西山阳)人。世袭为宜阳县

令，西魏初任洛州刺史。

⑤乃心王室：原指忠于朝廷，后常用来比喻爱国。典出《书·康诰》："虽尔身在外，乃心罔不在王室。"

⑥九鼎：象征国家政权。《史记·封禅书》："禹收九牧之金，铸九鼎。皆尝亨鬺上帝鬼神。遭圣则兴，鼎迁于夏商。周德衰，宋之社亡，鼎乃沦没，伏而不见。"

⑦七百：比喻国运长久。典出《左传·宣公三年》："成王定鼎于郏鄏，卜世三十，卜年七百，天所命也。"

⑧狼顾鸱张：像狼一样回视，像鸱一样张开翅膀，比喻凶暴。《隋书·于仲文传》："于时河南凶寇，狼顾鸱张，臣以羸兵八千，扫除氛祲。"

⑨岳立棋峙：像山一样耸立，像棋子一样对峙，比喻局面对峙。

⑩壬人：奸佞小人。

⑪剖心：即比干剖心。因商纣王恼怒于比干的谏言，遂剖其心。《尚书·泰誓》："时厥明，王乃大巡六师，明誓众士。王曰：'呜呼！我西土君子。天有显道，厥类惟彰。今商王受，狎侮五常，荒怠弗敬。自绝于天，结怨于民。斫朝涉之胫，剖贤人之心，作威杀戮，毒痡四海。崇信奸回，放黜师保，屏弃典刑，囚奴正士，郊社不修，宗庙不享，作奇技淫巧以悦妇人。上帝弗顺，祝降时丧。尔其孜孜，奉予一人，恭行天罚。'"

⑫钳齿：魏国人范雎因被怀疑里通齐国，被魏国相魏齐痛击，肋骨折断，牙齿脱落。《史记·范雎蔡泽列传》："范雎者，魏人也，字叔。游说诸侯，欲事魏王，家贫无以自资，乃先事魏中大夫须贾。须贾为魏昭王使于齐，范雎从。留数月，未得报。齐襄王闻雎辩口，乃使人赐雎金十斤及牛酒，雎辞谢不敢受。须贾知之，大怒，以为雎持魏国阴事告齐，故得此

馈，令雎受其牛酒，还其金。既归，心怒雎，以告魏相。魏相，魏之诸公子，曰魏齐。魏齐大怒，使舍人笞击雎，折胁摺齿。雎佯死，即卷以箦，置厕中。宾客饮者醉，更溺雎，故僇辱以惩后，令无妄言者。雎从箦中谓守者曰：'公能出我，我必厚谢公。'守者乃请出弃箦中死人。魏齐醉，曰：'可矣。'范雎得出。后魏齐悔，复召求之。魏人郑安平闻之，乃遂操范雎亡，伏匿，更名姓曰张禄。"

⑬金版告冤：相传夏末贤臣关龙逢被夏桀杀害后，地庭中有金版书出现示冤。《文选·任昉〈百辟劝进今上笺〉》："金版出地，告龙逢之怨。"唐李善注解说："《论语阴嬉谶》曰：庚子之旦，金版克书出地庭中，曰臣族虐王禽。宋均曰：谓杀关龙之后，庚子旦，庭中地有此版异也。"

⑭大鸟感德：东汉时大臣杨震，为官刚直不阿，得罪了不少权臣，因而被罢官，致使其含恨自杀。葬礼时，有大鸟悲鸣不已。《后汉书·杨震列传》："顺帝即位，樊丰、周广等诛死，震门生虞放、陈翼诣阙追讼震事。朝廷咸称其忠，乃下诏除二子为郎，赠钱百万，以礼改葬于华阴潼亭，远近毕至。先葬十余日，有大鸟高丈余，集震丧前，俯仰悲鸣，泪下沾地，葬毕，乃飞去。"

⑮宸极：即北极星，又用来借指帝王。《晋书·律历志中》："昔者圣人拟宸极以运璇玑，揆天行而序景曜，分辰野，辨躔历，敬农时，兴物利，皆以系顺两仪，纪纲万物者也。"南朝陈徐陵《为陈武帝作相时与北齐广陵城主书》："日月所鉴，天地所明，岂敢虚言欺妄宸极。"

⑯六军：帝王所统率的军队。《周礼·夏官·序官》："凡制军，万有二千五百人为军。王六军，大国三军，次国二军，小国一军。"

⑰括囊：合上口袋。《周易·象传》："括囊无咎，慎不害也。"

⑱枢机：事情的关键。《周易》："言行，君子之枢机；枢机之发，荣

辱之主也。言行，君子之所以动天地也，可不慎乎？"

⑲允执其中：又作允执厥中。不偏不倚，真诚地坚守中庸之道。《论语·尧曰》："咨尔舜，天之历数在尔躬，允执其中。"

[译文]

　　平等寺，是广平武穆王元怀捐赠住宅建造。位于青阳门外二里的御道北侧，就是所说的孝敬里。寺院建筑堂宇高大华美，林木茂密，平台阁道，独显于当世。寺门外有金佛像一尊，高二丈八尺，形象庄严，常常有灵验之事，国家之吉凶，常先呈现祥瑞或灾异。（孝昌三年十二月，此佛像面露悲戚之容，两眼流泪，遍体潮湿，当时人称之为佛汗。京城男女皆往观看，以致集市、街巷空无一人。有一比丘，用净绵擦拭佛像泪水，须臾之间，净绵就湿透了。更换净绵后，不一会又湿透了，如此三天才停止。第二年四月，尔朱荣攻入洛阳，屠戮百官，死者遍地。永安二年三月，此像再次出汗，京城百姓再往观看。五月，北海王进入洛阳，庄帝出巡北地。七月，北海王大败，所统领的江淮子弟兵五千人，全部都被俘虏，无一能够生还。永安三年七月，此像悲戚流泪如同以前。因为每次都有应验，朝野之人惶恐不安，禁止百姓观看。到十二月，尔朱兆进入洛阳生擒孝庄帝，庄帝后死于晋阳。在京城的宫殿空虚，百余天无帝王，唯有尚书令司州牧乐平王尔朱世隆镇守京城，商旅通达四方，盗贼不敢生事。

　　建明二年，长广王从晋阳赴京城，来到城外。尔朱世隆因为长广王离皇帝本枝疏远，政绩德行无足称道，逼他禅让于广陵王元恭。元恭是孝庄帝的从父兄也，正光年中为黄门侍郎，见到元乂专权，政权归于身边亲近的奸佞小人，于是装聋作哑，不参与政事。永安年间，逃到上洛山中，洛州刺史泉企捉住他后将其押送到京城。孝庄帝怀疑元恭奸诈，晚上派人盗窃他的衣物，又拔刀装作要杀他，元恭张开嘴巴，用手指舌头，终究一言不发。庄帝相信他是真哑巴，于是放他回家。元恭常住龙华寺，等到尔朱世隆废掉长广王后得立为帝。

禅让之文说："皇帝咨问广陵王元恭，自我皇魏拥有天下，历代圣王开拓辅佐，打下基础，开创事业，占有万邦，光被四海，因此王道超过百王，德行遍及四方。而孝明帝去世后，人神无主，因此柱国大将军、大丞相、太原王尔朱荣，封地虽在陕县，在外为怕，但心系王室，担忧国家危亡，因此推立长乐王元子攸来延续帝王之业。希望九鼎之命日益隆盛，七百之国运永久。然而如同群飞之鸟不能安定，横流之水即将冲击一样，众人皆像狼和鹰一样警觉环视四方，像山一样对峙，像下棋一样僵持。等到丞相号令天下，安定了天下。而元子攸不顾宗族社稷，仇恨嫉妒有功勋德行之人，召集轻浮之人，身边左右皆是奸佞小人，于是暴虐甚于比干剖心，疼痛等于打折肋骨拔掉牙齿，岂止是金版之书显现诉说冤情，大鸟出现感恩戴德而已！于是天下之民望，悄然地发生了转移。我认为北极星的位置不能长时间空缺，帝王之位岂能容忍没有主人？因此权且听从众意，暂时统领百姓。现今天子的六军向南进军，已抵达河浦，遥望京城，羞愧难当。自己思量德行不厚，距离本枝又远，岂能上背离上天之情，下有负于百姓期望！唯帝王之德当为百姓表率，声名高过万古，过去因为国运堪忧，当时遭遇多种磨难，因此你收敛数载，不发声多年。如今上天眷顾明德，人民怀念国君，历数恰逢其时，歌颂同时抵达。你应该慢慢发出号令，顺应大家的期望，恭敬持奉玉玺绶带，归于邸院。广陵王你能够谨慎践行成就事业，把握中庸之道，即便是休息日也不休息，每日谨慎小心，这才是恭敬的态度啊！"）

[评析]

本节以介绍平等寺的佛像出汗为中心，牵涉出了北魏这段惊心动魄的政权争斗。其中广陵王为了躲避灾祸，装聋作哑长达八年时间，终即帝位。而广陵王这位在《魏书》等史籍从未被视为皇帝的傀儡，在尔朱世隆的导演下，上演了一场禅让的把戏，可悲的是当尔朱家族势力被削弱后，最终还是被高欢以和尔朱家族有牵涉被处死。《资治通鉴》卷一百五十五中也有关于这段历史的描述：

"魏自敬宗被囚，宫室空近百日。尔朱世隆镇洛阳，商旅流通，盗贼不作。世隆兄弟密议，以长广王疏远，又无人望，欲更立近亲。仪同三司广陵王恭，羽之子也，好学有志度，正光中领给事黄门侍郎，以元乂擅权，托喑病居龙华佛寺，无所交通。永安末，有白敬宗言王阳喑，将有异志。恭惧，逃于上洛山，洛州刺史执送之，系治久之，以无状获免。关西大行台郎中薛孝通说尔朱天光曰：'广陵王，高祖犹子，夙有令望，沉晦不言，多历年所。若奉以为主，必天人允叶。'天光与世隆等谋之，疑其实喑，使尔朱彦伯潜往敦谕，且胁之，恭乃曰：'天何言哉！'世隆等大喜。孝通，聪之子也。己巳，长广王至邙山南，世隆等为之作禅文，使泰山太守辽西窦瑗执鞭独入，启长广王曰：'天人之望，皆在广陵，愿行尧、舜之事。'遂署禅文。广陵王奉表三让，然后即位。大赦，改元普泰。黄门侍郎邢子才为赦文，叙敬宗枉杀太原王荣之状，节闵帝曰：'永安手翦强臣，非为失德，直以天未厌乱，故逢成济之祸耳。'因顾左右取笔，自作赦文，直言：'门下：朕以寡德，运属乐推，思与亿兆同兹大庆，肆眚之科，一依常式。'帝闭口八年，至是乃言，中外欣然，以为明主，望至太平。"

恭让曰："天命至重，历数匪轻，自非德协三才①，功济四海，无以入选帝图，允当师锡②。臣既寡昧，识无先远，景命虽降③，不敢仰承。乞收成旨，以允愚衷。"又曰："王既德应图箓，金精攸归，便可允执其中，入光大麓④。不劳挥逊，致爽人神。"恭凡让者三，于是即皇帝位，改号曰普泰。黄门侍郎邢子才为赦文⑤，叙述庄帝枉杀太原王之状，广陵王曰："永安手翦强臣，非为失德；直以天未厌乱，故逢成济之祸⑥。"谓左右："将笔来，朕自作之。"直言门下⑦："朕以寡德，运属乐推，思与亿兆同兹大庆。肆眚之科⑧，一依恒式。"广陵杜口八载，至是始言，海内士庶，咸称圣君。于是封长广为东海王，世隆加仪同三司、尚书令、乐平王，余官如故。赠太原王相国、晋王，加九锡⑨，立庙于芒岭首阳。上旧有周公庙，世隆欲以太原王功比周公，故立此庙。庙成，为火所灾。有一柱焚之不尽，后三日雷雨震电，霹雳击为数段。柱下石及庙瓦皆碎于山下。复命百官议太原王配飨⑩。司直刘季明议云不合⑪。世隆问其故，季明曰："若配世宗，于宣武无功；若配孝明，亲害其母；若配庄帝，为臣不终，为庄帝所戮。以此论之，无所配也。"世隆怒曰："卿亦合死！"季明曰："下官既为议臣，依礼而言，不合圣心，俘翦惟命。"议者咸叹季明不避强御⑫，莫不叹伏焉。世隆既有忿言，季明终得无患。初世隆北叛，庄帝遣安东将军史仵龙、平北将军杨文义各领兵三千守太行岭，侍中源子恭镇河内。及尔朱兆马首南向，仵龙、文义等率众先降，子恭见仵龙、文义等降，亦望风溃散。兆遂乘胜逐北，直入京师，兵及阙下，矢流王室。至是论功，仵龙、文义各封一千户。广陵王曰："仵龙、文义于王有勋，于国无功。"竟不许。时人称帝刚直。彭城王尔朱仲远，世隆之兄也，镇滑台，表用其下都督□瑗为西兖州刺史⑬，先用后表。广陵答曰："已能近补，何劳远闻！"世隆侍宴，帝每言："太原王贪天之功以为己力，罪亦合死。"世隆等愕然。自是已后，不敢复入朝。辄专擅国权，凶愿滋甚。坐持台省，家总万机，事无大小，先至隆第，然后施行。天子拱己南面⑭，无所干预。

永熙元年，平阳王入纂大业，始造五层塔一所。平阳王，武穆王少子。诏中书侍郎魏收等为寺碑文⑮。至二年二月五日土木毕功，帝率百僚作万僧会。其日，寺门外有石像，无故自动，低头复举，竟日乃止。帝躬来礼拜，怪其诡异。中书舍人卢景宣曰："石立社移，上古有此，陛下何怪也？"帝乃还宫。七月中，帝为侍中斛斯椿所使，奔于长安。至十月终，而京师迁邺焉。

[注释]

①三才：指天、地、人。《易传·系辞下》："有天道焉，有人道焉，有地道焉。兼三才而两之，故六。六者非它也，三才之道也。"《易经·说卦》："是以立天之道，曰阴与阳；立地之道，曰柔与刚；立人之道，

曰仁与义；兼三才而两之，故《易》六画而成卦。"

②师锡：众人推选。《尚书·尧典》："师锡帝曰：'有鳏在下，曰虞舜。'"《孔传》："师，众；锡，与也。"

③景命：重要的命令。景，大。

④大麓：领录天子之事，即入于帝位。《尚书·舜典》："纳于大麓，烈风雷雨弗迷。"《孔传》："麓，录也。纳舜使大录万机之政，阴阳和，风雨则，各以其节，不有迷错愆伏。"

⑤邢子才：即邢邵（496—?），一作邢劭，字子才，北朝魏齐时河间鄚（今河北任丘北）人。因避彭城王元邵名，以字行于世。与魏收、温子昇号称"北地三才"。

⑥成济（? —260）：三国时魏人。时值司马昭擅权，高贵乡公曹髦不堪忍受，说："司马昭之心，路人皆知也。"于是，率随从攻击司马昭。司马昭党羽中护军贾充迎战，使成济刺死曹髦。司马昭为安抚人心，委罪于成济，灭其九族。夏，四月，诏有司率遵前命，复进大将军昭为相国，封晋公，加九锡。见《资治通鉴》卷七十七。

⑦门下：即门下省，黄门之下，其署设于宫禁中，其官得出入宫禁，为皇帝的亲近侍从官员。北魏时期，门下省地位渐与中书省和尚书省平齐，特别北魏末年、北齐时期权力地位尤为重要，当时有"政归门下"之说。

⑧肆眚：赦免罪人。宋苏辙《明堂贺表》："明堂礼毕大赦天下者，飨帝尊亲，古今之大典；推恩肆眚，天地之至仁。"

⑨九锡：天子赐给诸侯、大臣的九种礼物，是一种最高礼遇。《公羊传·庄公元年》："锡者何？赐也；命者何？加我服也。"东汉何休注曰："礼有九锡：一曰车马，二曰衣服，三曰乐则，四曰朱户，五曰纳陛，六

曰虎贲，七曰宫矢，八曰铁钺，九曰秬鬯。"

⑩配飨：又作配享，即有资格列入祭祀上天、帝王及圣人等场所中合祭。

⑪司直：汉武帝元狩五年（前118）最早设立丞相司直，帮助丞相检举非法。北魏时期所置略有不同。北魏孝文帝太和（477—499）中所设司直一职，隶属廷尉，称五局司直，专主刑狱，后撤销。孝庄帝永安二年（529）复置十人，名隶廷尉，位在廷尉正、监之上，不管廷尉具体事务，唯复核御史检核之案件，亦称廷尉司直。北齐时属大理寺，也称大理司直。

⑫强御：豪强之人。《诗经·大雅·烝民》："不侮矜寡，不畏强御。"

⑬瑗："瑗"字前缺一字。参照不同史料，北魏时期有窦瑗、裴瑗与乙瑗，都称瑗，不能确定何者为确。周祖谟校本："案此称西兖州刺史盖乙瑗也。"

⑭拱己：垂拱而治，即无为而治。《汉书·高后纪赞》："孝惠、高后之时，海内得离战国之苦，君臣俱欲无为，故惠帝拱己。"

⑮魏收（506—572）：北齐著名的文学家、史学家。字伯起，小字佛助，钜鹿下曲阳（今河北晋州西）人。初习武，后发奋读书，以文学知名。在东魏、北齐时，历任州刺史、中书侍郎、侍中、尚书左仆射等职，后以中书令兼著作郎。文宣帝天保二年（551）奉敕撰《魏书》。

[译文]

（元恭辞让说："天命最为重要，历数也不可忽视，若不是德行符合三才，功业成就四海，不足以入选帝王之谱系，受到大家的推举。臣既孤陋寡闻，见识又不远，使命虽降临，但不敢起身承担。乞求收回成命，答应我愚笨的真实想法。"又说:"王既然德行呼应帝王之谱录,大家认为天命所归,便可以把握中正之道,执掌帝位。不必烦劳退位,以致失信于人神。"元恭辞让了三次,于是即皇帝位,改号普泰。皇帝侍郎邢子才撰写大赦天下之文字,叙述了孝庄帝冤枉杀掉太原王之情形,元恭说:"永安王动手剪除强臣,不是失德;只是因为上天尚未厌恶动乱,所以酿成了成济之祸。"对左右说:"拿笔来,朕亲自来写。"直接下敕给门下省说:"朕缺少德行,遇到众人推举之运气,想和百姓一起共同分享这个重要的庆祝活动。至于赦免罪犯的条文,一切依照常例。"广陵王装哑八年,至此才开始说话,海内外士人和民众,都称他为圣君。于是,封长广王为东海王。尔朱世隆加封仪同三司、尚书令、乐平王,原来的官职依旧。追赠太原王相国、晋王,赏赐九锡,为他在芒岭首阳山建庙。山上原有周公庙。世隆想把太原王的功德比作周公,因此建了此庙。庙建成后,被火烧毁。有一根柱子烧之不尽,三天后,打雷下雨闪电并作,响雷把柱子劈为数段。柱下的石基及瓦等都被击碎于山下。又命令百官商议太原王配飨之事,司直刘季明认为不合适。世隆询问原因,季明说:"如果配飨世宗皇帝,他对宣武帝无功;如果配飨孝明帝,他亲自害死了孝明帝的母亲;如果配飨孝庄帝,他为臣下不能始终如一,被庄帝所杀。这样说的话,是无所配飨的。"世隆愤怒地说:"你也应该死!"季明说:"下官既然为谏议之臣,依礼法而言,不合圣心,是抓是杀听任您发落。"议论这件事的人都赞叹季明不畏强权,没有不叹服的。世隆尽管有愤怒之言,但季明最终没有遭遇祸患。当初,世隆在北地叛乱,庄帝派遣安东将军史仵龙、平北将军杨文义各领三千兵马守卫太行岭,侍中源子恭镇守河内。等到尔朱兆南向进兵时,仵龙、文义等率兵先投降了。子恭见到仵龙、文义等投降,也望风而逃。尔朱兆乘胜追击,直入京城,兵临城下,弓箭射入王室。到了论功行赏时，仵龙、文义各封一千户。广陵王说："仵龙、文义对于王有功，但对国家则无功。"最终未同意加封。当时人称赞皇帝刚强正直。彭城王尔朱仲远，是世隆之兄，镇守滑台，上表请求其部下□瑗充任西兖州刺史，先任用后再上表。广陵王答复说："已经能就近补任，何劳再上远处闻！"世隆陪侍参加宴会时，帝常说："太原王贪天之功，据为己有，罪也当死。"世隆等听了很吃惊，自此之后，不敢再入朝。动辄专擅国家大权，凶暴作恶更加厉害了。把持朝廷，于家中总管天下诸事，事无大小，皆呈送世隆府邸，然后才能施行。天子只能无为而治，无所干预。）

永熙元年，平阳王入继大业，开始造五层塔一座。（平阳王，武穆王的小儿子。）诏中书侍郎魏收等为寺撰写碑文。至二年二月五日，土木建造完毕，帝率领百官举办万僧会。当天，寺门外有石佛像，无故自动，头低下去再抬起来，傍晚才停止。帝亲自来礼拜，不解其怪异之处。中书舍人卢景宣说："石像树立，社稷迁移，上古即有此说，陛下何必以为怪异呢？"帝于是返回宫中。（三年）七月中，帝被侍中斛斯椿所唆使，西奔长安。到十月末时，京城迁到邺地。

[评析]

北魏末年，政局动荡，各路军阀豪强竞相登场，皇帝成了军阀争权夺利的筹码。从528年孝庄帝元子攸即位开始，至534年北魏分裂为东魏、西魏结束，短短六年时间，走马灯似的换了五位皇帝，在位短者，仅为6个月左右。孝庄帝被尔朱兆押解北上，缢杀于晋阳三级佛寺，年仅二十四岁。长广王元晔仅做了不到一年傀儡皇帝，在建明二年（531）二月被尔朱世隆逼迫禅让于广陵王元恭，自己降为东海王。广陵王元恭即位，年号普泰，为节闵帝。到普泰元年（531）十月，高欢另拥立安定王元朗为帝。击败尔朱氏后，即废黜节闵帝元恭。中兴二年（532）四月，高欢再逼元朗禅让于平阳王元脩，年号太昌，为孝武帝。太昌元年（532）五月，高欢毒死元恭。十一月，高欢再以东海王元晔、安定王元朗与尔朱氏有牵连，同日将二人赐死。三人被杀时最年长者元恭不过三十五岁，元晔和元朗皆不过二十余岁。

景 宁 寺

景宁寺，太保司徒公杨椿所立也①。在青阳门外三里御道南，所谓景宁里也。高祖迁都洛邑，椿创居此里，遂分宅为寺，因以名之。制饰甚美，绮柱珠帘。椿弟慎，冀州刺史，慎弟津，司空，并立性宽雅，贵义轻财，四世同居，一门三从②。朝贵义居③，未之有也。普泰中为尔朱世隆所诛，后舍宅为建中寺。

出青阳门外三里，御道北有孝义里。里西北角有苏秦冢，冢旁有宝明寺。众僧常见秦出入此冢，车马羽仪，若今宰相也。孝义里东，即是洛阳小市。北有车骑将军张景仁宅。景仁，会稽山阴人也。正光年初从萧宝夤归化④，拜羽林监，赐宅城南归正里。民间号为吴人坊，南来投化者多居其内。近伊洛二水，任其习御。里三千余家，自立巷市。所卖口味，多是水族，时人谓为鱼鳖市也。景仁住此以为耻，遂徙居孝义里焉。时朝廷方欲招怀荒服，待吴儿甚厚，褰裳渡于江者⑤，皆居不次之位。景仁无汗马之劳，高官通显。永安二年，萧衍遣主书陈庆之送北海入洛阳僭帝位⑥，庆之为侍中。景仁在南之日与庆之有旧，遂设酒引邀庆之过宅。司农卿萧彪、尚书右丞张嵩并在其座，彪亦是南人。唯有中大夫杨元慎、给事中大夫王晌是中原士族。庆之因醉谓萧张等曰："魏朝甚盛，犹曰五胡，正朔相承，当在江左。秦朝玉玺，今在梁朝。"元慎正色曰："江左假息，僻居一隅，地多湿垫，攒育虫蚁，疆土瘴疠，蛙黾共穴，人鸟同群。短发之君，无杼首之貌⑦；文身之民，禀蕞陋之质⑧。浮于三江，棹于五湖，礼乐所不沾，宪章弗能革。虽复秦余汉罪，杂以华音，复闽楚难言，不可改变。虽立君臣，上慢下暴。是以刘劭杀父于前⑨，休龙淫母于后⑩，见逆人伦，禽兽不异。加以山阴请婿卖夫⑪，朋淫于家⑫，不顾讥笑。卿沐其遗风，未沾礼化，所谓阳翟之民不知瘿之为丑⑬。我魏膺箓受图，定鼎嵩洛，五山为镇，四海为家。移风易俗之典，与五帝而并迹，礼乐宪章之盛，凌百王而独高。岂卿鱼鳖之徒，慕义来朝，饮我池水，啄我稻粱，何为不逊，以至于此？"庆之等见元慎清词雅句，纵横奔发，杜口流汗，含声不言。于后数日，庆之遇病，心上急痛，访人解治。元慎自云能解，庆之遂凭元慎。元慎即口含水噀庆之曰："吴人之鬼，住居建康，小作冠帽，短制衣裳，自呼阿侬，语则阿傍⑭。菰稗为饭⑮，茗饮作浆，呷啜莼羹，唼嗍蟹黄⑯，手把豆蔻，口嚼槟榔。乍至中土，思忆本乡，急手速去，还尔丹阳。若其寒门之鬼，□头犹修，网鱼漉鳖，在河之洲，咀嚼菱藕，捃拾鸡头，蛙羹蚌臑，以为膳羞。布袍芒履，倒骑水牛。沅湘江汉，鼓棹遨游，随波溯浪，唅喝沉浮⑰。白纻起舞，扬波发讴。急手速去，还尔扬州。"庆之伏枕曰："杨君见辱深矣。"自此后，吴儿更不敢解语。北海寻伏诛，其庆之还奔萧衍，衍用其为司州刺史⑱。钦重北人，特异于常。朱异怪，复问之⑲。曰："自晋宋以来，号洛阳为荒土，此中谓长江以北尽是夷狄。昨至洛阳，始知衣冠士族并在中原，礼仪富盛，人物殷阜⑳，目所不识，口不能传。所谓帝京翼翼㉑，四方之则，如登泰山者卑培塿㉒，涉江海者小湘沅，北人安可不重？"庆之因此羽仪服式悉如魏法，江表士庶竞相模楷，褒衣博带㉓，被及秣陵㉔。

[注释]

①杨椿（455—531）：字延寿，北魏弘农华阴（今属陕西）人。历任侍中、车骑大将军、开府仪同三司。普泰元年（531），为尔朱天光所害。

②三从：即从曾祖、从祖、从父。

③义居：古代指大家族讲究孝道、世代同居。宋范正敏《遁斋闲览·人事》："姑苏冯氏兄弟三人，其季娶妇逾年，辄风其夫分异。夫怒诟曰：'吾家义居三世矣，汝欲败吾素业耶？'妇乃不复言。"

④萧宝夤（487—530）：一作萧宝寅，字智亮，齐明帝第六子。南朝梁建立后，于北魏宣武帝景明二年（501），逃至寿春。后被迎至洛阳，封齐王、镇东将军、东扬州刺史。统军攻梁，屡有战功。孝昌三年（527）自称帝，建号隆绪。后被北魏军队击败后俘获，送到洛阳，赐死。

⑤褰裳：撩起下裳。《诗经·郑风·褰裳》："子惠思我，褰裳涉溱。"

⑥北海：即北海王元颢（485—529），字子明，献文帝拓跋弘之孙，孝文帝元宏之侄，北海平王元详长子，继承父爵也称北海王。武泰元年（528），投靠南梁。在梁的支持下，返回洛阳称帝，改元建武，短短四个月后，兵败被杀。

⑦杼首：梭形的头颅，古人认为乃是长寿之相。《文选·左思〈魏都赋〉》："巷无杼首，里罕耆耋。"唐吕延济注曰："言吴蜀人藂陋，人多不寿。"

⑧藂陋：矮小丑陋之人。藂，小。

⑨刘劭杀父：刘劭（424—453），字休远，南朝宋文帝刘义隆长子。刘劭六岁即被立为皇太子，后因北伐时与文帝产生矛盾，遂与始兴王刘濬合谋，于元嘉三十年（453）二月发动政变，弑父自立，改元太初。但在位仅三个月，便在其弟孝武帝刘骏的讨伐下兵败被杀，年仅三十岁。刘劭是古代中国第一位弑父夺位的皇帝，历代对此都有恶评。后世史书中常以"元凶劭""贼劭""逆劭"称谓刘劭，不认为他是南朝宋的正统皇帝。

⑩休龙淫母：刘骏，字休龙，即宋孝武帝，是刘劭的弟弟，宋文帝的第三子。《魏书》卷十七说："骏淫乱无度，蒸其母路氏，秽污之声，布于欧越。"蒸，上淫也。

⑪山阴请婿卖夫：山阴，即山阴公主刘楚玉，是宋废帝刘子业的姐姐。《魏书》卷九十七："时其姊山阴主大见爱狎，淫恣过度，谓子业曰：'妾与陛下男女虽殊，俱托体先帝，陛下六宫百数，而妾惟一驸马，事不均平，乃可如此。'子业为主置面首左右三十人，进爵会稽郡长公主，秩同郡王，食汤沐邑二千户，给鼓吹一部，加班剑二十人，每出游，与群臣陪乘。"

⑫朋淫：聚众淫乱。

⑬阳翟：今河南禹州。瘿：一种脖颈肿大的病。似属于缺碘引起的甲状腺肿大，也即常说的"大脖子病"。

⑭阿侬、阿傍："阿"是南北朝时期南方人常用的语气助词，加在人名之前，表示亲昵。阿侬为自称。阿傍为他称。

⑮菰：多年生草本植物，在浅水中生长，嫩茎称"茭白"，可做蔬菜。果实称"菰米""雕胡米"，可煮食。稗：一年生草本植物，长在稻田里或低湿的地方，形状像稻，果实似黍米。果实可酿酒、做饲料。

⑯唼：形容鱼或鸟吃食的声音。喢：吮吸。

⑰唵喁（yǎn yóng）：鱼口一开一合。《文选·左思〈吴都赋〉》："葺鳞镂甲，诡类舛错，溯洄顺流，唵喁沉浮。"宋刘逵注："唵喁，鱼在水中群出动口貌。"

⑱司州刺史：北魏管理洛阳的官职。北魏孝文帝因打算迁都洛阳特设置了司州刺史，地位在诸州刺史之上，属官有功曹、都官、主簿、司事、从事、录事及诸曹掾史。

⑲朱异（483—549）：字彦和，南朝梁吴郡钱唐（今浙江杭州）人。历任太学博士、中书舍人、太子右卫率、中领军。太清二年（548）劝梁武帝接受侯景投降。侯景造反，朱异因惭愧发病而卒。

⑳殷阜：富足。汉张衡《西京赋》："地沃野丰，百物殷阜。"

㉑帝京翼翼：都城整齐雄伟之貌。翼翼，有谨慎小心、整齐雄伟等多种含义，这里指后者。

㉒培塿：又作部娄，即小土丘。《左传·襄公二十四年》："部娄无松柏。"

㉓褒衣博带：又作襃衣博带，即宽大的衣服，是古代儒者的装束。

㉔秣陵：今南京。

[译文]

景宁寺，是太保司徒公杨椿建造的，在青阳门外三里的御道南，就是所说的景宁里。（高祖迁都洛阳时，杨椿在景宁里建造了宅院，分出一部分为寺院，因而景宁寺以此为名。寺院建制装饰精美，彩色的梁柱朱红色的帘幕。杨椿的弟弟杨慎是冀州刺史，杨慎的弟弟杨津任司空，三人都秉性宽容文雅，贵义轻财，四世同堂，一门之内三从。朝廷中贵族以孝义同居一处者，从未有过。普泰年间，被尔朱世隆所杀。舍弃的宅院，改成了建中寺。）

出青阳门外三里御道北边，有孝义里。里的西北角有苏秦墓，墓旁有宝明寺。（众僧经常看到苏秦出入此墓，车马仪仗，如同今天宰相出行。）孝义里东边，就是洛阳小市。北边有车骑将军张景仁的宅院。张景仁是会稽郡山阴人。景明初年，跟随萧宝夤归化北魏，拜为羽林监，赏赐一处在城南归正里的宅院。民间称这里为吴人坊，南方来投奔归化者多居住其内。归正里邻近伊水、洛水，任凭他们练习驾驭船只。归正里有三千余家，自立有市场。所贩卖口味，都是水里的东西，当时人称为鱼鳖市。张景仁住在此处觉得耻辱，于是搬到了孝义里。当时朝廷正打算招抚远在荒服之地的百姓，对待吴地归化之人很优厚，卷起衣裳渡江投奔北魏者，都不拘等级授予重要职位。张景仁没有征战的劳苦，但位居高官通达显耀。永安二年，萧衍派遣主书陈庆之送北海王进入洛阳，僭登帝位，陈庆之成为侍中。张景仁在南方时，和陈庆之是旧相识，于是摆下酒宴邀请陈庆之到家里做客。司农卿萧彪、尚书右丞张嵩同时在座。萧彪也是南方人，唯有中大夫杨元慎、给事中大夫王昫是中原的士族。陈庆之借着酒醉对萧彪和张嵩说:"魏朝甚为强盛,但还是五胡之一。正统相继的王朝,当在江东。秦朝的玉玺,今天在梁朝。"杨元慎正色回击说:"江东苟延残喘,偏僻地居于江南,地势低洼潮湿,生出很多蚂蚁和虫子,土地多有瘴疠之气,蛙类同处一穴,人类与鸟共生。断发之君主,没有长寿的仪容;文身的百姓,禀有鄙陋的本性。浮游于三江,行船于五湖;礼乐不沾身,宪章法律不能改造。虽然是秦朝之遗民、汉朝的罪犯,但他们口音混杂,加上福建和楚地难懂的方言,更加不可改变。虽然有君臣之分,但君上傲慢臣下残暴。因此有刘劭弑父篡位于前,休龙淫乱母亲在后,违背人伦,无异于禽兽。加上山阴公主要求蓄养男宠,出卖丈夫,公开在家里淫乱,不顾讥笑。你沉浸在这种遗风中,未受礼教熏陶,正如同阳翟的百姓不知大脖子病为丑陋。我们魏国接受符箓之图,建国于嵩洛之间,有五座山镇守,四海为家。移风易俗的典范,同五帝相提并论;礼乐宪章的隆盛,超越百王而高显一时。你们这些吃鱼鳖的家伙,羡慕道义来朝拜我国,饮用我们的池水,吃我们的稻米和黄粱,为何出言不逊,以至于此?"陈庆之等见杨元慎所说言辞清雅,纵横奔放,都闭嘴流汗,忍气不说一句话。此后几天,陈庆之生病,心口疼痛,寻访人来诊治。杨元慎说自己能治病,庆之于是就依靠他。杨元慎就含水喷了陈元庆说:"吴人之鬼,住在建康,戴着小帽,穿着短衣,自称阿侬,他称阿傍。菰稗为饭,茗茶为饮,喝着莼羹,嘬吸蟹黄,口嚼槟榔。乍到中原,思念故乡,速速离开,回到丹阳。倘若是寒门之鬼,头部修长,网鱼捉鳖,在河中小洲上,咀嚼莲藕,拾取芡实,蛙蚌做羹,以为饮食。披着布袍,穿着草鞋,倒骑水牛。在沅湘江汉之水中,划船遨游,随波逐浪,像鱼一样露出水面张口呼吸,上下浮动。穿着白色的麻衣,翩翩起舞,扬波歌唱,速速离去,回到扬州。"陈庆之伏在枕上说:"杨君太侮辱我了。"从此以后,吴人再不敢放肆言语了。北海王不久被诛杀，陈庆之等返回投奔了萧衍，萧衍任命他为司州刺史。他钦重北方人，尤为特别。朱异很奇怪，就问他。他回答说："自晋宋以来，都认为洛阳为荒土，此地更把长江以北都看成夷狄。不久前去洛阳，才知道衣冠士族都在中原，讲究礼仪，人口众多，物产丰富，从来没有见过，也无法用语言形容。所谓帝京宏伟，是四方所效仿，如同登泰山者看不起小土坡，渡过江海者鄙视湘沅之水，北方人怎么能不得到重视呢？"陈庆之因此仪式服饰都采用了魏地之法，江南之人竞相模仿，宽衣博带的风尚影响到南京。

[评析]

  这一小节通过南北文化冲突的例子，描述了当时南北朝之间的文化隔阂。自衣冠南渡之后，北方的世家大族多迁居南方。南方一下子成为文化和文明的中心，特别是南京、扬州、绍兴一带文化兴盛、经济发达，成为当时江南的政治经济文化中心。从南北朝当时的情况看，双方互有歧视。比如北魏官方虽然重视南方来投靠北方的人士，提供住宅，委以重任，但又集中安排他们住在归正里，民间更直接称呼这里为吴人坊、鱼鳖市，颇有轻视之意。连从南方归化北魏担任高官的张景仁都觉得居住此地是耻辱，搬到了孝义里。

  从当时南人的心态看，虽在武力上不敌北方少数民族，但自恃有文化优势，从骨子里瞧不起北方人，把他们看成夷狄之人。因此才会有受梁武帝委派协助北海王建立政权的陈庆之酒后吐真言，自视为正统，称北魏为五胡之一。而来自北地的杨元慎则毫不留情地回击陈庆之的言论，他从地势、天气、礼乐、语言、伦理等多方面批评南朝偏安一方，断发文身，道德沦丧。此后还借为陈庆之看病之机，再次讽刺、挖苦、调侃了南方人，以至于陈庆之说他欺人太甚。

但是当陈庆之回到了南方后,一改之前对北魏文化的态度,开始重视北方人,效仿北朝的服饰礼节,以至于宽衣博带在南京风靡一时。

元慎,弘农人,晋冀州刺史峤六世孙。曾祖泰,从宋武入关①,为上洛太守七年。背伪来朝,明元帝赐爵临晋侯②,广武郡、陈郡太守,赠凉州刺史,谥烈侯。祖抚,明经③,为中博士④。父辞,自得丘壑,不事王侯。叔父许,河南令,蜀郡太守。世以学行著闻,名高州里。元慎清尚卓逸,少有高操,任心自放,不为时羁。乐山爱水,好游林泽。博识文渊,清言入神,造次应对,莫有称者。读老庄,善言玄理。性嗜酒,饮至一石,神不乱常。慷慨叹不得与阮籍同时生。不愿仕宦,为中散⑤,常辞疾退闲,未尝修敬诸贵,亦不庆吊亲知。贵为交友,故时人弗识也。或有人慕其高义,投刺在门,元慎称疾高卧。加以意思深长,善于解梦。孝昌年,广阳王元渊初除仪同三司⑥,总众十万北讨葛荣,夜梦着衮衣⑦,倚槐树而立,以为吉征,问于元慎。元慎曰:"三公之祥。"渊甚悦之。元慎退还,告人曰:"广阳死矣。"槐字是木傍鬼,死后当得三公。广阳果为葛荣所杀,追赠司徒公⑧,终如其言。建义初,阳城太守薛令伯闻太原王诛百官,立庄帝,弃郡东走,忽梦射得雁,以问元慎。元慎曰:"卿执羔,大夫执雁。君当得大夫之职。"俄然令伯除为谏议大夫。京兆许超梦盗羊入狱，问于元慎。曰："君当得城阳令。"其后有功，封城阳侯。元慎解梦，义出万途，随意会情，皆有神验。虽令与侯小乖，按令今百里，即是古诸侯，以此论之，亦为妙著。时人譬之周宣⑨。及尔朱兆入洛阳，即弃官与华阴隐士王腾周游上洛山。

孝义里东市北殖货里。里有太常民刘胡兄弟四人⑩，以屠为业。永安年中，胡杀猪，猪忽唱乞命，声及四邻。邻人谓胡兄弟相殴斗而来观之，乃猪也。胡即舍宅为归觉寺，合家人入道焉。普泰元年，此寺金像生毛，眉发悉皆具足。尚书左丞魏季景谓人曰⑪："张天锡有此事⑫，其国遂灭，此亦不祥之征。"至明年而广陵被废死。

[注释]

①宋武：即宋武帝刘裕（363—422），字德舆，南朝宋开国君主。东晋义熙十三年（417）出兵关中，消灭后秦。晋恭帝元熙二年（420），刘裕称帝，国号宋，改元永初。在位三年卒。谥武，庙号高祖。

②明元帝：北魏第二代皇帝拓跋嗣，"元"字各本皆无。

③明经：通晓经典。汉代察举制度中即有"明经"一科，作为选拔入仕的条件之一。

④博士：古代学官名。汉文帝设置一经博士，武帝时置五经博士，职责是教授、课试，或奉使、议政等。

⑤中散：即中散大夫。西汉时所设置，参与议论政事，为闲职。北魏曾为职事官之加官，受差遣。《魏书·恩幸传》："（尚书）台遣中散大夫

孙景安研检事状。"孝文帝太和十七年（493）定为四品上，二十三年（499）改为四品下。

⑥元渊（485—526）：字智远。北魏太武帝拓跋焘曾孙，广阳王元嘉子，袭爵为广阳王。在征讨鲜于修礼、杜洛周起义中，为葛荣所杀。

⑦衮衣：古代帝王或王公所穿的绘有龙的图案的衣服。

⑧司徒公：与司马、司空并称为三公。周时为六卿之一，掌管国家的土地和人民的教化。汉哀帝元寿二年（前1），改丞相为大司徒，与大司马、大司空并列三公。东汉时改称司徒。其后历代沿用，到明代时废止。

⑨周宣：字孔和，三国魏乐安（今山东博兴）人。魏文帝时为中郎，属太史，善于占梦，多有应验。

⑩太常民：即隶属于太常管辖的民户。太常西汉时期始设立，主管祭祀社稷、宗庙和朝会、丧葬礼仪。北魏孝文帝太和十七年（493）定为从一品下，二十三年（499）改为三品。太常之职属于位尊职闲。

⑪魏季景：北魏时期著名史学家魏收的族叔，弱冠即与魏收齐名。孝庄帝时为中书侍郎，后历任大司农卿、魏郡尹等。

⑫张天锡（346—406）：十六国之一前凉的最后一位君主。字纯嘏，前凉世祖张骏的小儿子，小名独活。太和初，诏以天锡为大将军、大都督、督陇右关中诸军事、护羌校尉、凉州刺史、西平公。张天锡即位后不理朝政，天天大宴宾客，面对臣下的劝谏，他振振有词曰："吾非好行，行有得也。观朝荣，则敬才秀之士；玩芝兰，则爱德行之臣；睹松竹，则思贞操之贤；临清流，则贵廉洁之行；览蔓草，则贱贪秽之吏；逢飙风，则恶凶狡之徒。若引而申之，触类而长之，庶无遗漏矣。"（《晋书·张天锡传》）

[译文]

（杨元慎，晋朝冀州刺史杨峤的六世孙。曾祖杨泰，随从宋武帝征战入关，任上洛太守七年，后来背弃刘宋来朝北魏，明元帝赐爵为临晋侯，广武郡、陈郡太守，赠凉州刺史，谥号烈侯。祖父杨抚，考取明经一科，为中博士。父亲杨辞，自得于山林之中，不愿侍奉王侯。叔父杨许，为河南令，蜀郡太守，当世以学问行为著称，名闻于州内。杨元慎清高超逸，年少即有很高的操行，随性自然，不为世事所羁绊。乐山爱水，喜欢游历林泽。知识渊博，言辞清丽颇有神韵，随机应变，没有能和他相比的。读老庄，善谈玄理。喜欢饮酒，能喝一石，神智不乱，感叹不能与阮籍同生一世。不愿为官，只做中散大夫这样的闲职，经常称病退居闲处，不曾献媚于权贵，也不参与亲朋的庆吊活动。对交友很慎重，因此当时人不知道他。有人敬慕其高尚气节，投递名片到他家中，杨元慎称病卧床不见。他还思想深远，善于解梦。孝昌年间，广阳王元渊初任仪同三司，总领十万兵马北伐葛荣，夜里梦到穿着衮衣，依靠槐树而立，自以为是吉兆，来问杨元慎。元慎说："是当得三公之祥瑞。"元渊很是高兴。元慎回来后，对人说："广阳王要死啊。"槐字是木字旁一个鬼字，是死后当得三公之位。广阳王果然为葛荣所杀，追赠为司徒公，最终果然如其所言。建义初年，阳城太守薛令伯听说太原王诛杀百官，立孝庄帝，马上放弃郡守往东逃走。忽然梦见射到大雁，以此梦问元慎。元慎说："卿执羔羊，大夫执大雁。你当获得大夫之职位。"不久，令伯被任命为谏议大夫。京兆许超做梦因盗羊而入狱，询问于元慎。元慎说："你当为城阳令。"许超后因有功业，被封为城阳侯。元慎解梦，一意生出万端变化，随意附会实情，皆有应验。虽然"令"与"侯"稍有差别，按"令"的话，今天管理百里，就是古代的诸侯，以此来说，也算是妙解。当时人把他比喻为周宣。

尔朱兆进入洛阳后,他即弃官与华阴隐士王腾周进入了上洛山。)

孝义里东市北边是殖货里。里内有太常民刘胡兄弟四人,以屠宰为业。永安年间,刘胡杀猪时,猪忽然呼喊救命,声音传到四邻。邻居以为刘胡兄弟相互殴斗因此来查看,发现是猪。刘胡随即捐赠住宅为归觉寺,全家都皈依佛之道。普泰元年,此寺有金佛像长出毛发,眉毛头发全都具足。尚书左丞魏季景对人说:"张天锡有此事,其国就被灭掉了。这是不祥之征。"到第二年时,广陵王先被废后被杀。

卷第三

城　南

景　明　寺

景明寺，宣武皇帝所立也①，景明年中立，因以为名。在宣阳门外一里御道东。其寺东西南北方五百步。前望嵩山少室，却负帝城。青林垂影，绿水为文，形胜之地，爽垲独美②。山悬堂观，一千余间，复殿重房，交疏对溜③，青台紫阁，浮道相通。虽外有四时，而内无寒暑。房檐之外，皆是山池。竹松兰芷，垂列阶墀，含风团露，流香吐馥。

至正光年中，太后始造七层浮图一所，去地百仞。是以邢子才碑文云"俯闻激电，旁瞩奔星"，是也。妆饰华丽，侔于永宁。金盘宝铎，焕烂霞表。

寺有三池，萑蒲菱藕④，水物生焉。或黄甲紫鳞，出没于繁藻；或青凫白雁，浮沉于绿水。碾硙春簸⑤，皆用水功。伽蓝之妙，最得称首。时世好崇福，四月七日，京师诸像皆来此寺。尚书祠部曹录像，凡有一千余躯。至八日，以次入宣阳门，向阊阖宫前，受皇帝散花。于时金花映日，宝盖浮云；幡幢若林，香烟似雾。梵乐法音，聒动天地；百戏腾骧，所在骈比。名僧德众，负锡为群⑥；信徒法侣，持花成薮。车骑填咽⑦，繁衍相倾。时有西域胡沙门见此，唱言佛国。至永熙年中，始诏国子祭酒邢子才为寺碑文。子才，河间人也。志性通敏，风情雅润，下帷覃思，温故知新。文宗学府，腾班、马而孤上⑧；英规胜范，凌许、郭而独高⑨。是以衣冠之士，辐辏其门；怀道之宾，去来满室。升其堂者，若登孔氏之门；沾其赏者，犹听东吴之句。籍甚当时⑩，声驰遐迩。正光末，解褐为世宗挽郎⑪，奉朝请。寻进中书侍郎、黄门侍郎。子才洽闻博见，无所不通，军国制度，罔不访及。自王室不靖，虎门业废⑫。后迁国子祭酒，谋训上庠⑬。子才罚惰赏勤，专心劝诱，青领之生⑭，竞怀雅术。洙泗之风⑮，兹焉复盛。永熙年末，以母老辞，帝不许之。子才恪请，辞情恳至，涕泪俱下，帝乃许之。诏以光禄大夫归养私庭，所在之处给事力五人，岁一朝，以备顾问。王侯祖道⑯，若汉朝之送二疏⑰。暨皇居徙邺，民讼殷繁。前革后诏，自相与夺。法吏疑狱，簿领成山⑱。乃敕子才与散骑常侍温子昇撰《麟趾新制》十五篇，省府以之决疑，州郡用为治本。武定中，除骠骑大将军、西兖州刺史。为政清静，吏民安之。后征为中书令。时戎马在郊，朝廷多事，国礼朝仪，咸自子才出。所制诗赋、诏策、章表、碑颂、赞记五百篇，皆传于世。邻国钦其模楷，朝野以为美谈也。

[注释]

①宣武：即北魏宣武帝元恪（483—515）。孝文帝因太子元恂反对迁都及谋划北还，废黜太子位后，不久即将太子赐死。太和二十一年（497），次子元恪被册立为皇太子。太和二十三年（499），孝文帝去世后，元恪即位于鲁阳。在位期间，进一步推动了孝文帝的汉化措施，扩建了洛阳城；通过对南朝一系列战争，占领了今天四川一带；信仰佛教，常在宫中讲经说法；取消北魏时期的"子贵母死"制度。延昌四年（515）去世，年三十三岁，庙号世宗，谥号宣武皇帝。

②爽垲：明亮干燥。《左传·昭公三年》："子之宅近市，湫隘嚣尘，不可以居，请更诸爽垲者。"西晋杜预注："爽，明；垲，燥。"

③交疏：指雕有花格子的窗户。溜：屋檐上安的接雨水用的长水槽。

④萑蒲：两种芦苇类植物。《左传·昭公二十年》："泽之萑蒲，舟鲛守之。"杨伯峻注："萑蒲即芦苇之类。"

⑤碾硙：磨碎。舂：把东西放在石臼或类似容器内捣掉皮壳或捣碎。簸：扬掉糠秕或灰尘。

⑥锡：即锡杖，佛教法器之一。佛教成立初期，用来乞食时提醒主家所用，通常是"杖头安镮，圆如盏口。安小镮子，摇动时作声而为警觉"（《根本说一切有部毗奈耶杂事》卷三十四）。佛教传入中国后，演变成了类似权杖的用来象征身份地位的执持之物。

⑦填咽：充满堵塞。

⑧班、马：班，班固。马，司马迁。古代两位著名史学家和文学家。

⑨许、郭：许，许劭。郭，郭泰。两人皆擅长品评人物。

⑩籍甚：盛大，盛多。《汉书·陆贾传》："贾以此游汉廷公卿间，名声籍甚。"清王先谦补注引周寿昌曰："籍甚，《史记》作'藉盛'，盖籍

即藉,用白茅之藉,言声名得所藉而益盛也。"

⑪解褐:脱去布衣,担任官职。挽郎:出殡时牵引灵柩唱挽歌的年轻人,一般多用于皇帝、皇后、妃嫔、亲王等人出殡时的场合。《晋书·礼志》载,成帝咸康七年(341),皇后杜氏病逝,"有司又奏,依旧选公卿以下六品子弟六十人为挽郎"。皇帝选用的人数更多,如《世说新语·纰漏》:"(南朝宋)武帝崩,选百二十挽郎,一时之秀彦。"成为挽郎是进入官场的捷径,因当挽郎时年龄小,常在十二四岁,故而在官场上就有了很多的优势。

⑫虎门:古代王宫的路寝门,即古代天子、诸侯的正室。《周礼·地官·师氏》:"居虎门之左,司王朝。"东汉郑玄注:"虎门,路寝门也。王日视朝于路寝,门外画虎焉,以明勇猛,于守宜也。"

⑬谋:谋划。上庠:古代的大学、国子监。唐韩愈《请复国子监生徒状》:"国家典章,崇重庠序;近日趋竞,未复本源。至使公卿子孙,耻游太学,工商凡冗,或处上庠。"

⑭青领:青色交领的长衫,学生所穿的服装。《诗经·郑风·子衿》:"青青子衿,悠悠我心。但为君故,沉吟至今。"《毛传》:"青衿,青领也。学子之所服。"

⑮洙泗:因孔子常在鲁国家乡附近的洙水、泗水一带教授弟子,故用来比喻儒家的教化。北魏郦道元《水经注·泗水注》云:"泗水又西南流,迳鲁县,分为二流,水侧有一城,为二水之分会也。北为洙渎。……南则泗水。夫子教于洙、泗之间,今于城北二水之中,即夫子领徒之所也。"

⑯祖道:古代为出行者祭祀路神并饯行。《史记·滑稽列传》:"故所以同官待诏者,等比祖道于都门外。"

⑰二疏：指汉宣帝时名臣疏受与疏广兄弟。疏广任太傅，疏受为少傅，两人因年老请求退休。退休之日，送行者车数百辆。

⑱簿领：指官府记事的簿册或文书。清俞樾《古书疑义举例·高下相形例》："后世记载之家，但有簿领而无文章，莫窥斯秘，于是读古人之书，亦不得其抑扬之妙，徒泥字句以求之，往往失其义矣。"

[译文]

景明寺，宣武皇帝元恪建造的，（景明年间建造，因而以此为名。）在宣阳门外一里的御道东。其寺东西、南北都有五百步。前面远望嵩山和少室山，背靠京城。青青树木垂下影子，绿水荡漾，风景秀美，气候干爽，风景独好。依山而建的堂观，有一千多间，重叠的宫殿房屋窗窗相接，屋檐相对。青色之平台，紫色的庭阁，有空中廊道相连。虽然室外有四时交替，但屋内没有寒暑的变化。房檐之外，都是假山池塘。竹子、松树、兰花、白芷，长满了楼梯阶道，迎着风，饱含露水，花香四溢。

到正光年间，太后开始造七层佛塔一座，离地有百丈之高。（正是邢子才碑文所说的"俯身听见猛烈的闪电，旁边看见流星划过"。）装饰华丽，媲美永宁寺。塔上装金盘，挂宝铎，光芒灿烂，映照云霞之上。

寺中有三个池塘，芦苇、菱角、莲藕，各种水中生物生长于此。或者是黄甲的鳖类、长着紫鳞的鱼类，出没于繁多的藻类中；或者是青色的凫、白色的大雁，浮沉于绿水之中。碾磨舂簸，都借用水之力。伽蓝建造之妙，景明寺乃属第一。当时世人喜好祈福，四月七日，京城各寺的佛像都运到此寺。尚书祠部曹记录，共有一千余尊。到八日，依次进入宣阳门，到闾阖宫前，接受皇帝散花祝福。此时，金花映日，宝盖如浮云，幡幢如林，香烟缭绕。梵乐法音，声动天地。各种杂技翻腾奔驰，并列在一起表演。高僧大德,持着锡杖,围成一群。信徒道友,拿着的鲜花,花团锦簇。车辆拥塞,互相挤压。当时有来自西域的胡人沙门见到此情此景,盛赞其为佛国。到永熙年间,才下诏命国子祭酒邢子才撰碑文。(子才,是河间人。立志通达,本性慧敏,格调高雅温润,专心学习,勤于思考,温故知新。他是文学宗师,学问的代表,超越班固、司马迁而孤立。他是优良的典范、美好的准则,胜过许劭、郭泰而独高。因此,士大夫们聚集到他家,有道行的宾客,来来去去,集满庭堂。登堂入室者,犹如进入孔子之门;受其赏识者,犹如听到东吴之句。盛名于当时,声誉传四方。正光末年,他脱下平民服装,成为世宗的挽郎,奉朝请。不久晋升为中书侍郎、黄门侍郎。子才见多识广,无所不通,军事与国家制度,无不了解。自从王室不安定后,国子监学业就荒废了。后来他担任国子监祭酒后,规划训导大学。子才奖勤罚懒,专心劝诱,国子监学生,竞相学习高雅之道。洙泗之孔子遗风,在此再次兴盛。永熙年末,因母亲年老请辞,皇帝不允许。子才坚辞,言辞恳切,涕泪俱下,皇帝才允许。下诏命以光禄大夫身份归养私宅,所在的地方安排五名人员服侍,每年入朝一次,以备皇帝顾问。王侯为他践行,如同汉朝送别二疏兄弟。等朝廷迁到邺地后,民间诉讼增多,前后法律条文冲突,自相矛盾,官吏无法断案,卷宗堆积如山。于是敕令邢子才与散骑常侍温子昇撰《麟趾新制》十五篇,省府用之来决疑,州郡用之来治理。武定年间,任骠骑大将军、西兖州刺史。为政清廉无为,官民皆安心。后升为中书令。当时城郊外战事不断,朝廷也是多事之秋,国家礼仪、朝廷礼仪都出自邢子才之手。他所写的诗赋、诏策、章表、碑颂、赞记五百篇,都流传于世。邻国钦佩他,将他作为楷模,朝野视之为美谈。)

[评析]

北魏除太武帝曾有灭佛活动外，不少帝王崇信佛教，本节中提到的魏宣武皇帝即是一例。《续高僧传》曾记载有魏宣武帝重视高僧译经，安排菩提流支和勒那摩提分别翻译《十地经论》，然后再做对比，相较高下。"魏宣武帝崇尚佛法，天竺梵僧菩提留支初翻《十地》在紫极殿，勒那摩提在大极殿，各有禁卫，不许通言。校其所译，恐有浮滥。始于永平元年至四年方讫。及勘雠之，惟云'有不二不尽'，那云'定不二不尽'，一字为异。"（《续高僧传·道宠传》）宣武帝本人也亲自参与佛教讲经活动。"世宗笃好佛理，每年常于禁中，亲讲经论，广集名僧，标明义旨。沙门条录，为《内起居》焉。上既崇之，下弥企尚。至延昌中，天下州郡僧尼寺，积有一万三千七百二十七所，徒侣逾众。"（《魏书·释老志》）

大　统　寺

大统寺，在景明寺西，即所谓利民里。寺南有三公令史高显略宅①。每于夜见赤光，行于堂前。如此者非一，向光明所掘地丈余，得黄金百斤。铭云："苏秦家金，得者为吾造功德。"显略遂造招福寺。人谓此地是苏秦旧宅。当时元义秉政，闻其得金，就略索之。以二十斤与之。衒之按：苏秦时未有佛法，功德者不必是寺。应是碑铭之类，颂其声迹也。

[注释]

①三公令史高显略：令史，官职名，秦朝时已有设置，多为县级底层官员。汉朝三公府、大将军府、兰台、尚书台开始设置令史，不同部门令

史职掌不同，阁下令史掌管阁下威仪事，记室令史掌上章表报书记，兰台令史掌上奏及印工文书，门令史掌府门；其余令史掌本曹文书。晋以后，令史设置范围扩大，除掌文书之令史外，还有掌图掌谱等令史。但除尚书诸曹令史有实权外，其余令史多为普通的办事人员。北魏沿用这种官制。高显略，详细生平，史不见载。其名也有记载为"高显洛"者。

[译文]

大统寺，在景明寺西侧，就是所说的利民里。寺南边有三公令史高显略的宅邸。（每到夜间能够看到火红的光芒，出现在堂前边。这种现象不是仅仅发生一次，于是朝着放光的地方挖掘一丈有余，得到黄金一百斤。有铭文写道："苏秦家的黄金，获得者为我造功德。"高显略于是造了招福寺。大家都说此地是苏秦的旧宅。当时元乂当政，听过高显略得到了黄金，于是就向高显略索要。高显略给了他二十斤。杨衒之按语：苏秦时佛法尚未传入，他所说的功德不必是建寺庙。应该是碑铭之类，来颂扬他的名声功绩吧。）

[评析]

苏秦是东周时期的洛阳人，其用"合纵"联合六国，共同抗击秦国，成为挂六国相印的著名谋士。佛教传入在两汉之际，苏秦时代中国不可能有佛法，当然更不可能托言建寺造功德。因此，招福寺的建造，当是在崇佛背景下的附会。

秦太上公寺

东有秦太上公二寺,在景明寺南一里。西寺,太后所立;东寺,皇姨所建①。并为父追福,因以名之,时人号为双女寺。并门邻洛水,林木扶疏,布叶垂阴。各有五层浮图一所,高五十丈,素彩画工,比于景明。至于六斋,常有中黄门一人监护,僧舍衬施供具②,诸寺莫及焉。寺东有灵台一所,基址虽颓,犹高五丈余,即是汉光武所立者。灵台东有辟雍③,是魏武所立者。至我正光中,造明堂于辟雍之西南,上圆下方,八窗四闼④。汝南王复造砖浮图于灵台之上。孝昌初,妖贼四侵,州郡失据,朝廷设募征格于堂之北⑤,从戎者拜旷掖将军、偏将军、裨将军。当时甲胄之士,号明堂队。时有虎贲骆子渊者,自云洛阳人。昔孝昌年戍在彭城,其同营人樊元宝得假还京师,子渊附书一封,令达其家。云:"宅在灵台南,近洛河,卿但至彼,家人自出相看。"元宝如其言,至灵台南,了无人家可问。徙倚欲去⑥,忽见一老翁来,问从何而来,彷徨于此。元宝具向道之。老翁云:"是吾儿也。"取书引元宝入,遂见馆阁崇宽,屋宇佳丽。既坐,命婢取酒。须臾见婢抱一死小儿而过,元宝初甚怪之。俄而酒至,色甚红,香美异常。兼设珍羞,海陆备具。饮讫,辞还。老翁送元宝出云:"后会难期,以为凄恨!"别甚殷勤。老翁还入,元宝不复见其门巷,但见高岸对水,渌波东倾。唯见一童子可年十五,新溺死,鼻中出血,方知所饮酒是其血也。及还彭城,子渊已失矣。元宝与子渊同戍三年，不知是洛水之神也。

[注释]

①皇姨：元乂之妻，胡太后之妹。《魏书·元叉传》："叉，继长子，字伯儁，小字夜叉。世宗时，拜员外郎。灵太后临朝，以叉妹夫，除通直散骑侍郎。叉妻封新平郡君，后迁冯翊郡君，拜女侍中。"

②衬施：施舍财物给僧道。亦指所施舍的财物。衬，通"嚫"。《释氏要览》卷上"嚫钱"条云："梵语达嚫拏，此云财施。今略达拏，但云嚫。《五分律》云：食后施衣物，名达嚫。"

③辟雍：即太学。起源于西周天子所设大学，校址圆形，围以水池，前门外有便桥。汉班固《白虎通·辟雍》："天子立辟雍何？所以行礼乐宣德化也。辟者，璧也，象璧圆，又以法天，于雍水侧，象教化流行也。"

④闼：即门。

⑤募征格：又作募格，募集兵士的赏格。《魏书》卷十："又班募格，收集忠勇。"

⑥徙倚：徘徊，逡巡。《楚辞·远游》："步徙倚而遥思兮，怊惝恍而乖怀。"

[译文]

东边有太上公两座寺院，在景明寺南边一里处。西寺是胡太后建造的，东寺是皇姨建造的。都是为父亲追福而建，因此以之为名，当时称之为双女寺。两寺都门临洛水，林木茂密，枝叶留下了树荫。两寺各有五层佛塔一座，高五十丈，素色彩画，媲美景明寺。至于六斋日，常有中黄门一人负责监护，僧人房舍的衣物施舍供奉，其他诸寺都赶不上。寺东边有灵台一座，基址虽然坍塌，但还有五丈余高，即是汉光武帝建造的。灵台东边有辟雍，是魏武帝建造的。到我朝正光年间，在辟雍的西南建造了明堂，上圆下方，八窗四门。汝南王又在灵台之上造了一座砖佛塔。（孝昌初年，妖贼四面侵扰，州郡失去了据点，朝廷在明堂北边设立募征格，从军者可以升为旷掖将军、偏将军、神将军。当时参军之人，号称明堂队。当时有虎贲军叫骆子渊的，自称洛阳人。孝昌年间在彭城驻扎，其同营之人有叫樊元宝的，获得休假回京城。骆子渊交给他一封信，托他带回家，说："家在灵台南边，靠近洛河，你只要到那里，家人自然出来迎接你。"元宝按照他的交代，到了灵台南边，完全没有人家可问。徘徊间想要离去，忽然见到一个老翁过来，问他从何而来，在此彷徨。元宝便详细告诉了他。老翁说："骆子渊是我儿子呀。"取过书信领着元宝进了门，院内高大宽敞，房屋华丽。落座后，老翁命婢女取酒来。不一会看到婢女抱着一个死去的小孩子走过，樊元宝很是奇怪。不一会酒到了，颜色血红，香美异常。又陈设了各种珍馐美味，海中陆上的事物都有。喝完酒后，元宝辞别回家。老翁送元宝出去说："再见面很难了，很是可惜！"告别时特别恳切不舍。老翁进家门后，元宝就再也看不见其大门里巷了，只见到高高的河岸对着河水，绿水向东流去。只见一个少年，约十五岁，刚刚溺死，鼻中出血，才知所饮酒水是其血。等回到彭城后，子渊已不见了。元宝与子渊共同当兵三年，不知他是洛水之神。）

[评析]

　　明堂是古代朝廷的重要场所，朝会、祭祀、庆赏、选士等重要活动，都在此举行。北魏时期，司空清河王元怿曾上表建议修明堂、辟雍，皇帝下诏让大家集思广益。一个叫封轨的官员提议说："明堂者，布政之宫，在国之阳，所以严父配天，听朔设教，其经构之式，盖已尚矣。故《周官·匠人职》云：夏后氏世室，殷人重屋，周人明堂，五室、九阶、四户、八窗。郑玄曰：'或举宗庙，或举王寝，或举明堂，互之以见同制。'然则三代明堂，其制一也。案周与夏、殷，损益不同，至于明堂，因而弗革，明五室之义，得天数矣。是以郑玄又曰：'五室者，象五行也。然则九阶者，法九土；四户者，达四时；八窗者，通八风。'诚不易之大范，有国之恒式。若其上圆下方以则大地，迪水圦宫以节观者，茅盖白盛为之质饰，赤缀白缀为之户牖，皆典籍所具载，制度之明义也。在秦之世，焚灭五典，毁黜三代，变更先圣，不依旧宪。故吕氏《月令》见九室之义，大戴之《礼》著十二堂之论。汉承秦法，亦未能改，东西二京，俱为九室。是以《黄图》、《白虎通》、蔡邕、应劭等，咸称九室以象九州，十二堂以象十二辰。夫室以祭天，堂以布政。依天而祭，故室不过五；依时布政，故堂不逾四。州之与辰，非所可法，九与十二，其用安在？今圣朝欲尊道训民，备礼化物，宜则五室，以为永制。至如庙学之嫌，台沼之杂，袁准之徒已论正矣，遗论具在，不复须载。"（《魏书》卷三十二）对明堂之制做了详细讨论。

报 德 寺

报德寺，高祖孝文皇帝所立也。为冯太后追福[1]。在开阳门外三里。开阳门御道东有汉国子学堂[2]，堂前有三种字石经二十五碑，表里刻之，写《春秋》《尚书》二部，作篆、科斗、隶三种字，汉右中郎将蔡邕笔之遗迹也[3]。犹有十八碑，余皆残毁。复有石碑四十八枚[4]，亦表里隶书，写《周易》

《尚书》《公羊》《礼记》四部。又赞学碑一所,并在堂前。魏文帝作《典论》六碑⑤,至太和十七年犹有四碑。高祖题为劝学里。武定四年,大将军迁石经于邺⑥。里内有大觉、三宝、宁远三寺。周回有园,珍果出焉,有大谷梨、承光之柰。承光寺亦多果木,柰味甚美,冠于京师。

[注释]

①冯太后:北魏高宗文成帝皇后,孝文帝的祖母。《魏书》卷十三曾记载孝文帝罢鹰师曹,改建报德寺之事:"高祖诏曰:'朕以虚寡,幼纂宝历,仰恃慈明,缉宁四海。欲报之德,正觉是凭,诸鸷鸟伤生之类,宜放之山林。其以此地为太皇太后经始灵塔。'于是罢鹰师曹,以其地为报德佛寺。"

②汉国子学堂:《水经注》卷十六:"(谷水)又东径国子太学石经北。……汉魏以来,置太学于国子堂。东汉灵帝光和六年,刻石镂碑载五经,立于太学讲堂前,悉在东侧。"

③蔡邕(133—192):字伯喈。陈留圉(今河南杞县西南)人。东汉时期名臣,文学家、书法家,蔡文姬之父。蔡邕"以经籍去圣久远,文字多谬,俗儒穿凿,疑误后学,熹平四年,乃与五官中郎将堂豀典,光禄大夫杨赐,谏议大夫马日䃅,议郎张驯、韩说,太史令单飏等,奏求正定'六经'文字。灵帝许之,邕乃自书丹于碑,使工镌刻立于太学门外。于是后儒晚学,咸取正焉。及碑始立,其观视及摹写者,车乘日千余两,填塞街陌"(《后汉书》卷六十下)。董卓掌权后,召蔡邕为祭酒。三日之内,历任侍御史、治书侍御史、尚书等职。后封高阳乡侯,世称"蔡中郎"。蔡邕精通音律、经史,尤其善于篆、隶书,以隶书造诣最深,所创

"飞白"书体，影响很大。

④石碑四十八枚：石碑数量有不同说法。《后汉书》卷六十注引《洛阳记》说："堂前《石经》四部。本碑凡四十六枚，西行，《尚书》、《周易》、《公羊传》十六碑存，十二碑毁。南行，《礼记》十五碑悉崩坏。东行，《论语》三碑，二碑毁。《礼记》碑上有谏议大夫马日䃅、议郎蔡邕名。"

⑤《典论》：三国魏文帝曹丕为太子时所著的一部政治、文化的作品，现仅存《自叙》《论文》两篇较为完整。《三国志·魏书·明帝纪》"（太和）四年春二月壬午，诏曰：'世之质文，随教而变。兵乱以来，经学废绝，后生进趣，不由典谟。岂训导未洽，将进用者不以德显乎？其郎吏学通一经，才任牧民，博士课试，擢其高第者，亟用；其浮华不务道本者，皆罢退之。'戊子，诏太傅三公：以文帝《典论》刻石，立于庙门之外。"

⑥大将军：指高欢长子高澄（521—549），字子惠。清顾炎武《石经考》："孝静帝纪武定四年八月，迁洛阳汉魏石经于邺。"

[译文]

报德寺，是高祖孝文皇帝建造的。（为了给冯太后追福。）在开阳门外三里。开阳门的御道东边有汉时设立的国子学堂，堂前有三种字体的石经共二十五块碑。里外都刻有文字，写有《春秋》《尚书》两部，有篆文、科斗文、隶书三种字体，是汉右中郎将蔡邕笔法的遗迹。现在还有十八块碑，其余都残缺或毁坏了。另有石碑四十八座，也里外用隶书，刻写了《周易》《尚书》《公羊》《礼记》四部。又有赞学碑一座，都在堂前。魏文帝作《典论》六碑，到太和十七年时还有四碑存在。高祖题名为劝学里。(武定四年，大将军将石经迁到了邺地。)里内有大觉、三宝、宁远三座寺院。周边有园林，出产珍贵的水果，有大谷梨、承光柰。承光寺也多果木，柰味很好，名冠于京师。

[评析]

此节中关于石经的记载有误。石经有多种，最早是《熹平石经》。熹平四年（175），蔡邕等上书请求订正"六经"，获得诏准。选择好的底本，由蔡邕用朱砂笔采用隶书书写于碑石，而后依文镌刻。刻经历时九年，书写刻石的经书，有《周易》《尚书》《鲁诗》《仪礼》《春秋》《公羊传》和《论语》等七种经典。石经因刻于熹平年间，又只有隶书一种字体，故称"汉石经""熹平石经"或"一字石经"。除此之外，正始年间，还刻有《三字石经》，用科斗文、篆书、隶书书写。《水经注》载："魏正始中，又立古、篆、隶《三字石经》。"由此可知"写《春秋》《尚书》二部，作篆、科斗、隶三种字，汉右中郎将蔡邕笔之遗迹也"的表述不正确，蔡邕所书为隶书，属于"一字石经"。

正 觉 寺

劝学里东有延贤里，里内有正觉寺，尚书令王肃所立也。肃字恭懿，琅琊人也，伪齐雍州刺史奂之子也①。赡学多通，才辞美茂，为齐秘书丞。太和十八年，背逆归顺②。时高祖新营洛邑，多所造制。肃博识旧事，大有裨益，高祖甚重之，常呼王生。延贤之名，因肃立之。肃在江南之日，聘谢氏女为妻③。及至京师，复尚公主④。谢作五言诗以赠之，其诗曰：

"本为箔上蚕,今作机上丝。得路逐胜去,颇忆缠绵时。"公主代肃答谢云:"针是贯线物,目中恒任丝。得帛缝新去,何能纳故时。"肃甚有愧谢之色,遂造正觉寺以憩之。肃忆父非理受祸,常有子胥报楚之意⑤,卑身素服,不听音乐,时人以此称之。肃初入国,不食羊肉及酪浆等物,常饭鲫鱼羹,渴饮茗汁。京师士子道肃一饮一斗,号为漏卮。经数年已后,肃与高祖殿会,食羊肉酪粥甚多。高祖怪之,谓肃曰:"卿中国之味也,羊肉何如鱼羹?茗饮何如酪浆?"肃对曰:"羊者是陆产之最,鱼者乃水族之长。所好不同,并各称珍。以味言之,甚是优劣。羊比齐、鲁大邦,鱼比邾、莒小国⑥,唯茗不中,与酪作奴。"高祖大笑。因举酒曰:"三三横,两两纵,谁能辨之,赐金钟。"⑦御史中尉李彪曰:"沽酒老姬瓮注瓨,屠儿割肉与秤同。"⑧尚书左丞甄琛曰:"吴人浮水自云工,妓儿掷绳在虚空。"⑨彭城王勰曰:"臣始解此字是习(习)字。"高祖即以金钟赐彪。朝廷服彪聪明有智,甄琛和之亦速。彭城王谓肃曰:"卿不重齐、鲁大邦,而爱邾、莒小国?"肃对曰:"乡曲所美,不得不好。"彭城王重谓曰:"卿明日顾我,为卿设邾、莒之食,亦有酪奴。"因此复号茗饮为酪奴。时给事中刘缟慕肃之风,专习茗饮。彭城王谓缟曰:"卿不慕王侯八珍⑩,好苍头水厄⑪。海上有逐臭之夫⑫,里内有学颦之妇。以卿言之,即是也。"其彭城王家有吴奴,以此言戏之。自是朝贵宴会,虽设茗饮,皆耻不复食,唯江表残民远来降者好之。后萧衍子西丰侯萧正德归降,时元义欲为之设茗,先问:"卿于水厄多少?"正德不晓义意,答曰:"下官虽生于水乡,而立身以来,未遭阳侯之难⑬。"元义与举坐之客皆笑焉。

[注释]

①雍州刺史奂:即王奂(435—493),字彦孙,南朝齐琅邪临沂(今属山东)人也。齐武帝永明九年(491),王奂出任使持节,散骑常侍,都督雍、梁、南秦、北秦四州以及郢州的竟陵、司州的随郡军事,镇北将军,雍州刺史。王奂崇信佛教,齐武帝曾对王晏交代说:"奂于释氏,实自专至。其在镇或以此妨务,卿相见言次及之,勿道吾意也。"(《南齐书·王奂传》)永明十一年(493),王奂因擅杀宁蛮长史刘兴祖,被皇帝问罪,拒捕被杀。

②背逆归顺:王肃因父亲王奂被杀,投奔北魏。《魏书·王肃传》:"王肃,字恭懿,琅邪临沂人,司马衍丞相导之后也。父奂,萧赜尚书左仆射。肃少而聪辩,涉猎经史,颇有大志。仕萧赜,历著作郎、太子舍人、司徒主簿、秘书丞。肃自谓《礼》《易》为长,亦未能通其大义也。父奂及兄弟并为萧赜所杀,肃自建业来奔。是岁,太和十七年也。"

③谢氏女:陈郡谢庄之女。

④复尚公主:又娶了公主。公主指陈留长公主,北魏孝文帝元宏妹。《南齐书·魏虏传》:"肃初奔虏,自说其家被诛事状,宏为之垂涕。以第六妹伪彭城公主妻之。封肃平原郡公。为宅舍,以香涂壁。遂见信用。"

⑤子胥报楚:伍子胥报复楚国。子胥,即伍员(?—前484),字子胥,春秋时吴国大夫,楚大夫伍奢次子。《史记·伍子胥列传》:"伍子胥者,楚人也,名员。员父曰伍奢。员兄曰伍尚。其先曰伍举,以直谏事楚

庄王。"楚平王借故杀死了伍奢和伍尚父子,次子伍员逃脱。"无忌言于平王曰:'伍奢有二子,皆贤,不诛且为楚忧。可以其父质而召之,不然且为楚患。'王使使谓伍奢曰:'能致汝二子则生,不能则死。'伍奢曰:'尚为人仁,呼必来。员为人刚戾忍訽,能成大事,彼见来之并禽,其势必不来。'王不听,使人召二子曰:'来,吾生汝父;不来,今杀奢也。'伍尚欲往,员曰:'楚之召我兄弟,非欲以生我父也,恐有脱者后生患,故以父为质,诈召二了。二了到,则父了俱死。何益父之死?往而令仇不得报耳。不如奔他国,借力以雪父之耻,俱灭,无为也。'伍尚曰:'我知往终不能全父命。然恨父召我以求生而不往,后不能雪耻,终为天下笑耳。'谓员:'可去矣!汝能报杀父之仇,我将归死。'尚既就执,使者捕伍胥。伍胥贯弓执矢乡使者,使者不敢进,伍胥遂亡。闻太子建之在宋,往从之。奢闻子胥之亡也,曰:'楚国君臣且苦兵矣。'伍尚至楚,楚并杀奢与尚也。"后来伍子胥来到吴国,帮助吴王阖闾征伐楚国,掘开楚平王墓,鞭尸三百。

⑥郱、莒:即郱国、莒国,春秋时邻近齐、鲁的两个小国,后被楚国所灭。

⑦三三横,两两纵:字谜。谜底即"習(习)"字。

⑧"沽酒"两句:沽酒老妪瓮注巵,卖酒的老妇从瓮中把酒倒入口小肚大的巵中。屠儿割肉与秤同,卖肉的割下一块肉分量可与用秤去称一样。两者都需要长久的练习,暗指"習(习)"字。

⑨"吴人"两句:吴人浮水自云工,江南水乡之人自然熟悉水性,善于游泳。妓儿掷绳在虚空,练杂技者能熟练将绳索抛向空中。这两者也都需要久"習(习)"而成。

⑩八珍:一般以龙肝、凤髓、豹胎、鲤尾、鸮炙、猩唇、熊掌、酥酪

蝉为八珍。泛指各种珍馐美味。

⑪水厄：原指溺水之灾，后用来戏称饮茶之俗。三国魏晋以后，饮茶之风开始流行，一批士人酷爱饮茶。因茶味苦涩，不习惯饮茶者戏称饮茶为水厄。《太平御览》卷八百六十七引南朝宋刘义庆《世说新语》："晋司徒长史王濛好饮茶，人至辄命饮之，士大夫皆患之。每欲往候，必云：'今日有水厄。'"

⑫逐臭之夫：比喻喜欢有怪癖之人。典出《吕氏春秋·遇合》："人有大臭者，其亲戚兄弟妻妾知识无能与居者，自苦而居海上。海上人有说其臭者，昼夜随之而弗能去。"

⑬阳侯之难：指溺水之灾难。阳侯，陵阳国王侯，溺死于水中，故有此说。《淮南子·览冥训》："武王伐纣，渡于孟津，阳侯之波，逆流而击。"

[译文]

劝学里东边有延贤里，里内有正觉寺，是尚书令王肃建造的。（王肃，字恭懿，琅邪人。伪齐国雍州刺史王奂之子。博学通达，才能言辞出众，是齐国秘书丞。太和十八年，背离齐国归顺北魏。当时高祖正在营建新都洛阳，有很多需要设计建造。王肃博学多识，大有裨益，高祖很重视他，常称呼他"王生"。延贤里的名称，因王肃而取。王肃在江南的时候，娶了谢家女为妻。等到了北魏京城后，又娶了公主。谢家女作了首五言诗给王肃，诗里说："本来为箔上蚕，今天作了机上丝。得到通路追逐富贵，我仍很是怀念缠绵时。"公主代王肃回赠谢家女说："针是穿线物，针眼总是穿着丝线。得到布帛缝新衣，怎能仍补旧衣。"王肃对谢家女很是羞愧，于是造正觉寺来安置她。王肃想到父亲受到的不合理迫害，常常有伍子胥报复楚平王的念头，处事低调，穿白衣，不听音乐，当时人们因此而称赞他。王肃初到魏国时，不吃羊肉及奶酪等食物，常常吃鲫鱼羹，渴了就喝茶。京城人士说王肃一次就喝一斗茶，号称漏卮。经过数年后，王肃与高祖在朝殿聚会，吃了很多羊肉、奶酪等。高祖很奇怪，对王肃说："你是中国江南的口味，羊肉和鱼羹相比如何？茶水和奶酪相比如何？"王肃回答说："羊是陆地上最好的食物，鱼是水族第一的食物，只是人们喜欢不同罢了，都可以说是珍品。就味道而言，则很有优劣之分。羊如果比喻成齐、鲁这样的大国，鱼则就是邾、莒这样的小国，只有茶不合时宜，只配做奶酪的奴仆。"高祖听了后大笑，举酒杯说："三三横，两两纵，谁能知道谜底，就赏赐金钟。"御史中尉李彪说："沽酒老姬将瓮中酒倒入巩中，屠户割肉精准如秤。"尚书右丞甄琛说："吴人通晓水性天然而成，杂技投掷绳索在虚空。"彭城王元勰说："臣下开始知道这个字是'習'字。"高祖即把金钟赐给了李彪。朝廷之人都佩服李彪聪明有智慧，甄琛和之迅速。彭城王对王肃说："你不重视齐、鲁大国，难道喜欢邾、莒小国？"王肃回答说："因为是家乡的美味，所以不得不喜欢。"彭城王又说："你明天到我家，我为你准备邾、莒之食，也有奶酪的奴仆。"因此又称茶为酪奴。当时给事中刘缟羡慕王肃的风度，专门学习饮茶。彭城王对刘缟说："你不羡慕王侯八珍美食，喜欢苍头之水厄。海上有追逐臭味的人，里内有东施效颦之妇。以你看来，你就是这样的人。"彭城王家里有江南人的奴仆，用此来戏弄他。从此以后，朝廷贵族宴会虽然设有茗茶，但都觉得耻辱而不饮用，只有江南来投降的人才喜欢饮用。后来萧衍的养子西丰侯萧正德归顺投降，当时元乂想为他准备茗茶，先问他："您能受多少水厄？"正德不明白元乂的意思，回答说："下官虽生在水乡，但从自立以来，未曾遭受水灾之祸。"元乂与在座的客人都笑了。

[评析]

　　文化的冲突除了表现在国家的意识形态、治国方针上外，也体现在习俗的不同上。孝文帝自太和十四年（490）亲政后，开始全面推行汉化政策。首先仿照汉族王朝的礼仪制度，建造了明堂、太庙，祭祀舜、禹、周公、孔子等。其后又迁都洛阳，诏令改鲜卑复姓为汉族的单姓，皇族拓跋姓改成元姓；朝堂之上一律穿汉服等，孝文帝汉化融合政策，极大地推动了汉族和鲜卑及各少数民族的融合，促进了当时文化、政治、经济等方面的发展。但是一些服饰饮食等习俗的不同，不是一时能够改变的。比如当时孝文帝所立的第一个太子元恂就不习惯洛阳天气的炎热以及汉族的服饰，甚至将皇帝赐予的汉族服装撕毁，反对孝文帝的迁都及汉化政策，结果导致最后被废黜。此节中南方投奔北魏的人士喜欢饮茶、吃鱼虾等习惯和北方少数民族饮用羊奶、吃羊肉之习惯就有很大不同，这都是"乡曲所美"造成的。而将茶视为酪奴，则显然带有了文化优越主义的立场。

龙　华　寺

　　龙华寺，广陵王所立也①。追圣寺，北海王所立也②。并在报德寺之东。法事僧房，比秦太上公。京师寺皆种杂果，而此三寺园林茂盛，莫之与争。

　　宣阳门外四里，至洛水上，作浮桥，所谓永桥也。神龟中，常景为《汭颂》。其辞曰：

　　浩浩大川，泱泱清洛。导源熊耳③，控流巨壑。纳谷吐伊④，贯周淹亳⑤。近达河宗⑥，远朝海若⑦。兆唯洛食，实曰土中。上应张、柳⑧，下据河、嵩。寒暑攸叶⑨，日月载融⑩。

帝世光宅，函夏同风⑪。前临少室，却负太行。制岩东邑⑫，峭岠西疆。四险之地，六达之庄⑬。恃德则固，失道则亡。详观古列，考见丘坟。乃禅乃革，或质或文。周余九裂，汉季三分。魏风衰晚，晋景雕曛⑭。天地发辉，图书受命⑮。皇建有极⑯，神功无竞。魏箓仰天，玄符握镜⑰。玺运会昌，龙图受命。乃眷书轨⑱，永怀保定。敷兹景迹，流美洪模。袭我冠冕，正我神枢。水陆兼会，周、郑交衢。爰勒洛汭⑲，敢告中区⑳。

[注释]

①广陵王：古代皇帝封给子弟或大臣的王爵，历史上封为广陵王的有很多。北魏时期主要有四位，分别是楼伏连，北魏太延元年（435）封广陵王；元羽，字叔翻，北魏献文帝之子，太和九年（485）封广陵王；元恭，献文帝之孙，元羽之子，正始年间（504—508），继承其父广陵王的爵位；元欣，元羽之子，532年继承其父亲的广陵王之位。结合平等寺中元恭避祸的记载，建造此寺的当为元羽。

②北海王：北魏时期的北海王主要有两位：第一位是元详，字季豫。献文帝之子，孝文帝元宏异母弟，封爵北海王。第二位是元颢（485—529），字子明，北海王元详长子，袭父爵为北海王。建设追圣寺的当为元详。

③熊耳：山名，在今河南宜阳西南，卢氏县东南。

④纳谷吐伊：谷，指谷水。伊，指伊水。谷水、伊水皆为洛河上游支流，故有此说。

⑤贯周淹亳：周，周公所建之洛邑。亳，商朝旧都西亳，在今天河南偃师西。二者皆为洛水流经地，故有此说。

⑥河宗：古代以黄河为四渎之宗，因称黄河为"河宗"。

⑦海若：传说中的海神。《楚辞·远游》："使湘灵鼓瑟兮，令海若舞冯夷。"东汉王逸注："海若，海神名也。"

⑧张、柳：二十八星宿中的张宿、柳宿。《汉书·地理志下》："周地，柳、七星、张之分野也。今之河南洛阳、榖城、平阴、偃师、巩、缑氏，是其分也。昔周公营洛邑，以为在于土中，诸侯蕃屏四方，故立京师。"

⑨攸：语气助词，无意义。叶：即"协"，和谐之意。

⑩载：则。融：明。

⑪函夏：指全国。《汉书·扬雄传上》："以函夏之大汉兮，彼曾何足与比功？"颜师古注引服虔曰："函夏，函诸夏也。"

⑫制：古代邑名，今属荥阳。岩：险峻。

⑬六达之庄：四通八达的大路。庄，即六达之路。

⑭晋景雕曛：比喻晋朝像落日余晖一样凋亡。景，即"影"，太阳之影子。曛，太阳余晖。

⑮图书受命：受河图洛书之命。《周易·系辞传》："河出图，洛出书，圣人则之。"

⑯皇建有极：帝王统治天下的准则，即所谓大中至正之道。《尚书·洪范》："皇极，皇建其有极。"唐孔颖达疏："皇，大也；极，中也。施政教，治下民，当使大得其中，无有邪僻。"

⑰玄符握镜：比喻掌握上天之符命。玄符，上天之符命。握镜，握持明镜。

⑱眷：即眷顾之意。书轨：即指"书同文，车同轨"的天下一统的意思。

⑲勒：即刻石。洛汭：洛水汇入黄河处。《尚书·禹贡》："东过洛汭，至于大伾。"

⑳中区：指中国。

[译文]

龙华寺，是广陵王建造的。追圣寺，是北海王建造的。都在报德寺的东边。佛事活动和僧寮建筑，媲美秦太上公寺。京城的寺院都种有各类水果，而这三座寺院园林茂盛，没有能同它们相比的。

宜阳门外四里地，到洛水，造有浮桥，就是所说的永桥。（神龟年间，常景作有《汭颂》，其辞如下：

浩浩大川，泱泱洛河，发源于熊耳山，流注到深壑之中。接纳谷水，吞吐伊水，贯穿成周洛邑，流经商都西亳。近处汇入黄河，远处奔向大海。唯有洛阳得到吉兆，实际是大地的中心。上面对应着张宿和柳宿，下面占据了黄河与嵩山。寒暑协调，日月同光。皇室长居此地，华夏同沐此风。前面临着少室山，后面背负太行山，东边有制这样的险峻城邑，西边疆界是险峻山脉。四周险要之地，四通八达的道路。有德行则稳固，失德行则败亡。仔细观察古代，考索古籍。或者禅让或者革命，或者质朴或者文化。周朝末年四分五裂，汉朝末年天下三分。魏朝风气衰落，晋朝如同落日残阳。天地发出了光辉，河图洛书受命。建立统治天下的法则，神圣之功德无可比拟。北魏的符箓承自上天，天命握在手中。国运一定会昌盛，帝运受自天命。眷顾天下一统，永远希望保持安定。铺陈这个光明的胜迹，传颂这个伟大的范本。穿好冠冕，端正神枢。水陆交会之地，朝廷诸侯通达之路。刻石于洛汭，告知天下。）

[评析]

从源头上说，河图洛书的说法最早出于《尚书·顾命》："大玉，夷玉，天球，河图在东序。"《论语·子罕》"凤鸟不至，河不出图，吾已矣夫"中提到了河图。《易·系辞上》也有"河出图，洛出书，圣人则之"之说。北宋时期，从陈抟、周敦颐到朱熹，结合对《周易》的理解，提出了"龙马负图""神龟背书"这样的说法。朱熹认定河图洛书为真，他说："夫以河图洛书为不足信，自欧阳公以来已有此说。然终无奈顾命。《系辞》《论语》皆有是言，而诸儒所传二图之数，虽有交互而无乖戾。顺数逆推，纵横曲直，皆有明法，不可得而破除也。至如河图与《易》之天一至地十者合而载天地五十有五之数，则固《易》之所自出也。洛书与《洪范》之初一至次九者合而具九畴之数，则固《洪范》之所自出也。《系辞》虽不言伏羲受河图以作《易》，然所谓仰观俯察，近取远取，安知河图非其中之一事耶？"又说："来教疑河图洛书是后人伪作。某窃谓生于今世而读古人之书，所以能别其真伪者，一则以其义理之所当否而知之，二则以其左验之异同而质之。未有舍此两涂，而能直以臆度悬断之者也。某于世传河图洛书之旧，所以不敢不信者，正以其义理不悖，而证验不差尔。"（《朱子全书》卷二十六）朱熹还明确将"一六居下、二七居上、三八居左、四九居右、五十居中"的图式当成河图，将"戴九履一、左三右七、二四为肩、六八为足"的图式当成"洛书"，置于《周易本义》卷首。但清代学者黄宗羲、胡渭等对朱熹河图洛书之说提出了质疑，否定"一六居下"和"戴九履一"两种图式就是河图洛书。

南北两岸有华表①,举高二十丈,华表上作凤凰似欲冲天势。永桥以南,圜丘以北②,伊洛之间,夹御道,东有四夷馆,一曰金陵,二曰燕然③,三曰扶桑,四曰崦嵫④。道西有四夷里,一曰归正,二曰归德,三曰慕化,四曰慕义。吴人投国者,处金陵馆。三年已后,赐宅归正里。景明初,伪齐建安王萧宝夤来降,封会稽公,为筑宅于归正里,后进爵为齐王,尚南阳长公主⑤。宝夤耻与夷人同列,令公主启世宗,求入城内。世宗从之,赐宅于永安里。正光四年中,萧衍子西丰侯萧正德来降,处金陵馆,为筑宅归正里。后正德舍宅为归正寺。

北夷来附者,处燕然馆,三年已后,赐宅归德里。正光元年,蠕蠕主郁久闾阿那肱来朝⑥,执事者莫知所处,中书舍人常景议云:"咸宁中单于来朝,晋世处之王公特进之下。可班郁肱蕃王仪同之间。"朝廷从其议,又处之燕然馆,赐宅归德里。北夷酋长遣子入侍者,常秋来春去,避中国之热,时人谓之雁臣。

东夷来附者,处扶桑馆,赐宅慕化里。西夷来附者,处崦嵫馆,赐宅慕义里。自葱岭已西,至于大秦,百国千城,莫不款附。商胡贩客,日奔塞下。所谓尽天地之区已。乐中国土风因而宅者,不可胜数。是以附化之民,万有余家。门巷修整,阊阖填列。青槐荫陌,绿柳垂庭。天下难得之货,咸悉在焉。别立市于洛水南,号曰四通市,民间谓为永桥市。

伊洛之鱼，多于此卖，士庶须脍，皆诣取之。鱼味甚美，京师语曰："洛鲤伊鲂，贵于牛羊。"

永桥南道东有白象、狮子二坊。白象者，永平二年乾陀罗国胡王所献⑦。背设五采屏风、七宝坐床，容数人，真是异物。常养象于乘黄曹，象常坏屋毁墙，走出于外。逢树即拔，遇墙亦倒。百姓惊怖，奔走交驰。太后遂徙象于此坊。狮子者，波斯国胡王所献也。为逆贼万俟丑奴所获⑧，留于寇中。永安末，丑奴破灭，始达京师。庄帝谓侍中李彧曰⑨："朕闻虎见狮子必伏，可觅试之。"于是诏近山郡县捕虎以送。巩县、山阳并送二虎一豹。帝在华林园观之。于是虎豹见狮子，悉皆瞑目，不敢仰视。园中素有一盲熊，性甚驯，帝令取试之。虞人牵盲熊至⑩，闻狮子气，惊怖跳踉，曳锁而走。帝大笑。普泰元年，广陵王即位，诏曰："禽兽囚之，则违其性，宜放还山林。"狮子亦令送归本国。送狮子者以波斯道远，不可送达，遂在路杀狮子而返。有司纠劾，罪以违旨论。广陵王曰："岂以狮子而罪人也？"遂赦之。

[注释]

①华表：古代于桥梁、宫殿等前面建造的石柱形建筑。相传起源于古代纳谏木或指路牌。西晋崔豹《古今注·问答释义》："程雅问曰：'尧设诽谤之木，何也？'答曰：'今之华表木也。以横木交柱头，状若花也。形似桔槔，大路交衢悉施焉。或谓之表木，以表王者纳谏也。亦以表识衢路也。秦乃除之，汉始复修焉。今西京谓之交午木。'"今天所见的华表，

最为知名者为天安门前后各一对明代制作的汉白玉华表，华表上面立有石犼，下面横插云板，柱身雕刻云龙。本节中所说华表上所立为凤凰，和天安门华表上所立之石犼不同。

②圜丘：古代帝王冬至祭天的地方。后亦用以祭地。《周礼·春官·大司乐》："冬日至，于地上之圜丘奏之。"唐贾公彦疏："土之高者曰丘，取自然之丘。圜者，象天圜也。"

③燕然：占山名，即今蒙古人民共和国境内的杭爱山。多用来比喻北方偏远之地。

④崦嵫：山名。在甘肃天水西境。传说以为日落的地方。《楚辞·离骚》："吾令羲和弭节兮，望崦嵫而勿迫。"东汉王逸注："崦嵫，日所入山也。"

⑤南阳长公主：孝文帝元宏之女。《魏书·萧宝夤传》："公主有妇德，事宝夤尽肃雍之礼，虽好合积年，而敬事不替。宝夤每入室，公主必立以待之，相遇如宾，自非太妃疾笃，未曾归休。"

⑥蠕蠕：北魏对柔然的蔑称。《魏书·蠕蠕传》："蠕蠕，东胡之苗裔也，姓郁久闾氏。……自号柔然，而役属于国。后世祖以其无知，状类于虫，故改其号为蠕蠕。"

⑦乾陀罗：即犍陀罗，西域古国名。《大唐西域记》卷二载，其国在北印度境，东西千余里，南北八百余里，即今天巴基斯坦白沙瓦一带。

⑧万俟丑奴（？—530）：北魏末年关陇起义军领袖，鲜卑族（一说原属匈奴），高平镇（今宁夏固原）人。

⑨李彧：字子文，李延寔之长子。孝庄帝时为侍中、中书监、开府仪同三司。

⑩虞人：古掌山泽苑囿之官。《周礼·夏官·大司马》："虞人莱所田

之野为表。"唐贾公彦疏:"虞人者,若田在泽,泽虞;若田在山,山虞。"

[译文]

　　南北两岸有华表,高约二十丈,华表上的凤凰有冲天欲飞之势。永桥以南,圜丘以北,伊水洛水之间,夹着御道,东边有四夷馆,一个叫金陵,一个叫燕然,一个叫扶桑,一个叫崦嵫。御道西边有四夷里,一个叫归正,一个叫归德,一个叫慕化,一个叫慕义。吴人来投奔我朝的,安置在金陵馆。三年以后,在归正里赐给宅院。(景明初年,伪齐建安王萧宝夤来投降,封为会稽公,为他在归正里建筑院舍,后来晋爵为齐王,娶了南阳长公主。萧宝夤耻于和夷人住在一起,让公主上奏世宗,请求住在城内。世宗同意了,在永安里赏赐他宅院。正光四年,萧衍之子西丰侯萧正德前来投降,安置在金陵馆,为他在归正里建筑住宅。后来,萧正德将住宅施舍为归正寺。)

　　北夷来降附的人,安置在燕然馆。三年以后,在归德里赏赐住宅。(正光元年,蠕蠕首领郁久闾阿那肱前来朝贡,接待的人不知道怎么安排,中书舍人常景建议说:"显宁年间,单于来朝贡,晋朝将他安排在王公特进之下。可以安排郁久闾阿那肱在藩王与仪同三司之间来接待。"朝廷接受了这个建议,又安排他住在燕然馆,赏赐宅院在归德里。北夷酋长派儿子来侍奉的,常常秋天来春天去,躲避中原的暑热,当时人称之为雁臣。)

　　东夷来归附的,安置在扶桑馆,在慕化里赏赐宅院。西夷来归附的,安置在崦嵫馆,在慕义里赏赐宅院。从葱岭以西,到大秦国,成百的国家、上千个城池,莫不臣服。经商的胡人、贩运的客商,日日奔赴我国。真是囊括尽天下的中央之地啊。喜欢中国风土人情而住在这里的,不可胜数。因此归化之人民，有上万家。街巷整齐，宫门并列。青槐树遮阴街巷，绿柳树垂在庭前。天下难得之货物，都在这里了。（另外设立市场在洛水南边，号称四通市，民间叫永桥市。伊水洛水之渔获，多在此售卖。士人庶民喜欢吃鱼的，都到这里买。鱼味鲜美，京城有一种说法："洛河的鲤鱼，伊水的鲂鱼，比牛羊值钱。"）

永桥的南边道东有白象、狮子二坊。（白象，是永平二年乾陀罗国胡人国王进贡的。大象背上有五彩屏风、七宝坐床，能容数人，真是奇特的动物。大象平常饲养在乘黄曹，经常破屋坏门，跑到外面。遇到树就拔起，遇到墙就撞倒。百姓惊恐，四散奔跑。太后于是就把大象移到白象坊。狮子，是波斯国胡人国王进贡的。被逆贼万俟丑奴截获，留在当地。永安末年，万俟丑奴被消灭，狮子才抵达京城。孝庄帝对侍中李彧说："我听说老虎见到狮子必定匍匐，可找一个试试。"于是下诏命周边靠近山林的郡县猎捕。巩县、山阳县一起送来了两只虎和一只豹。庄帝在华林园观看。当时虎豹见到狮子后，都闭上眼睛，不敢仰视。园中原来有一只盲眼的熊，性情温驯，庄帝命令牵过来试试。虞人牵盲熊过来，盲熊嗅到狮子气味，惊恐跳跃，拖着锁链跑开。庄帝大笑。普泰元年，广陵王即位后，下诏说："把禽兽囚禁起来，违背其本性，应放归山林。"也命令将狮子送回到本国。运送狮子的人因为波斯国路途遥远，不可能送到，于是在路上杀了狮子返回。相关官员追究责任，按违旨论处。广陵王说："岂能因为狮子来惩罚人呢？"于是赦免了他。）

[评析]

萧宝夤在南齐被灭后，投靠了北魏，成为重臣，并屡次讨伐南梁。有意思的是，当来自南梁的萧正德来降时，他还专门写了《论萧正德来降表》，其文如下：

伏见扬州表，萧正德自云避祸，远投宸掖，背父叛君，骇议众口，深心指趣，厥情难测。臣闻立身行道，始于事亲，终于事君。故君亲尽之以恒敬，严父兼之以博爱。斯人伦之所先，王教之盛典。三千之条，莫大于不孝。毁则藏奸，常刑靡赦。所以晋恭获谤，无所逃死；卫伋受诬，二子继没。亲命匪弃，国孰无父？况今封豕尚存，长蛇未灭，偷生江表，自安毒鸩，而正德居犹子之亲，窃通侯之贵，父荣于国，子爵于家，履霜弗闻，去就先结。隔绝山淮，温清永尽，定省长违，报复何日？以此为心，心可知矣。

皇朝绵基累叶，恩均四海，自北徂南，要荒仰泽，能言革化，无思不臸。贲玉帛于丘园，标忠孝以纳赏，筑藁街于伊、洛，集华裔其归心。被发锯身之酋，屈膝而请吏；交趾文身之渠，款关而效质。至如正德，宜甄义以致贬。昔越栖会稽，赖宰嚭以获立；汉困彭宋，实丁公而获免。吴项已平，二臣即法。岂不录其情哉？欲明责以示后。况遗君忽父，狼子是心，既不亲亲，安能亲人。中间变诈，或有万等。伏惟陛下圣敬自天，钦光纂历，昭德塞违，以临群后，脱包此凶丑，置之列位，百官是象，其何诛焉！

臣衅结祸深，痛缠肝髓，日暮途遥，复报无日，岂区区于一竖哉？但才虽庸近，职居献替，愚衷寸抱，敢不申陈。伏愿圣慈，少垂察览，访议槐棘，论其是非。使秋霜春露，施之有在，《相鼠》攸刺，遄死有归。无令申、伋受笑于苟存，曾、闵沦名于盛世。（《魏书·萧宝夤传》）

菩 提 寺

菩提寺，西域胡人所立也，在慕义里。沙门达多发冢取砖，得一人以进。时太后与明帝在华林都堂，以为妖异。谓黄门侍郎徐纥曰："上古以来，颇有此事否？"纥曰："昔魏时发冢，得霍光女婿范明友家奴①，说汉朝废立，与史书相符，此不足为异也。"后令纥问其姓名，死来几年，何所饮食。死者曰："臣姓崔，名涵，字子洪，博陵安平人也。父名畅，母姓魏，家在城西阜财里。死时年十五，今满二十七，在地十有二年，常似醉卧，无所食也。时复游行，或遇饭食，如似梦中，不甚辨了。"后即遣门下录事张隽诣阜财里访涵父母，果得崔畅，其妻魏氏。隽问畅曰："卿有儿死否？"畅曰："有息子洪，年十五而死。"隽曰："为人所发，今日苏活，在华林园中，主人故遣我来相问。"畅闻惊怖曰："实无此儿，向者谬言。"隽还，具以实陈闻。后遣隽送涵回家。畅闻涵至，门前起火，手持刀，魏氏把桃枝，谓曰："汝不须来，吾非汝父，汝非吾子，急手速去，可得无殃。"涵遂舍去，游于京师，常宿寺门下。汝南王赐黄衣一具。涵性畏日，不敢仰视，又畏水火及兵刃之属，常走于逵路，遇疲则止，不徐行也。时人犹谓是鬼。洛阳大市北有奉终里，里内之人，多卖送死之具及诸棺椁。涵谓曰："作柏木棺，勿以桑木为欀。"人问其故，涵曰："吾在地下见发鬼兵，有一鬼诉称：'是柏棺，应免。'主兵吏曰：'尔虽柏棺，桑木为欀②。'遂不免。"京师闻此，柏木踊贵③，人疑卖棺者货涵发此言也。

[注释]

①范明友：西汉大将，霍光女婿。汉昭帝元凤三年（前78），任度辽将军，平定乌桓叛乱，封平陵侯。霍光死后，削其兵权，徙为光禄勋。后与霍光之子霍禹等谋反被发现后自杀。

②櫬：木制品的里衬。

③踊贵：物价上涨。踊，跳跃。

[译文]

菩提寺，是西域胡人建造的，在慕义里。（沙门达多挖坟墓取砖时，发现一个活人，献给朝廷。当时太后和明帝在华林园的都堂内，认为是妖异之事。对黄门侍郎徐纥说："上古以来，也有这种事情吗？"徐纥回答说："过去魏时挖墓，发现了霍光女婿范明友的家奴，说汉朝兴衰之事，与史书完全相符，这种事不值得奇怪。"太后命令徐纥问那个人的姓名，死了几年，吃喝些什么东西。那个死者说："臣姓崔，名涵，字子洪，博陵安平人。父亲名畅，母亲姓魏，家住城西的阜财里。死的时候十五岁，现在满二十七岁，在地下待了十二年，平常就如同喝醉卧床一样，没吃什么东西。有时会出来行走，碰到饮食，如同梦中，不是很清楚了。"太后派门下省录事张隽到阜财里寻访崔涵的父母，果然找到了崔畅和他的妻子魏氏。张隽问道："您曾有一个儿子过世吗？"崔畅回答说："有儿子叫崔洪，十五岁时死去了。"张隽说："你儿子被从墓里挖出来，现在苏醒活了过来，在华林园中，主上派我来查问。"崔畅惊恐地说："我实际并无此儿，刚才说的是瞎编的。"张隽回来后，如实地报告了情况。太后派张隽送崔涵回家。崔畅听说崔涵要来,在门前生起火堆,手持刀,魏氏拿着桃枝,说:"你不要来,我不是你的父亲,你也非我的儿子,赶快离开,可不受伤害。"崔涵于是离开,在京师游逛,常睡在寺门下。汝南王赐给他黄衣一件。崔涵天性畏惧太阳,不敢仰视,又害怕水火及兵刃之类的东西,常在大路上奔跑,疲倦了就停下了,从不慢慢走。当时人认为他是鬼。洛阳大市场的北边有奉终里,里内的居民,多经营丧葬用品和棺椁。崔涵说:"制作柏木的棺材,不要用桑木作里衬。"别人问他原因,崔涵说:"我在地下时,碰见了征集鬼兵,有一鬼申诉说:'是柏木棺材,应该免去当兵。'主管征兵的官员说:'你虽然用的是柏木棺材,但是里衬是桑木的。'于是不能免除。"京城人听说这些,柏木飞涨,大家都怀疑卖棺材的人贿赂崔涵,让他说了这些话。)

[评析]

发掘坟墓,发现尚有活人的异闻在晋张华所著的《博物志》卷七中也有记载:"汉末关中大乱,有发前汉时冢者,宫人犹活。既出,平复如旧。魏郭后爱念之,录著宫内,常置左右,问汉时宫中事,说之了了,皆有次序。后崩,哭泣过礼,遂死焉。汉末发范明友冢,奴犹活。明友,霍光女婿。说光家事废立之际,多与《汉书》相似。此奴常游走于民间,无止住处,今不知所在。或云尚在,余闻之于人,可信而目不可见也。"

高阳王寺

高阳王寺,高阳王雍之宅也①,在津阳门外三里御道西。雍为尔朱荣所害也,舍宅以为寺。正光中,雍为丞相,给羽葆鼓吹、虎贲班剑百人②,贵极人臣,富兼山海。居止第宅,匹于帝宫。白壁丹楹，窈窕连亘，飞檐反宇，缭辚周通③。僮仆六千，妓女五百。隋珠照日④，罗衣从风。自汉晋以来，诸王豪侈，未之有也。出则鸣驺御道⑤，文物成行⑥，铙吹响发⑦，笳声哀转。入则歌姬舞女，击筑吹笙⑧，丝管迭奏，连宵尽日。其竹林鱼池，侔于禁苑，芳草如积，珍木连阴。雍嗜口味，厚自奉养，一食必以数万钱为限。海陆珍羞，方丈于前。陈留侯李崇谓人曰："高阳一食，敌我千日。"崇为尚书令，仪同三司，亦富倾天下，僮仆千人。而性多俭吝⑨，恶衣粗食。食常无肉，止有韭茹、韭菹⑩。崇客李元佑语人云："李令公一食十八种⑪。"人问其故，元佑曰："二韭一十八。"闻者大笑。世人即以此为讥骂。及雍薨后，诸妓悉令入道，或有嫁者。美人徐月华，善弹箜篌，能为明妃出塞之歌，闻者莫不动容。永安中，与卫将军原士康为侧室，宅近青阳门。徐鼓箜篌而歌，哀声入云，行路听者，俄而成市。徐常语士康曰："王有二美姬，一名修容，一名艳姿，并蛾眉皓齿，洁貌倾城。修容亦能为《绿水歌》，艳姿善为《火凤舞》，并爱倾后室，宠冠诸姬。"士康闻此，遂常令徐鼓《绿水》《火凤》之曲焉。

[注释]

①高阳王雍：即元雍（？—528），字思穆。北魏宗室，献文帝之子，孝文帝之弟。孝文帝太和九年（485）封颍川王，后改封高阳王。尔朱荣

发动河阴之变时被杀。

②羽葆：仪仗中以鸟羽装饰的华盖。虎贲：勇士，特指护卫王者的军队。班剑：有装饰的剑。后用作仪仗，由武士佩持，天子常用作赏赐功臣。

③缪䌷：纵横交错。《文选·张衡〈东京赋〉》："云罕九斿，闟戟缪䌷。"三国吴薛综注："缪䌷，杂乱貌。"

④隋珠：即随侯之珠。传说古代随国诸侯见一大蛇受伤，用药敷之。治愈后，大蛇自江中衔明月珠报恩。

⑤鸣驺：古代为显贵开道的随从。

⑥文物：这里指仪仗队伍。

⑦铙吹：即铙歌，军队的歌曲。所用乐器有笛、觱篥、箫、笳、铙、鼓等。

⑧筑：此处指古代弦乐器，形似琴，有十三弦。演奏时，左手按弦的一端，右手执竹尺击弦发音。

⑨俭吝：简朴吝啬。

⑩韭茹：韭菜。韭菹：即韭菹，以醯酱腌渍之韭菜。

⑪李令公：即李崇。因李崇任尚书令，为示亲近，故有此称。

[译文]

　　高阳王寺，是高阳王元雍的宅院，在津阳门外三里的御道西边。元雍被尔朱荣所杀，捐赠住宅为寺。（正光年间，元雍为丞相，皇帝赏赐给他用鸟羽毛作旗幡的鼓吹乐队、持装饰斑纹的木剑的勇士仪仗队百人，是为人臣中最尊贵的，富有山海珍品。居住的宅第，媲美帝宫。白色墙壁、红色梁柱，连绵相连，飞檐反瓦，交错相通。有僮仆六千人，妓女五百人。

隋侯宝珠闪耀光芒，绫罗衣服随风舞动。自汉晋以来，诸王豪奢，也未尝如此。出行则鸣锣开道，仪仗成列，铙歌吹奏，胡笳声哀转动人。进入家中，歌姬舞女，击筑吹笙，丝管齐奏，通宵达旦。竹林鱼池，同于帝王禁苑，芳草遍地，珍贵树木连片成荫。元雍嗜好美食，供奉极为丰厚，一顿饭以花费数万钱为限度。山珍海味，陈列于方丈大小的桌上。陈留侯李崇对人说："高阳王一顿饭，抵上我一千天。"李崇为尚书令、仪同三司，也富甲天下，僮仆有上千人。但本性简朴吝啬，穿粗衣、吃淡饭。吃饭经常没有肉，只有韭菜和韭菹。李崇的门客李元佑对人说："李令公一顿饭有十八种。"有人问何故如此，元佑说："二韭一十八。"听的人大笑起来。世人都以此来讥笑和嘲弄李崇。到元雍死后，妓女都被下令出家，也有嫁人的。美人徐月华，善于弹箜篌，能弹奏明妃出塞的歌曲，听者无不动容。永安年间，嫁给卫将军原士康为妾，住在青阳门附近。徐月华弹箜篌唱歌，哀怨声入云霄，过路听歌唱的人，不一会就聚成了一群。徐月华常对原士康说："高阳王有两个美女，一个叫修容，一个叫艳姿，都蛾眉皓齿，容貌倾城。修容也能唱《绿水歌》，艳姿善于跳《火凤舞》，高阳王在后宫中独爱这两人，宠幸位于诸美姬之首。"士康听说后，于是常令徐月华弹奏《绿水》《火凤》之曲。)

[评析]

李崇富甲天下，但性贪吝啬。《魏书·胡太后传》中记载一个说明李崇等贪婪的事例："后幸左藏，王公、嫔、主已下从者百余人，皆令任力负布绢，即以赐之，多者过二百匹，少者百余匹。唯长乐公主手持绢二十匹而出，示不异众而无劳也。世称共廉。仪同、陈留公李崇，章武王融并以所负过多，颠仆于地，崇乃伤腰，融至损脚。时人为之语曰：'陈留、章武，伤腰折股。贪人败类，秽我明主。'"

高阳宅北有中甘里。里内颍川荀子文，年十三，幼而聪辨，神情卓异，虽黄琬、文举无以加之①。正光初，广宗潘崇和讲《服氏春秋》于城东昭义里②，子文摄齐北面③，就和受道。时赵郡李才问子文曰："荀生住在何处？"子文对曰："仆住在中甘里。"才曰："何为住城南？"城南有四夷馆，才以此讥之。子文对曰："国阳胜地，卿何怪也？若言川涧，伊洛峥嵘。语其旧事，灵台石经。招提之美，报德、景明。当世富贵，高阳、广平④。四方风俗，万国千城。若论人物，有我无卿！"才无以对之。崇和曰："汝颍之士利如锥，燕赵之士钝如锤。信非虚言也。"举学皆笑焉。

[注释]

①黄琬（141—192）：东汉江夏安陆（今湖北云梦）人，字子琰。黄琼之孙。《后汉书》卷六十一《黄琬传》："少失父，早而辨慧。祖父琼，初为魏郡太守，建和元年正月日食，京师不见而琼以状闻。太后诏问所食多少，琼思其对而未知所况。琬年七岁，在傍，曰：'何不言日食之余，如月之初？'琼大惊，即以其言应诏，而深奇爱之。后琼为司徒，琬以公孙拜童子郎，辞病不就，知名京师。时司空盛允有疾，琼遣琬候问，会江夏上蛮贼事副府，允发书视毕，微戏琬曰：'江夏大邦，而蛮多士少。'琬奉手对曰：'蛮夷猾夏，责在司空。'因拂衣辞去。允甚奇之。"文举：即孔融（153—208），字文举，汉末文学家，为"建安七子"之一。自幼

有德行，有让梨之说。常恃才傲物，对曹操多有轻侮之辞，后为曹操所杀。

②广宗：古地名，即今邢台广宗县。西汉元始二年（2），封孝王玄孙刘如意为广宗王而建广宗国，取"推广宗子之意"。七年后国除，仍属堂阳县地。东汉章帝"以广先帝基业"之意析堂阳县地置广宗县，仍属钜鹿郡。《服氏春秋》：即服虔所作的《春秋左氏传解谊》。服氏，即服虔。东汉河南荥阳人，初名重，又名祇，字子慎。汉灵帝末拜九江太守。

③摄齐：原意为提起衣摆，古时官员升堂时谨防踩着衣摆，跌倒失态。后常用来表示恭敬有礼。《论语·乡党》："摄齐升堂，鞠躬如也。"宋朱熹集注："摄，抠也。齐，衣下缝也。礼，将升堂，两手抠衣，使去地尺，恐蹑之而倾跌失容也。"

④广平：即广平王元怀。

[译文]

高阳宅北边有中甘里。（里内有颍川人荀子文，十三岁，自幼聪明善辩，神态性情卓尔不群，即使是汉朝的黄琬和孔融也不能超过他。正光初年，广宗的潘崇和在城东昭义里讲《服氏春秋》，荀子文恭敬地面朝北面，听潘崇和授课。当时赵郡的李才问荀子文说："荀生住在何处？"荀子文回答说："我住在中甘里。"李才说："为何住在城南？"因城南有四夷馆，李才用此来讥讽他。荀子文回答说："这里是国度朝阳的圣地，你有什么可大惊小怪的？如果说河流，这里有伊洛二水显峥嵘。说过去历史，则有灵台和石经。谈寺院之美，则有报德寺和景明寺。若说当朝的富贵之人，则有高阳王和广平王。如若论四方风情，则仿佛是万国千城。如果论人才，则有我没你。"李才无言以对。潘崇和说："汝颍地方的人士锐利如锥子，燕赵地方的人士迟钝如锤子，确实不是虚言。"所有学生都笑了。）

[评析]

  《春秋》相传为孔子根据鲁史修订而成，为编年体史书。记载了从鲁隐公元年（前722）至鲁哀公十四年（前481）的历史。孔子之所以作《春秋》，是因为"世衰道微，邪说暴行有作，臣弑其君者有之，子弑其父者有之。孔子惧，作《春秋》"。但又因"《春秋》，天子之事也"，孔子发出感叹："知我者其惟春秋乎！罪我者其惟春秋乎！"（《孟子·鲁哀公下》）。书中常以隐晦的语言传递微言大义，这种历史书写方式又称为"春秋笔法"。公羊、穀梁、左氏三家为之作传，称为"春秋三传"。《服氏春秋》是东汉时期《左氏春秋》注释书中的一种，作者为服虔。他和贾逵等的注释有一个共同特点就是引用《公羊传》《穀梁传》注释《左传》，被杜预批评为"自乱"："古今言《左氏春秋》者多矣，今其遗文可见者十数家，大体转相祖述，进不成为错综经文以尽其变，退不守丘明之传；于丘明之传，有所不通，皆没而不说，而更肤引《公羊》《穀梁》，适足自乱。"（《春秋左氏传经传集解序》）孔颖达也不认可这种做法："其前汉传《左氏》者，有张苍、贾谊、尹咸、刘歆，后汉有郑众、贾逵、服虔、许惠卿，各为诂训，然杂取《公羊》《穀梁》以释《左氏》，此乃以冠双屦，将丝综麻，方凿圆枘，其可入乎？"

崇 虚 寺

  崇虚寺，在城西①，即汉之濯龙园也②。延熹九年，桓帝祠老子于濯龙园，设华盖之座③，用郊天④之乐，此其地也。高祖迁京之始，以地给民，憩者多见妖怪。是以人皆去之，遂立寺焉。

[注释]

①崇虚寺，在城西：本卷记城南之寺院，但云崇虚寺在城西，或有误。

②濯龙园：最早为汉桓帝祭祀老子所建，但其所处位置说法不一。一种说法认为其位于洛阳城的西北角。

③华盖：帝王高官车上的伞盖。西晋崔豹《古今注·舆服》："华盖，黄帝所作也。与蚩尤战于涿鹿之野，常有五色云气，金枝玉叶，止于帝上，有花葩之象，故因而作华盖也。"

④郊天：祭天。

[译文]

崇虚寺，位于城西，即汉朝的濯龙园。（延熹九年，汉桓帝在濯龙园祭祀老子，设有带华盖的座位，采用了祭天的音乐，就是这个地方。）高祖迁都洛阳初期，把这里的土地赏赐给百姓，住在这里的人常见到妖怪。因此大家都离开了，于是就在此处建造了寺院。

[评析]

崇虚寺在《魏书》中曾有提及，但和这里的崇虚寺应该仅仅是同名而已。《魏书·高祖纪》载："（太和十五年）秋七月乙丑，谒永固陵，规建寿陵。……戊戌，移道坛于桑乾之阴，改曰崇虚寺。"《魏书·释老志》载："太和十五年秋，诏曰：'夫至道无形，虚寂为主。自有汉以后，置立坛祠，先朝以其至顺可归，用立寺宇。昔京城之内，居舍尚希。今者里宅栉比，人神猥凑，非所以祗崇至法，清敬神道。可移于都南桑乾之阴，岳山之阳，永置其所。给户五十，以供斋祀之用，仍名为崇虚寺。可召诸州隐士，员满九十人。'"其中的崇虚寺当为道观，地点当位于北魏迁都洛阳前的都城平城（今山西大同）之南的桑乾河南岸。

卷第四

城　西

冲　觉　寺

冲觉寺，太傅清河王怿舍宅所立也。在西明门外一里御道北。怿，亲王之中，最有名行。世宗爱之，特隆诸弟。延昌四年，世宗崩。怿与高阳王雍、广平王怀并受遗诏，辅翼孝明①。时帝始年六岁，太后代总万机，以怿名德茂亲，体道居正，事无大小，多咨询之。是以熙平、神龟之际，势倾人主，第宅丰大，逾于高阳。西北有楼，出凌云台，俯临朝市，目极京师，古诗所谓"西北有高楼，上与浮云齐"者也②。楼下有儒林馆、延宾堂，形制并如清暑殿。土山钓池，冠于当世。斜峰入牖，曲沼环堂。树响飞嘤，阶丛花药。怿爱宾客，重文藻，海内才子，莫不辐辏。府僚臣佐，并选隽民③。至于清晨明景，骋望南台，珍羞具设，琴笙并奏，芳醴盈罍，嘉宾满席。使梁王愧兔园之游④，陈思惭雀台之宴⑤。正光初元义秉权，闭太后于后宫，薨怿于下省。孝昌元年，太后还总万机，追赠怿太子太师、大将军、都督中外诸军事、假黄钺⑥。给九旒、銮辂、黄屋、左纛、辒辌车⑦，前后部羽葆鼓吹、虎贲班剑百人，挽歌二部，葬礼依晋安平王孚故事⑧。谥曰文献。图怿像于建始殿。拔清河国郎中令韩子熙为黄门侍郎⑨，徙王国三卿为执戟者⑩，近代所无也。为文献追福，建五层浮图一所，工作与瑶光寺相似也。

[注释]

①辅翼孝明：孝明，即北魏肃宗孝明皇帝元诩（510—528），世宗宣武皇帝之第二子，母亲胡充华。延昌元年（512）十月，立为皇太子。四年春正月，即皇帝位，年仅六岁。因年幼，高阳王元雍和任城王元澄辅政，"百官总已以听于二王"。后又诏令高阳王雍为太傅、领太尉，司空、清河王怿为司徒，骠骑大将军、广平王怀为司空。

②西北有高楼，上与浮云齐：汉代佚名诗人创作的一首诗歌，全诗如下："西北有高楼，上与浮云齐。交疏结绮窗，阿阁三重阶。上有弦歌声，音响一何悲！谁能为此曲，无乃杞梁妻。清商随风发，中曲正徘徊。一弹再三叹，慷慨有余哀。不惜歌者苦，但伤知音稀。愿为双鸿鹄，奋翅起高飞。"

③隽民：即俊民，有才学之人。

④梁王：即汉文帝之子梁孝王刘武，其所筑的园林称为兔园。《西京杂记》卷二："曜华宫，梁孝王好营宫室、苑囿之乐，作曜华宫，筑兔园。园中有百灵山，山有肤寸石、落猿岩、栖龙岫；又有雁池，池间有鹤洲、凫渚。其诸宫观相连，延亘数十里，奇果异树、珍禽怪兽毕备。王日与宫人宾客弋钓其中。"

⑤陈思：即曹植。曹操之子，颇有文才，是"建安文学"的代表人物之一，与父亲曹操及其兄曹丕，合称"三曹"。曾封陈王，谥思，世称陈思王。雀台：即铜雀台，在今河北临漳县西南古邺城的西北角。是三国时期曹操在邺都所建的铜雀、金虎、冰井三台之一。《水经注》卷十："城之西北有三台，皆因城为之基，巍然崇举，其高若山。建安十五年魏武所起。平坦略尽。《春秋古地》云：葵丘，地名，今邺西三台是也。谓台已平，或更有见，意所未详。中曰铜雀台，高十丈，有屋百间。台

成,命诸子登之,并使为赋。陈思王下笔成章,美捷当时。"

⑥黄钺:用黄金装饰的长柄斧子,一般用于天子仪仗。《尚书·牧誓》:"王左杖黄钺,右秉白旄以麾。"唐孔颖达疏引《广雅》:"钺,斧也。斧称黄钺,故知以黄金饰斧也。"

⑦九旒:古时冠冕上的九串垂珠,一般帝王、亲王等才可佩饰。鸾辂:天子王侯所乘之车。《吕氏春秋·孟春纪》:"天子居青阳左个。乘鸾辂,驾苍龙。"东汉高诱注:"辂,车也。鸾鸟在衡,和在轼,鸣相应和。后世不能复致,铸铜为之,饰以金,谓之鸾辂也。"黄屋:用黄色的丝织品做的车盖,供帝王等所乘车辆用。左纛:同样是帝王所乘车辆的装饰,以牦牛尾或雉尾制成,设在车衡左边或左骖上。辒辌车:古代的卧车,也常用作丧车。

⑧安平王孚:即司马孚(180—272),字叔达,晋宣帝司马懿之弟。三国魏时为曹植文学掾,累官侍中、太傅。魏高贵乡公被害,众官不敢近,唯有司马孚抱尸恸哭。

⑨韩子熙:字元雍,北魏昌黎(今属河北)人。韩麒麟之孙。曾为清河王元怿常侍,迁郎中令,深受元怿重视。元怿被杀后,值胡太后再临朝执,韩子熙上书为元怿申冤。胡太后褒奖他为黄门侍郎。

⑩王国三卿:北魏各地王侯,在其所封王国内,一般有司徒、司马、司空等三卿。

[译文]

冲觉寺,是太傅清河王元怿捐赠住宅建造的,在西明门外一里的御道北。(元怿,是亲王中名望最高的。世宗宣武帝很喜欢他,在诸兄弟中最受重视。延昌四年,世宗驾崩。元怿与高阳王元雍、广平王元怀等共同接受遗诏,辅佐孝明皇帝。当时孝明帝刚六岁,太后代他总理万机,因为元怿既有名望德行,又是宗亲,能把握大局,行事公正,所以事无大小,常常向他咨询。因此在熙平、神龟年间,权势熏天,宅第广大,超越了高阳王。西北角有楼,高出了凌云台,能俯瞰都城集市,瞭望整个京城,正如古诗所说"西北有高楼,上与浮云齐"中所说那样。楼下有儒林馆、延宾堂,形制都如同清暑殿。土堆成的假山和供垂钓的池塘,是当世最好的。斜出的山峰伸向窗户,曲折的流水环绕厅堂。风吹树摇,送来嘤嘤的鸟鸣,台阶上长有芍药花丛。元怿喜爱宾客,重视文学,海内才子,没有不云集此处的。王府中的官僚臣佐,都是从优秀人才中选拔的。到清晨天光大亮,远望南台,珍馐美味俱有陈设,琴笙等乐器合奏,芳香的美酒倒满杯中,嘉宾坐满席位。使得梁孝王对兔园之游感到惭愧,陈思王对铜雀台之宴饮感到不足。正光初年,元乂掌权,将太后幽禁在后宫,将元怿杀死在门下省。孝昌元年,太后重执朝政,追赠元怿为太子太师、大将军、都督中外诸军事、持黄钺。赐给九旒、鸾辂、黄屋、左纛、辒辌车,安排前后部羽葆鼓吹、虎贲班剑百余人,挽歌二部,葬礼依照晋安平王司马孚的先例。谥号文献王。在建始殿画元怿的图像。提拔清河国郎中令韩子熙为黄门侍郎,清河国三卿为执戟者,这在近些年是没有过的。) 为了给文献王追福,建立五层佛塔一座,工程和瑶光寺相似。

[评析]

　　胡太后在安葬清河王元怿时,"葬礼依晋安平王孚故事"。晋安平王孚,即司马孚,《晋书·安平王孚传》:"孚虽见尊宠,不以为荣,常有忧色。临终,遗令曰:'有魏贞士河内温县司马孚,字叔达,不伊不周,不夷不惠,立身行道,终始若一,当以素棺单椁,敛以时服。'泰始八年薨,时年九十三。帝于太极东堂举哀三日。诏曰：'王勋德超世，尊宠无二，期颐在位，朕之所倚。庶永百龄，谘仰训导，奄忽殂陨，哀慕感切。其以东园温明秘器、朝服一具、衣一袭、绯练百匹、绢布各五百匹、钱百万，谷千斛以供丧事。诸所施行，皆依汉东平献王苍故事。'其家遵孚遗旨，所给器物，一不施用。帝再临丧，亲拜尽哀。及葬，又幸都亭，望柩而拜，哀动左右。给銮辂轻车，介士武贲百人，吉凶导从二千余人，前后鼓吹，配飨太庙。"

司马孚的葬礼又参照汉东平献王苍的故事。东平献王苍，当为东平宪王，即刘苍，谥号宪，东汉光武帝之子。建武十七年封东平王。汉明帝即位，拜骠骑将军，位在三公之上。章帝即位，蒙受礼遇，常向他咨询朝政。刘苍去世时，葬礼隆重。汉章帝"遣大鸿胪持节，五官中郎将副监丧，及将作使者凡六人，令四姓小侯诸国王主悉会诣东平奔丧，赐钱前后一亿，布九万匹。及葬，策曰：'惟建初八年三月己卯，皇帝曰：咨王丕显，勤劳王室，亲受策命，昭于前世。出作蕃辅，克慎明德，率礼不越，傅闻在下。昊天不吊，不报上仁，俾屏余一人，夙夜茕茕，靡有所终。今诏有司加赐鸾辂乘马，龙旗九旒，虎贲百人，奉送王行。匪我宪王，其孰离之！魂而有灵，保兹宠荣。呜呼哀哉！'"（《后汉书·光武十王列传》）

故而此后，凡是受皇帝重视的葬礼，都参照东平王故事。如三国魏任城王曹彰去世时，曹丕便"赐銮辂、龙旂，虎贲百人，如汉东平王故事"（《三国志·魏书·任城陈萧王传》）。

宣　忠　寺

宣忠寺，侍中司州牧城阳王徽所立也①，在西阳门外一里御道南。

永安中，北海王入洛，庄帝北巡，自余诸王，各怀二望②，唯徽独从庄帝至长子城。大兵阻河，雄雌未决，徽愿入洛阳，舍宅为寺。及北海败散，国道重晖，遂舍宅焉。永安末，庄帝谋杀尔朱荣，恐事不果，请计于徽。徽曰："以生太子为辞，荣必入朝，因以毙之。"庄帝曰："后怀孕未十月，今始九月，可尔以不？"徽曰："妇人生产，有延月者，有少月者，不足为怪。"帝纳其谋，遂唱生太子。遣徽特至太原王第，告云皇储诞育。值荣与上党王天穆博戏，徽脱荣帽，欢舞盘旋。徽素大度量，喜怒不形于色，绕殿内外欢叫，荣遂信之，与穆并入朝。庄帝闻荣来，不觉失色。中书舍人温子昇曰："陛下色变！"帝连索酒饮之，然后行事。荣穆既诛，拜徽太师、司马，余官如故，典统禁兵，偏被委任。及尔朱兆擒庄帝，徽投前洛阳令寇祖仁。祖仁一门刺史，皆是徽之将校。以有旧恩，故往投之。祖仁谓子弟等曰："时闻尔朱兆募城阳王甚重，擒获者千户侯。今日富贵至矣！"遂斩送之。徽初投祖仁家，赍金一百斤、马五十匹，祖仁利其财货，故行此事。所得金马，缌亲之内均分之③。所谓"匹夫无罪，怀璧其罪"④，信矣。兆得徽首，亦不勋赏祖仁。兆忽梦徽云："我有黄金二百斤、马一百匹在祖仁家，卿可取之。"兆悟觉，即自思量：城阳禄位隆重，未闻清贫，常自入其家采掠，本无金银，此梦或真。至晓掩祖仁⑤，征其金马。祖仁谓人密告，望风款服，云实得金一百斤、马五十匹。兆疑其藏隐，依梦征之。祖仁诸房素有金三十斤、马三十四，尽送致兆，犹不充数。兆乃发怒捉祖仁，悬首高树，大石坠足，鞭捶之以及于死。时人以为交报⑥。

杨衔之曰："崇善之家，必有余庆；积祸之门，殃所毕集⑦。祖仁负恩反噬，贪货杀徽，徽即托梦增金马，假手于兆，还以毙之。使祖仁备经楚挞⑧，穷其涂炭，虽魏其侯之笞田蚡⑨，秦主之刺姚苌⑩，以此论之，不能加也！"

[注释]

①城阳王徽：即元徽（？—530），北魏宗室，元鸾之子，拓跋长寿之孙，袭封城阳王。拓跋长寿是景穆帝拓跋晃之子，于献文帝皇兴二年封城阳王，其次子为元鸾。

②二望：持两端而观望。

③缌亲：即五服之内的亲属。缌，即缌麻，古代丧服名。五服中之最轻者，孝服用细麻布制成，服期三月。凡本宗为高祖父母、曾伯叔祖父母、族伯叔父母、族兄弟及未嫁族姊妹，外姓中为表兄弟、岳父母等，均服之。五服者，指丧服有斩衰、齐衰、大功、小功、缌麻五等。

④匹夫无罪，怀璧其罪：指百姓本无罪，因持有宝玉而获罪。引申指有财物或才能招致祸患。出于《左传·桓公十年》："初，虞叔有玉，虞公求旃。弗献。既而悔之，曰：'周谚有之：匹夫无罪，怀璧其罪。吾焉用此，其以贾害也？'乃献之。又求其宝剑。叔曰：'是无厌也。无厌，将及我。'遂伐虞公。故虞公出奔共池。"

⑤掩：趁人不备袭击或捉拿。

⑥交报：佛教用语，即报应。佛教认为眼耳鼻舌身意六根造作诸业，因业收到报应，六根与业交互作用，故称六交报，简称交报。

⑦崇善之家，必有余庆；积祸之门，殃所毕集：典出《周易·坤·文言》："积善之家，必有余庆；积不善之家，必有余殃。"意思为善有善报，恶有恶报。

⑧楚挞：用杖击打。

⑨魏其侯之笞田蚡：魏其侯，即窦婴（？—前131），西汉重臣，汉文帝窦皇后之侄。田蚡（？—前131），西汉重臣，汉武帝母亲王太后之弟。魏其侯笞田蚡，原文实见于《汉书》卷五十二《窦婴田蚡灌夫传》："蚡疾，一身尽痛，若有击者，呼服谢罪。上使视鬼者瞻之，曰：'魏其侯与灌夫共守笞，欲杀之。'蚡竟死。"

⑩秦主之刺姚苌：秦主，前秦皇帝苻坚。姚苌（330—394），字景茂，十六国时期后秦开国皇帝。前秦苻坚时期，累迁龙骧大将，深受苻坚信任。淝水之战后，前秦分崩离析。建元二十年（384），姚苌随同苻坚之子苻叡在征讨慕容泓反叛中战败，苻叡被杀，姚苌担心被治罪，逃奔于渭北马牧。联合了羌族和西州豪族，自称大将军、大单于，年号白雀，史称后秦。屯兵北地郡，在此厉兵秣马。白雀二年（385），姚苌俘获苻坚，向苻坚索要传国玉玺："苌次膺符历，可以为惠。"苻坚不允："小羌乃敢干逼天子，岂以传国玺授汝羌也，图纬符命，何所依据？五胡次序，无汝羌名。违天不祥，其能久乎！玺已送晋，不可得也。"姚苌后屡次游说，但苻坚拒绝禅让姚苌。姚苌于是将苻坚吊死在新平佛寺。后因作战失利，"掘苻坚尸，鞭挞无数"，"裸剥衣裳，荐之以棘"。据说，后来姚苌经常做噩梦，梦见苻坚"将天官使者、鬼兵数百突入营中"，吓得姚苌乱爬。侍卫惊慌乱刺，不小心刺到了姚苌。姚苌于梦中惊醒之后，即染病而死。

[译文]

　　宣忠寺,是侍中司州牧城阳王元徽建造的,在西阳门外一里的御道南边。永安年间,北海王元颢攻入洛阳,孝庄帝逃到北方,其余诸亲王,都各怀观望心态,唯有元徽跟随孝庄帝到长子城。大兵为黄河所阻,雌雄未决之际,元徽就希望能进入洛阳,将住宅捐赠为寺院。(等北海王败退之后,国家重新获得光明,于是就捐赠住宅为寺。永安末年,孝庄帝谋划杀掉尔朱荣,害怕事情不能成功,向元徽请教计谋。元徽说:"以太子出生为借口,尔朱荣肯定入朝,借这个机会可以杀死他。"孝庄帝说:"皇后怀孕还未满十月,现在才九个月,这样可以吗?"元徽说:"妇女生孩子,有延后的,有不足月的,不足为怪。"孝庄帝采纳了他的计谋,于是宣布生了太子。派遣元徽特地到太原王的府邸,告知皇储诞生。当时正值尔朱荣与上党王元天穆在玩博戏,元徽脱掉尔朱荣的帽子,欢呼跳跃。元徽平时度量大,喜怒不形于色,这次他绕着殿内外欢叫,尔朱荣就相信了,与元天穆一起入朝。孝庄帝听闻尔朱荣前来,不觉惊慌失色。中书舍人温子昇说:"陛下脸色变了!"庄帝于是要了酒喝下去,然后才开始行动。尔朱荣、元天穆等被诛灭后,元徽被封太师、司马,其余官职保留,统率禁军,特别给予委任。到尔朱兆擒获庄帝,元徽去投靠前洛阳令寇祖仁。祖仁一门为刺史,都是元徽手下的将官。因为过去对他们有恩,所以元徽去投靠。祖仁对子弟说:"听说尔朱兆捉拿城阳王元徽的悬赏很重,擒获者封千户侯。今天富贵到了!"于是杀了元徽送给尔朱兆。元徽当初投奔寇祖仁家时,带了黄金一百斤,马五十匹,祖仁想贪占其财物,因此做了这件事。所得的黄金马匹,五服之内的亲属均分掉了。有"匹夫无罪,怀璧其罪"的说法,确实如此啊。尔朱兆得到了元徽首级后,并没有赏赐寇祖仁。尔朱兆忽然梦到元徽说:"我有黄金二百斤、马一百匹在祖仁家,你可去取。"尔朱兆醒来后，即自己思量：城阳王高官厚禄，没听说他清贫，曾到他家里搜查抢掠，并没有金银，这个梦或许是真的。天亮后捉拿了祖仁，索要黄金马匹。祖仁以为有人告密，当即承认说，实际得到黄金一百斤、马五十匹。尔朱兆怀疑他藏匿了，于是按照梦中数量向他索要。祖仁各房本来有黄金三十斤、马三十匹，全部送给了尔朱兆，仍对不上数量。尔朱兆发怒后捉住寇祖仁，把他的头部挂到树上，用大石头坠在脚上，用鞭抽打他至死。当时人都以为是报应。

杨衒之说："崇善之家，必有余庆；积祸之门，殃所毕集。"寇祖仁忘恩反咬，贪占财物杀死元徽，元徽即托梦尔朱兆增加黄金和马匹的数量，借尔朱兆之手来杀死祖仁。使得祖仁备受鞭挞，受尽折磨，即使有魏其侯窦婴鞭笞田蚡，前秦主苻坚刀刺姚苌之事，与此事相比，也不能算厉害。）

[评析]

佛教中所说报应主要指因果报应。一个人所做的一切行为，身体的行为（身业）、语言的表达（口业）、思想与意念（意业），作为原因，一定会产生与之相应的后果。这个后果，对佛教而言就是六道轮回，即因为业因的不同，造成众生在天、人、阿修罗、畜生、饿鬼、地狱等六种状态中不断轮回受苦，不得解脱。从后果承受的主体看，谁作业，谁受报，冤有头，债有主。这种观念和中国古语所说的"积善之家，必有余庆；积不善之家，必有余殃"的报应观念有所区别。这种中国传统的报应观念的主体是以家族形式呈现的，承受报应的是家庭的后代子孙。

王典御寺

宣忠寺东王典御寺，阉官王桃汤所立也①。时阉官伽蓝皆为尼寺，唯桃汤独造僧寺，世人称之英雄。门有三层浮图一所，工逾昭仪②，宦者招提，最为入室③。至于六斋，常击鼓歌舞也。

[注释]

①王桃汤：名温，北魏赵郡栾城（今属河北）人。父亲王冀，高邑令，因犯事被诛。王温与兄王继叔都被送入宫中做宦官。高祖以其谨慎，补中谒者、小黄门，转中黄门、钩盾令。后任中尝食典御、中给事中，给事东宫，加左中郎将。世宗驾崩后，百官迎肃宗于东宫。王温从床上抱着肃宗，与保母一起，入践帝位。元雍把持朝政时，担心宦官结党，将其任命为钜鹿太守，加龙骧将军。胡太后临朝，征还为中常侍、光禄大夫，赐爵栾城伯，安东将军，领崇训太仆少卿。建义初，于河阴遇害，年六十六。永安初，赠骠骑大将军、仪同三司、雍州刺史。

②昭仪：即昭仪尼寺。

③入室：比如学问或技艺得到老师真传，造诣高深。典出《论语·先进》："由也升堂矣，未入于室也。"北宋邢昺疏："言子路之学识深浅，譬如自外入内，得其门者。入室为深，颜渊是也；升堂次之，子路是也。"

[译文]

宣忠寺东边有王典御寺，是阉官王桃汤建造的。（当时阉官所建寺院都是尼寺，唯有王温独自建造了僧寺，世人称为英雄。）门口有三层佛塔一座，做工超越昭仪尼寺，在宦官建造的寺院中，最得其妙。至于六斋日，常常击鼓唱歌跳舞。

[评析]

　　宦官因身份特殊，一般所建寺院多为尼寺，如卷一之昭仪尼寺，卷二之魏昌尼寺、景兴尼寺等。唯有王温以宦者之身独造僧寺，被时人赞许为英雄。且王温以典御官名直接作为寺名也很有特色。

白　马　寺

　　白马寺①，汉明帝所立也②。佛教入中国之始。寺在西阳门外三里御道南。帝梦金神，长丈六，项背日月光明，胡神号曰佛，遣使向西域求之，乃得经像焉。时以白马负经而来，因以为名。明帝崩，起祇洹于陵上③，自此以后，百姓冢上或作浮图焉。寺上经函，至今犹存。常烧香供养之，经函时放光明，耀于堂宇。是以道俗礼敬之，如仰真容。浮图前柰林蒲萄异于余处④，枝叶繁衍，子实甚大。柰林实重七斤，蒲萄实伟于枣，味并殊美，冠于中京。帝至熟时，常诣取之。或复赐宫人，宫人得之，转饷亲戚，以为奇味。得者不敢辄食，乃历数家。京师语曰："白马甜榴，一实直牛。"有沙门宝公者，不知何处人也，形貌丑陋，心识通达过去未来，预睹三世。发言似谶⑤，不可得解，事过之后，始验其实。胡太后闻之，问以世事。宝公曰："把粟与鸡呼朱朱。"⑥时人莫之能解。建义元年，后为尔朱荣所害，始验其言。时亦有洛阳人赵法和，请占早晚当有爵否。宝公曰："大竹箭，不须羽，东厢屋，急手作。"时人不晓其意。经十余日，法和父丧。大竹箭者，苴杖⑦；东厢屋者，倚庐⑧。造十二辰歌⑨，终其言也。

[注释]

①白马寺：位于今河南洛阳东（古洛阳城西）。相传建于东汉明帝时，是我国最早的佛寺。白马寺名称的来源有不同说法，一说由于天竺之摄摩腾、竺法兰以白马自西域驮经来我国，故而造白马寺。一说来自《高僧传》卷一："外国国王尝毁破诸寺，唯招提寺未及毁坏。夜有一白马，绕塔悲鸣，即以启王。王即停坏诸寺，因改招提以为白马。故诸寺立名，多取则焉。"汤用彤考证说："按《经序》作'起立塔寺'，亦未言及寺名。王琰乃言及白马寺。……又按白马寺之名，始见于西晋竺法护译经诸记中。太康十年（公元289年）四月译《文殊师利净律经》，十二月出《魔逆经》，均在洛阳城西白马寺。永熙元年（公元290年）译《正法华》，亦在洛阳白马寺，上距汉永平之世已二百余年。……又按竺法护译经，常于长安青门内白马寺。东晋时支道林常在建业白马寺。则汉晋间寺名白马，或实不少。"（《汉魏两晋南北朝佛教史》）

②汉明帝：即刘庄（28—75），东汉第二位皇帝（57—75年在位），光武帝刘秀第四子，母为光烈皇后阴丽华。原名阳，字子丽。初封东海公，后进封东海王。建武十九年（43），册立为皇太子。建武中元二年（57），正式即位。当政后，提倡儒学，为政苛察，吏治清明，百姓安居乐业。汉明帝及汉章帝父子在位时期被称为"明章之治"。去世后，谥号孝明皇帝，葬于显节陵。

③祇洹：即精舍，僧人居住说法之处。原特指祇园精舍，也称祇树给孤独园。相传是佛陀早期传法的重要场所之一，位于古印度憍萨罗国舍卫

城中。此处园林原属波斯匿王太子祇陀所有，给孤独长者看中后，想买下来捐给佛陀。起初太子并不想出卖，就说如果你把园林用黄金铺满，园林就卖给你。没想到给孤独长者很快就办到了，感于长者的诚心，祇陀太子同意出让园林，并将园林中树木赠给给孤独长者，让他用来建造精舍。于是就成了佛教早期僧人安住说法的重要场所。

④茶林：即石榴。

⑤谶：将来能实现的预言。

⑥把粟与鸡呼朱朱：谶语。朱朱，呼唤鸡之声音。因有二朱，用来代指尔朱荣。"二"音同于"尔"。这句谶语暗示胡太后被尔朱荣所杀。

⑦苴杖：古代居父丧时孝子所用的竹杖。《礼记·问丧》："或问曰：杖者何也？曰：竹、桐一也。故为父苴杖，苴杖，竹也。为母削杖，削杖，桐也。"

⑧倚庐：古代守丧时居住的简陋房屋。《礼记·丧大记》："父母之丧，居倚庐，不涂，寝苫、枕凷，非丧事不言。"唐孔颖达疏："居倚庐者，谓于中门之外、东墙下倚木为庐。不涂者，但以草夹障，不以泥涂之也。寝苫枕凷者，谓孝子居于庐中，寝卧于苫，头枕于凷。非丧事不言者，志在悲哀，若非丧事，口不言说。"

⑨十二辰歌：《景德传灯录》卷二十九载有《宝志和尚十二时颂》，或即此宝公和尚的《十二辰歌》。

[译文]

　　白马寺，是汉明帝建造的。（是佛教传入中国的开始。）白马寺在西阳门外三里的御道南边。汉明帝夜梦金神，长一丈六，头顶有日月一样的光芒，胡人称之为佛，派遣使者到西域求法，得到了佛经和佛像。当时因为是白马驮经而来,所以以白马为名。汉明帝驾崩后,在陵园中造了精舍。从此以后,百姓家的坟墓上也都造佛塔。白马寺中的经函,至今还保存。常常烧香供养,经函常常放光,照耀屋宇之内。因此僧人信徒都来礼敬,如同见到佛陀真身。(佛塔前面的柰林、葡萄和别的地方不同,树叶繁茂,果实很大。柰林果实重七斤,葡萄比枣大,味道特别甜美,称冠于洛阳。皇帝在果实熟的时候,常常来摘果。有时再赏赐给宫人,宫人得到后,再转赠亲戚,以为奇美之味。得到的人不敢轻易吃掉,于是辗转数家。京城有俗语说:"白马寺的甜石榴,一个值一头牛。"有沙门宝公,不知是何处人士,相貌丑陋,心识能了知过去未来,预先看到三世之事。说话犹如谶语,不可理解,但事情发生之后,往往能验证其乃确实之言。胡太后听说后,向他询问世事。宝公说:"把粟与鸡呼朱朱。"当时人都不解其意。建义元年,胡太后被尔朱荣所杀,才验证了他的话。当时也有个洛阳人叫赵法和请他占卜自己何时能获得爵位。宝公说:"大竹箭,不须羽,东厢屋,急手作。"当时人不明白他的意思。经十多天后,法和父亲去世。宝公所说的大竹箭,就是丧礼用的苴杖;所说的东厢屋,就是守丧的倚庐。宝公亲手所作的《十二辰歌》,是其最后之言。)

[评析]

　　宝公和尚,又称"宝志""保志""保公""志公"。据《高僧传》卷十《释保志》,保志和尚为齐梁时高僧,常手持禅杖,禅杖挂着镜子、布匹等,光着脚招摇过市,行为颇异于众僧。相传梁武帝曾问他:"弟子烦惑未除,何以治之?"保志和尚以十二时辰为喻,说明修行在不同阶段应该把握的重点。载于《景德传灯录》卷二十九的《宝志和尚十二时颂》,或即宝公和尚的《十二辰歌》。全文如下:

平旦寅，狂机内有道人身，穷苦已经无量劫，不信常擎如意珍。若捉物入迷津，但有纤豪即是尘，不住旧时无相貌，外求知识也非真。

日出卯，用处不须生善巧，纵使神光照有无，起意便遭魔事挠，若施功终不了，日夜被他人我拗，不用安排只么从，何曾心地生烦恼。

食时辰，无明本是释迦身，坐卧不知元是道，只么忙忙受苦辛，认声色觅疏亲，只是他家染污人，若拟将心求佛道，问取虚空始出尘。

禺中巳，未了之人教不至，假饶通达祖师言，莫向心头安了义，只守玄没文字，认着依前还不是，暂时自肯不追寻，旷劫不遭魔境使。

日南午，四大身中无价宝，阳焰空华不肯抛，作意修行转辛苦，不曾迷莫求悟，任尔朝阳几回暮，有相身中无相身，无明路上无生路。

日昳未，心地何曾安了义，他家文字没亲疏，莫起工夫求的意，任纵横绝忌讳，长在人间不居世，运用不离声色中，历劫何曾暂抛弃。

晡时申，学道先须不厌贫，有相本来权积聚，无形何用要安真，作净洁却劳神，莫认愚痴作近邻，言下不求无处所，暂时唤作出家人。

日入酉，虚幻声音终不久，禅悦珍羞尚不餐，谁能更饮无明酒，没可抛无物守，荡荡逍遥不曾有，纵尔多闻达古今，也是痴狂外边走。

黄昏戌，狂子兴功投暗室，假使心通无量时，历劫何曾异今日，拟商量却啾唧，转使心头黑如漆，昼夜舒光照有无，痴人唤作波罗蜜。

人定亥，勇猛精进成懈怠，不起纤豪修学心，无相光中常自在，超释迦越祖代，心有微尘还窒阂，廓然无事顿清闲，他家自有通人爱。

夜半子，心住无生即生死，生死何曾属有无，用时便用没文字，祖师言外边事，识取起时还不是，作意搜求实没踪，生死魔来任相试。

鸡鸣丑，一颗圆珠明已久，内外接寻觅总无，境上施为浑大有，不见头又无手，世界坏时渠不朽，未了之人听一言，只遮如今谁动口。

此外，罗振玉在《敦煌拾零》中收有系列"十二时"的唱词，其中《禅门十二时》，与此类似：

夜半子，监睡还须去，端坐正观心，济却无明蔽。

鸡鸣丑，摘木看窗牖，明来暗自知，佛性心中有。

平旦寅，发意断含嗔，莫令心散乱，虚度一生身。

日出卯，取镜当心照，情知内外空，更莫生烦恼。

食时辰，努力早出尘，莫念时时苦，早取涅槃因。

隅中巳，火宅难归止，恒在败坏身，漂流生死海。

正南午，四大无梁柱，须知寡合身，万佛皆为主。

日昃未，造罪相连累，无常念念至，徒劳漫破费。

晡时申，修见未来因，念身不久住，终归一微尘。

日入酉，观身知不久，念念不离心，数珠恒在手。

黄昏戌，归依须暗室，罪垢亦未知，何时见慧日。

人定亥，吾今早欲悔，驱驱不暂停，万物皆失坏。

宝 光 寺

宝光寺，在西阳门外御道北。有三层浮图一所，以石为基，形制甚古，画工雕刻。隐士赵逸见而叹曰："晋朝石塔寺，今为宝光寺也！"人问其故，逸曰："晋朝三十二寺尽皆湮灭，唯此寺独存。"指园中一处，曰："此是浴堂。前五步，应有一井。"众僧掘之，果得屋及井焉。井虽填塞，砖口如初。浴堂下犹有石数十枚。当时园地平衍，果菜葱青，莫不叹息焉。园中有一海，号咸池。葭菼被岸①，菱荷覆水，青松翠竹，罗生其旁。京邑士子，至于良辰美日，休沐告归，征友命朋，来游此寺。雷车接轸②，羽盖成阴。或置酒林泉，题诗花圃，折藕浮瓜，以为兴适。普泰末，雍州刺史陇西王尔朱天光总士马于此寺③。寺门无何都崩，天光见而恶之。其年，天光战败，斩于东市也。

[注释]

①葭菼：芦与荻，皆为水生植物。《诗经·卫风·硕人》："葭菼揭揭。"《毛传》："葭，芦；菼，薍也。"薍，即初生的荻。

②雷车：即车声如雷。接轸：即车辆相衔接而行。东汉张衡《西京赋》："冠带交错，方辕接轸。"

③尔朱天光（496—532）：尔朱荣从侄。北魏孝庄帝时，为骠骑大将

军、雍州刺史，于永安三年（530）率军入关中，消灭了萧宝夤、万俟丑奴等叛军。普泰二年（532），率军东征高欢，在韩陵被斛斯椿击败后斩于洛阳东市。

[译文]

宝光寺，在西阳门外的御道北边。内有三层佛塔一座，用石头做基座，形制很古老，画工雕刻（甚是精美）。（隐士赵逸见到后感叹说："这是晋朝石塔寺的旧址，现在成了宝光寺！"有人问是何原因，赵逸说："晋朝三十寺全都毁坏了，唯有此寺独存。"指园中一处说："这里是浴堂。前面五步，应该有一井。"众僧人挖掘后，果然发现了房屋及水井。水井虽然堵塞，但砖井口保持如初，浴堂下还有石头数十块。当时园中地面平整，水果蔬菜如葱般青绿，大家莫不叹息。园中有一个池塘，名叫咸池。芦苇荻草长满两岸，菱角荷花覆盖水面，青松翠竹，环绕生在旁边。京城的士人，在良辰美日，休假回家，约了朋友，来游此寺。车声如雷，相连不断，车盖聚集成了遮阴之地。有的人在树林中和泉水上摆上酒席；有的人在花圃中题诗；有的人在水中摘荷叶，洗瓜果，各适其兴趣。）普泰末年，雍州刺史陇西王尔朱天光驻扎兵马在此寺中。寺门毫无征兆地崩塌了，尔朱天光见到后很厌恶。这一年，尔朱天光战败，被斩于东市。

[评析]

佛教典籍中很早即有对于浴室洗浴的记载。在东汉安世高所译《佛说温室洗浴众僧经》中，佛陀特别对洗浴之法和洗浴的功德做了交代："澡浴之法，当用七物，除去七病，得七福报。何谓七物？一者，然火；二者，净水；三者，澡豆；四者，苏膏；五者，淳灰；六者，杨枝；七者，内衣。此是澡浴之法。何谓除去七病？一者，四大安隐；二者，除风病；三者，除湿痹；四者，除寒冰；五者，除热气；六者，除垢秽；七者，身体轻便，眼目精明。是为除去众僧七病。如是供养，便得七福。何谓七福？一者，四大无病，所生常安，勇武丁健，众所敬仰；二者，所生清净，面目端正，尘水不着，为人所敬；三者，身体常香，衣服洁净，见者欢喜，莫不恭敬；四者，肌体濡泽，威光德大，莫不敬叹，独步无双；五者，多饶人从，拂拭尘垢，自然受福，常识宿命；六者，口齿香好，方白齐平，所说教令，莫不肃用；七者，所生之处，自然衣裳、光饰珍宝，见者悚息。"

对于建造浴室的功德，《增一阿含经》中也有记载："造作浴室有五功德。云何为五？一者除风，二者病得差，三者除去尘垢，四者身体轻便，五者得肥白。是谓，比丘！造作浴室有此五功德。是故，诸比丘！若有四部之众欲求此五功德者，当求方便，造立浴室。"

对于如何建造浴室，《摩诃僧祇律》卷三十五记载："浴室应如是作，浴法应如是浴。室应方作若圆作，当安户作向，向法内宽外小，若一若二，安开向物通烟道。屋内应以砖石砌底作灶，令底广上狭。去地半肘，通烟道边安火杌。若灶在右边，左边安户扇；若在左边，右边安户扇。短作户扂，令易开闭。前应作衣屋，安龙牙橛悬衣处。"

对于僧众洗浴时应该遵守的规则，《摩诃僧祇律》卷三十五中也有详细说明："若欲浴时，使园民先扫屋间尘埃虫网，以水洒地净扫。应办薪炭、釜镬、瓮瓮，先安薪炭，然后打揵椎，不得太早着火，令然尽乃打揵椎。打揵椎时，应知为浴一切僧，为浴徒众。为别屋随事应去。若一切浴者，应次第去。应各自以腰带系衣作识安衣架上。入时不得掉两臂而入，一手遮前而入，一人入一人出。有后入者，先人应与处。不得越器物及长老比丘上过，当徐徐入。若和上、阿阇梨在内者，不得在外待言："何时出？"应当脱衣入与揩洗。若欲与人揩者，当白和上、阿阇梨，若先白者无罪。若火炽者，年少当近火；若火弱者，长老应近。当徐徐用水，不得污溅边人。若弟子揩时，不得一时举两手，当先令揩一臂，一手覆前竟已，次揩一臂。内水已，闭户而坐令身汗。当行油，若以盏子若以手等行，屑末亦尔。若檀越言'自恣与'，当筹量用水。若罌量分用者，当齐所得器，不得长用余分。若言各自办水者，有水者得入，无者不得入。若有弟子言'和上、阿阇梨但入，我当与水'，亦当筹量用。若优婆塞园民言'但入，我当与水'，虽尔亦应节用。若近池水，得自恣用无罪。不听露地裸浴，若水齐腰腋，得用无罪；若坐水中至脐亦得。出已，自取衣着，他衣正理而去。洗浴已，若直欲去，应语园民，应举浴器物。若比丘后来言'长老但去，我自举'者，应去。后者摒挡举物覆火。浴法应如是。若不如是，越威仪法也。"

法 云 寺

法云寺，西域乌场国胡沙门昙摩罗所立也[1]。在宝光寺西，隔墙并门。摩罗聪慧利根，学穷释氏。至中国，即晓魏言及隶书，凡所闻见，无不通解，是以道俗贵贱，同归仰之。作祇洹寺一所，工制甚精。佛殿僧房，皆为胡饰。丹素炫彩，金玉垂辉。摹写真容，似丈六之见鹿苑[2]；神光壮丽，若金刚之在双林[3]。伽蓝之内，花果蔚茂，芳草蔓合，嘉木被庭。京师沙门好胡法者，皆就摩罗受持之。戒行真苦，难可揄扬。秘咒神验，阎浮所无。咒枯树能生枝叶，咒人变为驴马，见之莫不忻怖。西域所赍舍利骨及佛牙经像皆在此寺④。寺北有侍中尚书令临淮王彧宅⑤。彧博通典籍,辨慧清悟,风仪详审,容止可观。至三元肇庆⑥,万国齐臻,金蝉曜首⑦,宝玉鸣腰,负荷执笏,逶迤复道。观者忘疲,莫不叹服。彧性爱林泉,又重宾客。至于春风扇扬,花树如锦,晨食南馆,夜游后园,僚宷成群⑧,俊民满席。丝桐发响,羽觞流行,诗赋并陈,清言乍起,莫不领其玄奥,忘其褊吝焉⑨。是以入彧室者,谓登仙也。荆州秀才张斐常为五言,有清拔之句云:"异林花共色,别树鸟同声。"彧以蛟龙锦赐之。亦有得绯绸紫绫者。唯河东裴子明为诗不工,罚酒一石。子明饮八斗而醉眠,时人譬之山涛⑩。及尔朱兆入京师,彧为乱兵所害,朝野痛惜焉。

[注释]

①乌场国:即乌苌国,又作乌孙国、乌长国、乌仗那国。位于北印度犍陀罗国北方,相当于今兴都库什山脉以南之丘陵地带。东隔印度河与乌剌尸国及迦湿弥罗国相对。《北史》卷九十七载:"乌苌国,在赊弥南。北有葱岭,南至天竺。婆罗门胡为其上族。婆罗门多解天文吉凶之数,其王动则访决焉。土多林果,引水灌田,丰稻、麦。事佛,多诸寺塔,极华丽。人有争诉,服之以药,曲者发狂,直者无恙。为法不杀,犯死罪唯徙于灵山。西南有檀特山,山上立寺,以驴数头运食山下,无人控御,自知往来也。"《大唐西域记》卷三载:"乌仗那国,周五千余里,山谷相属,川泽连原。谷稼虽播,地利不滋。多蒲萄,少甘蔗,土产金、铁,宜郁金

香，林树蓊郁，花果茂盛。寒暑和畅，风雨顺序。人性怯懦，俗情谲诡。好学而不功，禁咒为艺业。多衣白氎，少有余服。语言虽异，大同印度。文字礼仪，颇相参预。崇重佛法，敬信大乘。夹苏婆伐窣堵河，旧有一千四百伽蓝，多已荒芜。昔僧徒一万八千，今渐减少。并学大乘，寂定为业，善诵其文，未究深义，戒行清洁，特闲禁咒。律仪传训，有五部焉：一法密部，二化地部，三饮光部，四说一切有部，五大众部。天祠十有余所，异道杂居。坚城四五，其王多治瞢揭厘城。城周十六七里，居人殷盛。"

②丈六：佛身。佛身长丈六尺。鹿苑：即鹿野苑，又译作鹿苑、仙苑、仙人园等。是释迦牟尼证悟之后，初次宣讲佛法之地。法显《佛国记》："（迦尸国波罗㮈城）城东北十里许得仙人鹿野苑精舍，此苑本有辟支佛住，常有野鹿栖宿。世尊将成道，诸天于空中唱言：白净王子出家学道，却后七日当成佛，辟支佛闻已即取泥洹，故名此处为仙人鹿野苑。世尊成道已后，人于此处起精舍。佛欲度拘邻等五人。五人相谓言：此瞿昙沙门六年苦行，日食一麻一米，尚不得道，况入人间，恣身口意，何道之有？今日来者慎勿与语。佛到，五人皆起作礼处，复北行六十步。佛于此东向坐，始转法轮，度拘邻等五人处。"

③双林：即拘尸那罗附近的两两成双的娑罗树，相传佛陀在此入灭。故常用双林树象征佛的涅槃。

④舍利骨：即佛陀之遗骨，又称佛骨、佛舍利。后来也指高僧死后焚烧所遗之骨头。

⑤临淮王彧：即元彧，字文若。北魏宗室。临淮王拓跋谭的曾孙，故袭封王位。当时以博古、文学知名。尔朱荣进攻洛阳时，发动了河阴之变，元彧投奔南朝梁，受梁武帝优待。孝庄帝即位后，归国。后被尔朱兆

所率军队殴打致死。

⑥三元：即农历正月初一。该日是年、月、日的开端，故称。

⑦金蝉曜首：官员官帽上的装饰在头部闪耀。金蝉，原指汉侍中、中常侍冠饰。金象征坚刚，蝉象征居高饮洁。

⑧僚寀：即同僚。

⑨褊吝：偏狭吝啬。褊，偏狭。

⑩山涛（205—283）：字巨源，西晋河内怀（今河南武陟西南）人也。"竹林七贤"之一，少有器量，介然不群。喜好《庄》《老》。据说山涛酒量很好，饮酒至八斗方醉。皇帝想测试一下他的酒量。于是用了八斗酒让山涛喝，趁他不注意偷偷再往里面多添。而山涛能准确把握自己的酒量，到八斗时就再也不喝了。

[译文]

法云寺，是西域乌苌国胡人沙门昙摩罗建造的。在宝光寺西边，一巷之隔，大门并立。（昙摩罗天资聪明，学习穷尽了佛学。来到中国后，随即通晓北魏语言和隶书，凡是听到见到的，无不通晓理解，因此无论僧俗贵贱，都皈依仰慕他。他还造了祇洹寺一座，制作精美。）佛殿和僧房，都是胡人的装饰。红色白色交互映照炫耀光彩，黄金与玉石洒下光辉。摹写的佛像，好似鹿野苑佛陀说法之相；佛光壮丽，好像双林树间佛陀涅槃之相。寺院之内，鲜花水果茂盛，芳草茵茵，嘉木遮住庭院。京城沙门喜欢胡人佛法者，都来昙摩罗这里受戒。戒行的痛苦，难以言表。神秘咒语的效验，世间所没有。咒语能使枯死树木重新生出枝叶，咒语能使人变成驴马，人们见到后莫不既兴奋又害怕。从西域带来的舍利骨及佛牙、佛经、佛像都在此寺。寺北边有侍中、尚书令临淮王元彧的宅子。（元彧博学通达经典，善辨是非，见解敏锐，英俊的面容安详庄重，仪容举止值得赞叹。到了正月初一大庆之日，万国齐至时，元彧头戴的官帽上闪耀光辉，腰间宝玉碰撞鸣响，手持笏板，从容不迫地在阁道上走来。围观的人忘记疲劳，莫不叹服。元彧本性喜爱山林泉水，又看重宾客。等到春风拂面，花树繁花似锦，元彧便早上在南馆吃饭，夜间再游后园，同僚成群，俊才满席。桐琴作响，酒杯穿梭，诗赋并陈，清谈玄妙之言一起，大家莫不领会其玄奥之处，忘掉了偏狭吝啬。因此凡是到元彧家的，都称登仙。荆州秀才张斐常作五言诗，有一句清高脱俗，说："异林花共色，别树鸟同声。"元彧赏给他绣着蛟龙的锦。也有得到绛紫色绸缎的。唯有河东裴子明作诗不工整，被罚酒一石。裴子明喝了八斗就酒醉睡着了，当时人把他和山涛相比。等尔朱兆攻入京城，元彧为乱军所杀，朝野都十分痛惜。）

[评析]

魏晋时期的名士风尚对北魏也有影响，特别是元彧，本是拓跋宗族一员，但其做派和风流不亚于魏晋名士，饮酒作乐，谈玄论妙，俨然是竹林中人。文中提到的山涛，"竹林七贤"之一，是一位既能悠游自然保全自身，又能在官场得意之人。他的好朋友嵇康在《与山巨源绝交书》中说："足下昔称吾于颍川，吾常谓之知言。然经怪此意尚未熟悉于足下，何从便得之也？前年从河东还，显宗、阿都说足下议以吾自代，事虽不行，知足下故不知之。足下傍通，多可而少怪；吾直性狭中，多所不堪，偶与足下相知耳。间闻足下迁，惕然不喜，恐足下羞庖人之独割，引尸祝以自助，手荐鸾刀，漫之膻腥，故具为足下陈其可否。"明确表示了两人志向不同，再也不要推荐他做官，强调"夫人之相知，贵识其天性，因而济之"。由此可见即使是竹林名士，志向也大不相同。元彧等爱好玄风，大致类同于山涛。

出西阳门外四里御道南，有洛阳大市，周回八里。市南有皇女台①，汉大将军梁冀所造②，犹高五丈余。景明中比丘道恒立灵仙寺于其上。台西有河阳县，台东有侍中侯刚宅③。

市西北有土山鱼池，亦冀之所造。即《汉书》所谓"采土筑山，十里九坂，以象二崤"者④。

市东有通商、达货二里。里内之人尽皆工巧屠贩为生，资财巨万。有刘宝者，最为富室。州郡都会之处皆立一宅，各养马十匹。至于盐粟贵贱，市价高下，所在一例。舟车所通，足迹所履，莫不商贩焉。是以海内之货，咸萃其庭，产匹铜山，家藏金穴。宅宇逾制，楼观出云，车马服饰拟于王者。

市南有调音、乐律二里。里内之人，丝竹讴歌，天下妙伎出焉。有田僧超者，善吹笳，能为《壮士歌》《项羽吟》⑤，征西将军崔延伯甚爱之⑥。正光末，高平失据，虎吏充斥，贼帅万俟丑奴寇暴泾岐之间。朝廷为之旰食⑦，诏延伯总步骑五万讨之。延伯出师于洛阳城西张方桥，即汉之夕阳亭也⑧。时公卿祖道，车骑成列，延伯危冠长剑耀武于前，僧超吹《壮士》笛曲于后，闻之者懦夫成勇，剑客思奋。延伯胆略不群，威名早著，为国展力二十余年，攻无全城，战无横阵，是以朝廷倾心送之。延伯每临阵，常令僧超为《壮士》声，甲胄之士莫不踊跃。延伯单马入阵，旁若无人，勇冠三军，威镇戎竖。二年之间，献捷相继⑨。丑奴募善射者射僧超亡，延伯悲惜哀恸，左右谓伯牙之失钟子期不能过也⑩。后延伯为流矢所中，卒于军中。于是五万之师，一时溃散。

[注释]

①皇女台：位于平乐观，因皇帝之女幼年早殇，埋在台侧面，故称。《水经注·谷水》："谷水又南径平乐观东，李尤《平乐观赋》曰：乃设平乐之显观，章秘伟之奇珍。华峤《后汉书》曰：灵帝于平乐观下起大坛，上建十二重，五采华盖高十丈，坛东北为小坛，复建九重，华盖高九丈，列奇兵骑士数万人，天子住大盖下。礼毕，天子躬擐甲，称无上将军，行阵三匝而还，设秘戏以示远人。……今于上西门外无他基观，惟西明门外独有此台，巍然广秀，疑即平乐观也。又言皇女稚殇，埋于台侧，故复名之曰皇女台。"

②梁冀（？—159）：字伯卓，东汉安定乌氏（今宁夏固原东南）人，梁商之子。汉顺帝、质帝、桓帝时专横跋扈，把持朝政，贪得无厌。梁冀立汉质帝后，因质帝称梁冀为"跋扈将军"。梁冀厌恶而鸩杀之，再立桓帝。后被桓帝与中常侍单超等诛灭。

③侯刚（466—526）：字乾之，北魏河南洛阳人。以善烹饪为宣武帝宠信。后与元义、长孙稚等联姻，为车骑大将军。胡太后时被贬黜为征虏将军。

④二崤：即崤山，因有东西两座，故又称二崤。位于长安和洛阳之间的黄河流域，是黄河和洛河的分水岭，古代将崤山与函谷关并称为"崤函"，是重要的军事要塞。此段所引出自《后汉书·梁冀传》："又广开园

圃，采土筑山，十里九坂，以象二崤，深林绝涧，有若自然，奇禽驯兽，飞走其间。"

⑤《壮士歌》：荆轲刺秦王时，与燕太子丹诀别易水之歌："风萧萧兮易水寒，壮士一去兮不复还。"《项羽吟》：即项羽被围于垓下时的悲歌："力拔山兮气盖世，时不利兮骓不逝。骓不逝兮可奈何，虞兮虞兮奈若何！"

⑥崔延伯（？—525）：北魏博陵安平（今属河北）人。原在南齐从军。在孝文帝太和中投奔北魏，以征战勇猛知名，曾大败南梁军队，因军功历任并、岐州刺史。后以征西将军、西道都督之名，与萧宝夤一道打败莫折天生，在进攻万俟丑奴时战死。

⑦旰食：因事物繁忙，不能按时吃饭。旰，日晚。

⑧夕阳亭：原址在河南省洛阳市西，古人常在此践行告别。东汉延光年间，太尉杨震受谮言遭遣归，饮鸩死于此亭。晋贾充出镇关中，百官在此饯行。唐朝时也常以此亭为饯送之所，改名"河亭"。

⑨献捷：打败敌人后进献所获的俘虏及战利品。

⑩伯牙之失钟子期：《吕氏春秋·本味》："伯牙鼓琴，钟子期听之。方鼓琴而志在太山。钟子期曰：'善哉乎鼓琴，巍巍乎若太山。'少选之间，而志在流水。钟子期又曰：'善哉乎鼓琴，汤汤乎若流水。'钟子期死，伯牙破琴绝弦，终身不复鼓琴，以为世无足复为鼓琴者。"伯牙，春秋时人。精于琴艺，相传作有琴曲《水仙操》《高山流水》。钟子期，春秋时人，伯牙之知音。伯牙高山流水之意，唯有钟子期能欣赏。

[译文]

出西阳门外四里御道南边，有洛阳大市场，周围有八里长。市场南边有皇女台，是东汉时大将军梁冀建造的，高五丈多。景明年间比丘道恒在此之上建造了灵仙寺。皇女台西边是河阳县，台东边有侍中侯刚的房子。

市场西北有土山鱼池，也是梁冀造的。（即是《汉书》中所说的"采土筑山，十里九坂，以象二崤"这句话所指的建筑。）

市场东边有通商、达货两里。里内的人都善于以屠宰、贩卖为生，积累了万贯家财。（有叫刘宝的，最为富贵。在州郡都会之处，都建有住宅，并各养马十匹。至于盐和米的贵贱，市场价的高低，在他的地盘都是统一的。舟船车辆所通达的地方，足迹能够走到之处，莫不经商贩卖。因此海内的货物，都集中在他的庭院，产业可匹敌铜山，家中所藏有若金山。每一处房屋都超过规定，楼台高入云端，车辆马匹衣服都与王侯相似。）

市场南边有调音、乐律二里。里内的人，善丝竹音乐，天下的音乐之才都出自这里。（有叫田僧超的，善于吹奏胡笳，能吹《壮士歌》《项羽吟》，征西将军崔延伯很欣赏他。正光末年，高平失守，虎狼之官吏充斥，反贼统率万俟丑奴在泾水岐山之间横行，皇帝为之吃不下饭，下诏命崔延伯统领步兵骑兵五万人征讨。崔延伯出兵于洛阳城西的张方桥，即汉朝时的夕阳亭。当时公卿前来送行，车骑成列。崔延伯戴高冠佩长剑在前面耀武扬威，田僧超吹《壮士》笛曲于后。听到的人懦夫成为勇士，剑客思量奋起。崔延伯胆略超群，威名早已传播，为国效力二十余年，进攻没有城池能完整，战斗无人能挡，因此朝廷人士真心来送别。崔延伯每次冲锋陷阵之前，常命令田僧超吹奏《壮士》之歌，甲胄兵士莫不踊跃往前冲。崔延伯单骑冲入敌阵，旁若无人，勇冠三军，威震贼人。两年间，捷报频传。万俟丑奴募集了善射箭者射杀了田僧超，僧超死后，崔延伯悲痛惋惜，身边的人说比作伯牙失去钟子期也不为过。后来崔延伯被流矢射中，死在军中。于是五万军队，一时间溃散了。）

[评析]

  军歌是用来激发和鼓动战士勇气的歌曲，此段中有北魏之关张之称的崔延伯就善用军歌来激发士兵的战斗力。从起源上说，军歌古已有之。相传周武王伐纣时，就有"巴师勇锐，歌舞以凌殷人"的说法。《文献通考》载："鼓吹者，盖短箫铙歌。蔡邕曰：'军乐也。黄帝岐伯所作，以扬德建武、劝士讽敌也。'"有人认为《诗经·秦风·无衣》："岂曰无衣？与子同袍。王于兴师，修我戈矛。与子同仇。岂曰无衣？与子同泽。王于兴师，修我矛戟。与子偕作。岂曰无衣？与子同裳。王于兴师，修我甲兵。与子偕行。"就是一首出征的军歌，描写了秦军应周平王之请，征战犬戎前的心情。南北朝时，北魏崔延伯喜欢用《壮士歌》和《项羽吟》作为征战之歌，也当是前人做法的延续。

  市西有延酤、治觞二里，里内之人多酝酒为业。河东人刘白堕善能酿酒。季夏六月，时暑赫晞①，以罂贮酒，暴于日中，经一旬，其酒味不动。饮之香美，醉而经月不醒。京师朝贵多出郡登藩，远相饷馈，逾于千里。以其远至，号曰鹤觞，亦名骑驴酒。永熙年中，南青州刺史毛鸿宾赍酒之藩②，路逢贼盗，饮之即醉，皆被擒获，因此复名擒奸酒。游侠语曰：不畏张弓拔刀，唯畏白堕春醪。

  市北有慈孝、奉终二里，里内之人以卖棺椁为业，赁辒车为事③。有挽歌孙岩，娶妻三年，妻不脱衣而卧。岩因怪之，伺其睡，阴解其衣。有毛长三尺，似野狐尾。岩惧而出之。妻临去，将刀截岩发而走，邻人逐之，变成一狐，追之不得。其后京邑被截发者，一百三十余人。初变为妇人，衣服靓妆，行于道路，人见而悦近之，皆被截发。当时有妇人着彩衣者，人皆指为狐魅。熙平二年四月有此，至秋乃止。

别有阜财、金肆二里，富人在焉。凡此十里，多诸工商货殖之民④。千金比屋，层楼对出，重门启扇，阁道交通，迭相临望。金银锦绣，奴婢缇衣⑤；五味八珍，仆隶毕口。神龟年中，以工商上僭，议不听衣金银锦绣。虽立此制，竟不施行。

[注释]

①赫晞：天气炎热之状。

②毛鸿宾：毛遐之弟。曾和其兄一起纠集乡民，反抗萧宝夤。萧宝夤遣其大将军卢祖迁等击毛遐，为毛遐所杀。毛鸿宾北魏末为刺史。孝武帝末，镇守潼关。后被高欢军擒获，忧病卒于并州。

③辒车：指古代运载棺材的车辆。

④货殖：经商营利。《论语·先进》："赐不受命，而货殖焉，亿则屡中。"

⑤缇衣：橘红色的衣服。特指武士的服装。这里指色彩艳丽的衣服。

[译文]

市场西边有延酤、治觞二里，里内之人多以酿酒为业。（河东人刘白堕善于酿酒。夏季六月，此时正值酷暑，以瓮来储藏酒，暴晒在太阳下，经过十天，他的酒的味道不变。喝了觉得香美，醉了经一个月也醒不过来。京城朝堂贵人，常外出到各郡及藩地，路途遥远的用酒当作馈赠，有的距离超过千里。因为它从远方来，所以号称鹤觞，也叫骑驴酒。永熙年间，南青州刺史毛鸿宾带着酒到藩地，路上碰到盗贼。盗贼喝了就醉倒，都被擒获，因此又叫它擒奸酒。游侠说："不畏张弓拔刀，只怕白堕春醪。"）

市场北边有慈孝、奉终二里，里内之人以卖棺材、租赁灵车为业。（有擅长唱挽歌的孙岩，娶妻三年，但妻子从不脱衣而睡。孙岩很奇怪，等她睡着后，偷偷解开她的衣服，发现长着三尺长毛，好似野狐狸尾巴，孙岩畏惧而休了她。妻子临走前，用刀将孙岩的头发割掉逃走，邻居追逐她，她变成了一只狐狸，追不上她。后来，京城被割断头发的人，有一百三十余人。先变成妇女，穿着靓丽的衣服，在道路行走，人们见到后因喜欢靠近她，都被割了头发。当时妇女穿彩色衣服的，人们都以为是狐魅。熙平二年四月此类事发生，到秋天才停止。）

另外有阜财、金肆二里，富人居住在这里。这里方圆十里地，多是经商做生意的人。豪宅林立，高楼相对，大门重重，窗户扇扇，空中阁道相连，互相登高相望。金银锦绣，五味八珍，奴婢奴仆也得以享用。神龟年间，因工商之人僭越了规制，朝廷决定不准他们戴金银饰物，穿锦绣衣服。虽然有这个规定，但最终未能实施。

[评析]

古代中国人认为"身体发肤，受之父母，不敢毁伤"，把头发看成身体和生命的一个重要组成部分，因此髡刑，即剃掉头发被视为一种刑罚。本节中所记的狐媚截人发，之所以引起人们恐慌，也是因为在当时人看来，被割掉头发的人，他的生命就掌握在妖魔鬼怪手中。古人也把此视为天人感应的一部分，出现此事，意味着女主当权，行为不正。《魏书·灵征志》："有狐魅截人发，时文、明太后临朝，行多不正之征也。肃宗熙平二年，自春，京师有狐魅截人发，人相惊恐。六月壬辰，灵太后召诸截发者，使崇训卫尉刘腾鞭之于千秋门外，事同太和也。"北齐时期在邺都和并州，也发生了类似的事件："（武平）四年春正月戊寅……是月，邺都、并州并有狐媚，多截人发。"（《北史》卷八）

开 善 寺

阜财里内有开善寺，京兆人韦英宅也。英早卒，其妻梁氏不治丧而嫁，更纳河内人向子集为夫，虽云改嫁，仍居英宅。英闻梁氏嫁，白日来归，乘马将数人至于庭前，呼曰："阿梁！卿忘我耶？"子集惊怖，张弓射之。应箭而倒，即变为桃人①。所骑之马亦变为茅马，从者数人尽化为蒲人②。梁氏惶惧，舍宅为寺。

南阳人侯庆有铜像一躯，可高尺余。庆有牛一头，拟货为金色，遇急事，遂以牛他用之。经二年，庆妻马氏忽梦此像谓之曰："卿夫妇负我金色，久而不偿，今取卿儿丑多以偿金色焉。"马氏悟觉，心不遑安。至晓，丑多得病而亡。庆年五十，唯有一子，悲哀之声，感于行路。丑多亡日，像自有金色，光照四邻，一里之内，咸闻香气。僧俗长幼，皆来观睹。尚书左仆射元顺闻里内频有怪异③，遂改阜财里为齐谐里也④。

[注释]

①桃人：用桃木做成的人偶。古人相信鬼神畏惧桃木，故以桃人来辟邪。东汉应劭《风俗通义·桃梗》："上古之时，有荼与郁垒昆弟二人，性能执鬼，度朔山上立桃树下，简阅百鬼，无道理，妄为人祸害，荼与郁垒缚以苇索，执以食虎。于是县官常以腊除夕，饰桃人，垂苇茭，画虎于门，皆追效于前事，冀以卫凶也。"

②蒲人：用蒲草做的人偶。

③元顺（487或495—528）：字子和，元澄之子。因被元义排斥，外放为齐州刺史。元义被杀后，任吏部尚书，兼左仆射等职，为人忠诚耿直。尔朱荣发动河阴之变时，欲留元顺为用，令人阻其赴河阴，顺不明荣意，终被杀。

④齐谐里：齐谐，即记录奇闻怪异之事的书籍。《庄子·逍遥游》："齐谐者，志怪者也。"因此里常发生怪异之事，故名齐谐里。

[译文]

阜财里内有开善寺，是京兆人韦英的住宅。韦英早逝，其妻梁氏不为其守丧，改嫁给了河内人向子集，虽说是改嫁，但仍住在韦英的房子里。韦英听说梁氏改嫁，白天回来，骑着马带着数人来到庭院前，喊道："阿梁，你把我忘了吗？"向子集惊恐万分，张弓射他。韦英应声而倒，随即变为桃人，所骑之马也变成茅草做成的马，随从的数人也变成蒲草人。梁氏惶恐不安，捐赠住宅为寺。

南阳人侯庆有铜佛像一尊，高一尺多。侯庆还有一头牛，打算卖了为佛像涂金，遇到急事，就把牛挪作他用。两年后，侯庆的妻子马氏忽然梦到铜像对她说："你们夫妇两个欠我涂金色而久久不兑现，现在要取你儿子丑多的性命来补偿涂金之事。"马氏醒后，心里惶恐不安。等天亮后，丑多得病死掉。侯庆年已五十，只有一个儿子，悲哀的哭声，感染了过路的行人。丑多死去那天，铜像自然有了金色，光照四邻，一里之内，都能闻到香气。僧俗长幼，都来观看。尚书左仆射元顺听闻里内频繁发生怪异之事，于是将阜财里改为齐谐里。

[评析]

　　俗语有云："佛靠金装，人靠衣装。"为什么佛像需要涂金装饰呢？首要的原因可能源于佛教中佛之形象本身为金色。如诸经关于佛身三十二种相好之说中，其中之一就是佛具有真金色之身。《大毗婆沙论》中说："十四者身真金色相。谓佛身真金色，映夺世间一切金光令不复现。如今时人所用铁等，于今时所用金边威光不现。今时所用金，至佛在世时所用金边威光不现。……是故佛身金色最胜，映夺一切世间金色。"《法华经》也说："诸佛身金色，百福相庄严。"因此涂金就是维持佛身相好的一种重要做法。

　　自延酤以西，张方沟以东，南临洛水，北达芒山，其间东西二里，南北十五里，并名为寿丘里，皇宗所居也。民间号为王子坊。当时四海晏清，八荒率职①，缥囊纪庆②，玉烛调辰③。百姓殷阜，年登俗乐。鳏寡不闻犬豕之食，茕独不见牛马之衣④。于是帝族王侯，外戚公主，擅山海之富，居川林之饶。争修园宅，互相夸竞。崇门丰室，洞户连房，飞馆生风，重楼起雾。高台芳榭，家家而筑；花林曲池，园园而有。

莫不桃李夏绿，竹柏冬青。而河间王琛最为豪首⑤。常与高阳争衡，造文柏堂，形如徽音殿。置玉井金罐，以五色缋为绳。妓女三百人，尽皆国色。有婢朝云，善吹箎⑥，能为《团扇歌》《陇上声》⑦。琛为秦州刺史，诸羌外叛，屡讨之不降。琛令朝云假为贫妪，吹箎而乞。诸羌闻之，悉皆流涕，迭相谓曰："何为弃坟井，在山谷为寇也？"即相率归降。秦民语曰："快马健儿，不如老妪吹箎。"琛在秦州，多无政绩。遣使向西域求名马，远至波斯国，得千里马，号曰追风赤骥。次有七百里者十余匹，皆有名字。以银为槽，金为环锁，诸王服其豪富。琛常语人云："晋室石崇⑧，乃是庶姓，犹能雉头狐腋，画卵雕薪。况我大魏天王，不为华侈？"造迎风馆于后园，窗户之上，列钱青琐，玉凤衔铃，金龙吐佩。素柰朱李，枝条入檐，伎女楼上，坐而摘食。琛常会宗室，陈诸宝器。金瓶银瓮百余口，瓯檠盘盒称是⑨。自余酒器，有水晶钵、玛瑙琉璃碗、赤玉卮数十枚⑩。作工奇妙，中土所无，皆从西域而来。又陈女乐及诸名马，复引诸王按行府库。锦罽珠玑⑪，冰罗雾縠⑫，充积其内。绣、缬、绸、绫、丝、彩、越、葛、钱、绢等⑬，不可数计。琛忽谓章武王融曰⑭："不恨我不见石崇，恨石崇不见我。"融立性贪暴，志欲无限，见之叹惋，不觉生疾，还家卧三日不起。江阳王继来省疾⑮，谓曰："卿之财产，应得抗衡，何为叹羡，以至于此？"融曰："常谓高阳一人，宝货多于融，谁知河间，瞻之在前。"⑯继笑曰："卿欲作袁术之在淮南，不知世间复有刘备也？"融乃蹴起，置酒作乐。

[注释]

①八荒：八方荒漠之地。八方，指东、西、南、北、东南、西南、东北、西北八个方位。《汉书·项籍传赞》："并吞八荒之心。"颜师古注："八荒，八方荒忽极远之地也。"

②缥囊纪庆：文献记载着国家大庆。缥囊，用淡青色的丝绸制成的书袋。也常来指文献。南朝梁萧统《〈文选〉序》："词人才子，则名溢于缥囊。"唐吕向注："缥，青白色；囊，有底袋也，用以盛书。"

③玉烛调辰：四时气候调和，比喻太平盛世。《尸子》卷上："四气和，正光照，此之谓玉烛。"

④茕独：孤独。

⑤河间王琛：《魏书》卷二十："琛字昙宝，幼而敏慧，高祖爱之。世宗时，拜定州刺史。琛妃，世宗舅女，高皇后妹。琛凭恃内外，多所受纳，贪婪之极。及还朝，灵太后诏曰：'琛在定州，惟不将中山宫来，自余无所不致，何可更复叙用？'由是遂废于家。琛以肃宗始学，献金字《孝经》。又无方自达，乃与刘腾为养息，赂腾金宝巨万计。腾屡为之言，乃得兼都官尚书，出为秦州刺史。在州聚敛，百姓吁嗟。属东益、南秦二州氐反，诏琛为行台，仍充都督，还摄州事。琛性贪暴，既总军省，求欲无厌，百姓患害，有甚狼虎。进讨氐羌，大被摧破，士卒死者千数，率众走还。内恃刘腾，无所畏惮，为中尉纠弹，会赦，除名为民。寻复王爵，后讨鲜于修礼，败，免官爵。后讨汾晋胡、蜀，卒于军，追复王爵。"

⑥篪：古代一种用竹管制成的像笛子一样的乐器，有八孔。

⑦《团扇歌》：乐府吴声歌曲，也称《团扇郎歌》。《乐府诗集·清商曲辞二·吴声歌曲二》北宋郭茂倩题解引南朝陈智匠《古今乐录》："《团扇郎歌》者，晋中书令王珉捉白团扇与嫂婢谢芳姿有爱，情好甚笃。嫂捶挞婢过苦，王东亭闻而止之。芳姿素善歌，嫂令歌一曲当赦之。应声歌曰：'白团扇，辛苦五流连，是郎眼所见。'珉闻，更问之：'汝歌何遗？'芳姿即改云：'白团扇，憔悴非昔容，羞与郎相见。'后人因而歌之。"《陇上声》：陇上的曲调，北朝乐府民歌的一种。陇上，指陇山（今甘肃陇西）一带。

⑧石崇（249—300）：字季伦，西晋渤海南皮（今河北南皮东北）人，石苞之子。二十余岁时为修武令，后因伐吴有功，封侯，升侍中。任荆州刺史时，因抢掠客商致富。石崇与王恺斗富之事，成为历史上著名的炫富故事。晋惠帝时，因争夺妓女绿珠，被赵王司马伦所杀。

⑨瓯：摆放食物的小盒子。檠：这里指高脚的灯架。

⑩卮：古代盛酒的器皿。又有卮言之说，典出《庄子·寓言》："卮言日出，和以天倪。"唐成玄英疏："卮，酒器也。日出，犹日新也。天倪，自然之分也。和，合也……无心之言，即卮言也。是以不言，言而无系倾仰，乃合于自然之分也。又解：卮，支也。支离其言，言无的当，故谓之卮言耳。"

⑪罽：类似毛毡的毯子。珠玑：珠宝。

⑫冰罗：比喻罗像冰一样透明。罗，轻软有孔的丝织品。雾縠：比喻纱像雾一样朦胧。縠，褶皱的纱。

⑬绣：刺有花纹的丝织品。缬：染有花纹的丝织品。绫：一面光滑像缎子的轻薄丝织品。丝：蚕吐出的线。彩：五色的绸子。越：越地产的丝织品。葛：用丝做经，棉线或麻线等做纬的有花纹的丝织品。钱绢：带钱

纹团的用粗丝织成的丝织品。

⑭章武王融：即元融（480—526），字永兴，北魏宗室，景穆王之孙。仪貌壮丽，衣冠甚伟，性通率，有豪气。孝文帝时，拜秘书郎。宣武帝初，复先爵，封骁骑将军。

⑮江阴元继：即元继（464—528），字世仁，北魏宗室，南平王拓跋霄子，嗣叔祖京兆王拓跋黎为孙，袭封江阳王。孝文帝时屡任抚冥镇都大将、柔玄镇大将。胡太后临朝，以继子元义纳太后妹，徙封京兆王，后义以谋叛黜，继亦废。孝庄帝建义初复为太师，司州牧。卒谥武烈。

⑯瞻之在前：这里的意思是看着在前面，忽然落在了后面。典出《论语·子罕》："颜渊喟然叹曰：'仰之弥高，钻之弥坚。瞻之在前，忽焉在后。'"

[译文]

自延酤里以西，张方沟以东，南临洛水，北达邙山，其中东西二里，南北十五里的地方，都叫寿丘里，是皇族宗嗣居住的地方，民间称为王子坊。（当时四海平定，八方臣服，书籍记载吉庆之事，四时风调雨顺。百姓富足，五谷丰登，民间欢乐。即使鳏寡之人也不碰猪狗之食，无依靠之人也不穿牛马草衣。于是帝族王侯、外戚公主，拥有山海之富藏，据有山川林地之丰饶，竞相修园林府邸，互相夸耀攀比。高大的门楼、宽阔的房间，接连的门、并联的房，飞入天空的阁楼生起阵风，层层楼台生起云雾。亭台楼榭，家家建起；鲜花林木，曲水池塘，园园都有。莫不是桃李夏绿，竹柏冬青。其中尤以河间王元琛最为豪奢。常常与高阳王元雍争高下，建造了文柏堂，形制如同著名的徽音殿。设置玉井金罐，用五色的缋做绳。有妓女三百人，都是国色。有婢女朝云，擅长吹篪，能吹《团扇歌》《陇上声》的曲子。元琛当时为秦州刺史，诸羌人反叛，屡次征讨不降服。元琛让朝云假扮成贫穷的老妇，吹着篪乞讨。这些羌人听到后，都流下眼泪，互相说："为何要远离家乡，在山谷做强盗呢？"随即相继归降。秦州民谣说："快马健儿，不如老妪吹篪。"元琛在秦州，并没有什么政绩。他遣使到西域去搜求名马，最远到波斯国，得到了千里马，名字叫追风赤骥。其次有能跑七百里的马十余匹，都有名字。用银做马槽，用金做环锁，诸王都佩服他的豪富。元琛经常对人说："晋朝石崇，乃是普通百姓出身，还能穿野鸡头部羽毛和狐狸腋部皮做成的衣服，在鸡蛋上画画，烧柴上雕刻花纹。何况我大魏的天王，为何不能奢华呢？"他在后园造了迎风馆，窗户之上，镶嵌着玉石的金环排列如钱币，装饰着青色花纹，玉雕的凤凰口衔铃铛，金龙吐着佩带。素柰和朱李，枝条伸入房檐下，伎女在楼上，坐着就能摘到果实。元琛经常和宗室聚会，陈列各种宝器。金瓶银瓮有百余口，瓯檠盘盒的数量相似。其余的酒器，有水晶钵、玛瑙玻璃碗、赤玉卮数十个，做工奇妙，为中土所没有，都是从西域来的。又展示女乐和诸多名马，再引诸王参观府内库房。织锦、毛织品、珠宝、冰洁的罗纱、云雾般的薄纱，充斥库房。绣、缬、绸、绫、丝、彩、越、葛、钱、绢等，不可计数。元琛有一天突然对章武王元融说："不恨我不见石崇，恨石崇不见我。"元融本性贪暴，欲壑难填，见到这些后扼腕叹息，不觉生起嫉妒，回家后卧床三日不起。江阳王元继来探病，说："你的财产，应该可以抗衡他，何必叹息羡慕，以至于此呢？"元融说："常以为我前面只有高阳王一人，只有他的宝物比我元融多，谁知道看见河间王，才发现自己落在了后面。"元继笑着说："你想做称霸淮南的袁术，却不知道世上还有刘备吗？"元融一下子就起来了，命人摆酒作乐。

[评析]

　　文中提到的石崇，是西晋时代的一个穷奢极欲式的人物。《世说新语·汰侈》中记载了石崇令人瞠目结舌的比富斗狠的传说。一则记载的是他与王恺比富："石崇与王恺争豪，并穷绮丽，以饰舆服。武帝，恺之甥也，每助恺。尝以一珊瑚树高二尺许赐恺。枝柯扶疏，世罕其比。恺以示崇；崇视讫，以铁如意击之，应手而碎。恺既惋惜，又以为疾已之宝，声色甚厉。崇曰：'不足恨，今还卿。'乃命左右悉取珊瑚树，有三尺、四尺，条干绝世，光彩溢目者六七枚，如恺许比甚众。恺惘然自失。"一则记载的则是他残杀侍女："石崇每要客燕集，常令美人行酒；客饮酒不尽者，使黄门交斩美人。王丞相与大将军尝共诣崇。丞相素不善饮，辄自勉强，至于沉醉。每至大将军，固不饮以观其变，已斩三人，颜色如故，尚不肯饮。丞相让之，大将军曰：'自杀伊家人，何预卿事！'"由这两件事，大概也能想见其不得善终的结局。善有善报，恶有恶报。荒唐绝伦如此者，当然不得好死。

　　没想到到了北魏仍然有不少石崇之流的"知音"，北魏宗室诸王的豪奢丝毫不亚于石崇，以至于贪得无厌的章武王元融因为嫉妒元琛的财富而生病，一时成为笑谈。

　　于时国家殷富，库藏盈溢，钱绢露积于廊者，不可校数。及太后赐百官负绢，任意自取，朝臣莫不称力而去。唯融与陈留侯李崇负绢过任，蹶倒伤踝①。太后即不与之，令其空出，时人笑焉。侍中崔光止取两匹。太后问曰："侍中何少？"对曰："臣有两手，唯堪两匹。所获多矣。"朝贵服其清廉。经河阴之役，诸元歼尽，王侯第宅，多题为寺。寿丘里间，列刹相望，祇洹郁起，宝塔高凌。四月初八日②，京师士女多至河间寺，观其廊庑绮丽，无不叹息，以为蓬莱仙室亦不是过。入其后园，见沟渎蹇产③，石磴嶕峣④，朱荷出池，绿萍浮水，飞梁跨阁，高树出云，咸皆唧唧，虽梁王兔苑，想之不如也。

[注释]

①蹶倒伤踝：跌倒伤了脚踝。

②四月初八日：汉传佛教以四月八日为佛诞日。古代常以此日在寺院举办盛大的节庆活动，或浴佛，或行像，吸引众多信徒前往。

③沟渎：沟渠。蹇产：蜿蜒曲折。

④石磴：石头台阶。嶕峣：陡峭高耸。

[译文]

（当时，国家富足，国库充盈，钱绢堆积在廊下的，不可计数。等太后赏赐百官绢时，任凭大家随意拿取，朝臣没有不是量力自取而离开的。只有元融和陈留侯李崇拿的绢过多，跌倒伤了脚踝。太后随后不再赏赐给他们，让他们空手而出，当时人都嘲笑他们。侍中崔光只取了两匹绢。太后问："侍中为什么拿这么少？"崔光回答说："臣只有两手，只能拿两匹。所获的已经足够多了。"朝廷贵族都佩服他清廉。）经过河阴之变后，一众元氏宗室都被杀掉，王侯府邸宅院，多数都改为寺院。寿丘里一带，佛寺相连，精舍并起，宝塔高耸。四月八日时，京城士女多到河间寺，看到其廊屋精巧美丽，没有不叹息的，认为蓬莱仙宫也不过如此。进入后园，见到沟渠曲折，石阶陡峭，红荷出池，绿萍浮水，腾空的桥梁跨越楼阁，高高的树木直冲云霄，众人都啧啧感叹，即使是梁王的兔园，想必也比不上这里。

[评析]

神龟元年（518）冬，任城王元澄曾上奏陈说佛寺之滥，奏曰："自迁都已来，年逾二纪，寺夺民居，三分且一。高祖立制，非徒欲使缁素殊途，抑亦防微深虑。世宗述之，亦不捆禁营福，当在杜塞未萌。今之僧寺，无处不有。或比满城邑之中，或连溢屠沽之肆，或三五少僧，共为一寺。梵唱屠音，连檐接响，像塔缠于腥臊，性灵没于嗜欲，真伪混居，往来纷杂。下司因习而莫非，僧曹对制而不问。其于污染真行，尘秽练僧，薰莸同器，不亦甚欤！往在北代，有法秀之谋；近日冀州，遭大乘之变。皆初假神教，以惑众心，终设奸诳，用逞私悖。太和之制，因法秀而杜远；景明之禁，虑大乘之将乱。始知祖宗睿圣，防遏处深。履霜坚冰，不可不慎。"并提出了整顿寺院建设、设定寺院僧人数量的建议，太后也批准施行。但"未几，天下丧乱，加以河阴之酷，朝士死者，其家多舍居宅，以施僧尼，京邑第舍，略为寺矣。前日禁令，不复行焉"（《魏书·释老志》）。

追 先 寺

追先寺，在寿丘里，侍中尚书令东平王略之宅也。略生而岐嶷①，幼则老成。博洽群书，好道不倦。神龟中为黄门侍郎。元义专政，虐加宰辅。略密与其兄相州刺史中山王熙欲起义兵，问罪君侧。雄规不就，衅起同谋②。略兄弟四人并罹涂炭，唯略一身逃命江左。萧衍素闻略名，见其器度宽雅，文学优赡，甚敬重之。谓曰："洛中如王者几人？"略对曰："臣在本朝之日，承乏摄官③，至于宗庙之美，百官之富，鸳鸯接翼，杞梓成阴④，如臣之比，赵咨所云⑤：车载斗量，不可数尽。"衍大笑。乃封略为中山王，食邑千户，仪比王子。又除宣城太守，给鼓吹一部，剑卒千人。略为政清肃，甚有治声。江东朝贵，侈于矜尚，见略入朝，莫不惮其进止。寻迁信武将军、衡州刺史。孝昌元年，明帝宥吴人江革，请略归国。江革者，萧衍之大将也。萧衍谓曰："朕宁失江革，不得无王。"略曰："臣遭家祸难，白骨未收，乞还本朝，叙录存没。"因即悲泣，衍哀而遣之。乃赐钱五百万，金二百斤，银五百斤，锦绣宝玩之物，不可称数。亲帅百官送于江上，作五言诗赠者百余人。凡见礼敬如此比。

略始济淮，明帝拜略侍中、义阳王，食邑千户。略至阙，诏曰："昔刘苍好善⑥，利建东平，曹植能文，大启陈国，是用声彪盘石⑦，义郁维城⑧。侍中义阳王略，体自藩华，门勋夙著，内润外朗。兄弟伟如，既见义忘家，捐生殉国，永言忠烈，何日忘之？往虽弛担为梁⑨，今便言旋阙下，有志有节，能始能终。方传美丹青，悬诸日月。略前未至之日，即心立称，故封义阳。然国既边地，寓食他邑，求之二三，未为尽善。宜比德均封，追芳曩烈。可改封东平王，户数如前。"寻进尚书令、仪同三司，领国子祭酒、侍中如故。略从容闲雅，本自天资，出南入北，转复高迈。言论动止，朝野师模。建义元年薨于河阴，赠太保，谥曰文贞。嗣王景式舍宅为此寺⑩。

[注释]

①生而岐嶷：指生下来就聪明。典于《诗经·大雅·生民》："诞实匍匐，克岐克嶷，以就口食。"《说文解字》："嶷，小儿有知也。"唐孔颖达疏："言后稷克美大矣，实始匍匐之时，已能意有所岐岐然，又能貌有所识嶷嶷然，以渐有智慧，能就人之口取食而啖之。"

②衅起同谋：同谋者之间产生了争端、分裂。《魏书》卷十九下："熙兵起甫十日，为其长史柳元章、别驾游荆，魏郡太守李孝怡率诸城人，鼓噪而入，杀熙左右四十余人，执熙，置之高楼，并其子弟。又遣尚书左丞卢同斩之于邺街，传首京师。"

③承乏摄官：古代官场的谦辞，意思是因官职空缺，暂时由自己兼任。

④杞梓成阴：比喻人才济济。杞和梓，皆良材。《左传·襄公二十六年》："晋卿不如楚，其大夫则贤，皆卿材也。如杞梓、皮革，自楚往也。虽楚有材，晋实用之。"西晋杜预注："杞、梓皆木名。"

⑤赵咨：字德度，三国吴南阳（今属河南）人。博学多识，应对敏捷。孙权任他为中大夫、骑都尉。曾出使魏国，受到魏文帝的敬重。《资治通鉴》卷六十九："吴王遣中大夫南阳赵咨入谢。……帝曰：'吴如大夫者几人？'对曰：'聪明特达者，八九十人；如臣之比，车载斗量，不可胜数。'"

⑥刘苍（？—83）：汉光武帝刘秀的第八子，封东平王。刘苍喜好经术，曾与公卿共定南北郊冠冕车服制度。汉明帝问曰："处家何者最乐？"

苍答曰："为善最乐。"（《后汉书》卷七十二）

⑦声彪：即声望彪炳。盘石：即磐石，比喻宗室。《史记·孝文本纪》："高帝封王子弟，地犬牙相制，此所谓磐石之宗也。"

⑧义郁：即道义充满。维城：宗子连城保卫国都。后用维城比喻宗室。《诗经·大雅》曰："大邦维屏，大宗维翰，怀德维宁，宗子维城。"维，连。

⑨弛担：放下负担。

⑩景式：元略之子，名硕，字景式。《魏书》卷十九下："（元略）子景式，袭。武定中，北广平太守。"

[译文]

追先寺，在寿丘里，是侍中尚书令东平王元略的府宅。（元略生而聪颖，少年老成。博览群书，喜欢学问不知疲倦。神龟年间为黄门侍郎。元义专权时，虐害宰辅。元略秘密与其兄相州刺史中山王元熙谋划发兵起义，问罪并清君侧。宏大的计划未能成功，内部出了分裂。元略兄弟四人并遭劫难，只有元略一人逃命江南。萧衍过去就知道元略的名声，见他气度宽容文雅，尤善于文学，很是敬重他。对他说："洛中像你这样的有几人？"元略回答说："臣下在本朝的时候，只是因官位空缺才任职此位，至于宗庙之美，百官之多，像鸳鸯一样比翼，像杞梓一样成荫，像我这样的人，正如同赵咨所说：车载斗量，不可尽数。"萧衍大笑。于是封元略为中山王，赏赐食邑千户，规格比照王子。又任命其为宣城太守，给鼓吹一部，剑卒千人。元略为政清廉严肃，很有治理声望。江东朝贵，崇尚自夸，见到元略入朝，莫不忌惮他的一举一动。不久迁任信武将军、衡州刺史。孝昌元年，孝明帝宽宥吴人江革，作为交换请求许可元略归国。江革是萧衍的大将。萧衍说:"朕宁愿失去江革,不能没有元略。"元略说:"臣遭遇家祸之难,白骨未收,乞求回到本朝,记录一下在世和去世的人。"因而悲泣不已,萧衍哀悯他而让他归国。并赏赐五百万钱,黄金二百斤,银五百斤,锦绣珠宝之物,不可计数。萧衍亲自率领百官送到江上,作五言诗赠别者有百余人。大凡礼敬他的,都是如此。

元略刚渡过淮河,孝明帝就拜元略为侍中、义阳王,赏食邑千户。元略到达洛阳后,皇帝下诏说:"往昔有刘苍好做善事,利于建设东平;曹植善于文章,大大提升陈国的声望,因此声望与道义在皇族宗室中盛传。侍中、义阳王元略,本是宗室精华,门第功勋卓著,内心温润,外表开朗。兄弟都很伟大,见道义不顾家庭,捐躯为国,永远是忠烈,哪天能忘掉啊!过去虽然到梁国任职,现在已经回到洛阳,有志有节,能始能终。应当传载于历史,如同悬在空中的日月一样。元略之前未到的日子,就在心里给予称号,封为义阳王。然而义阳国是边地,且俸禄靠其他地方提供,考虑了另外的两三个地方,都不是最好的选择。应当比照德行考虑封地,追忆过去德行。可改封东平王,食邑如前。"不久晋任尚书令、仪同三司,领国子祭酒,侍中之职如故。元略从容淡定文雅,本是天生,走南闯北,年纪又长。他的言行举止,是朝野的师范。建义元年死于河阴,赐太保,谥号文贞。承嗣王位的儿子元景式捐献元略的住宅为追先寺。)

[评析]

元略作为曾在南北朝时期北魏和南梁都做过官,并深受重视的大臣,除了《魏书》中有传外,尚有墓志铭存世。志文共三十四行,每行三十三字。北魏建义元年(528)刻,1919年在河南洛阳安驾沟出土。

《魏故侍中、骠骑大将军、仪同三司、尚书令、徐州刺史、太保、东平王元君墓志铭》：

君讳略，字俊兴，司州河南洛阳都乡照文里人也。大魏景穆皇帝之曾孙，南安惠王之孙，司徒公中山献武王之第四子。源资气始，号因物初。高祖深镜品族，洞晓宗由，穷万像之本，则大易氏。君高朗幼标，令问夙远。如璧之质，处琳琅以先奇；维国之桢，排山川而独颖。游志儒林，宅心仁苑。礼穷训则，义周物轨。信等脱剑，惠深赠纻。器博公琰，笔茂了云。江江焉量溢万顷，济济焉实怀多士。世宗宣武皇帝识重宗哲，特蒙钟爱，以貂珰之授，非懿不居。释褐员外散骑常侍，复迁通直。历步龙渊，声最东省。又以君焕才挺生，将雕龙枢内，寻转给事黄门侍郎，加冠军将军。正光之初，元昆作蕃，投杼横集，滥尘安忍？在原之痛，事切当时，遂潜影去洛，避刃越江。卖买同价，宁此过也？伪主萧氏，雅相器尚，等秩亲枝，齐赏密席。而庄写之念，虽荣愿本；渭阳之恋，偏楚心自。以孝昌元年旋轴象魏。孝明皇帝以君往滥家难，归阙诚深，锡兹茅土，用隆节胤，封东平王，食邑二千。云纲既收，迅翩复举。即授侍中、左卫将军、加车骑大将军，寻迁骠骑大将军、仪同三司，领国子祭酒，俄陟尚书令。吐纳两圣之言，总裁百揆之职。三游非心，四维是务。临财不愿苟得，有恨无求取胜。奉公廉洁，刻妻之流；处事机明，辩碑之类。虽伊姜播誉于殷周，曹何流称于汉晋，古今同美，千代一时。但民悖四方，主弃万国，则百莫储，唯虺斯应。母后握机，竞权宗氏，将使产、禄之门，再闻此日。大将军荣远举义旗，无契而会，效逾叔牙，中兴魏道。乃欲赏罚贤谀，用允群望。而和光未分，暴酷麾下，皓月沉明，垂棘丧宝。甘井先竭，庄惠言征；鬼神依德，官奇匪验。春秋卅有三，以大魏建义元年，岁次戊申四月丙辰朔十三日戊辰，薨于洛阳之北邙。故黄鸟之篇，哀结行路；殄瘁之文，慕萦遐迩。楚老于是长号，春相于是嘿音，悲感飞走，恸动人神。宸居追叹，赗侔博陆，诏赠太保、徐州刺史，谥曰文贞王。窆厝于洛城之西陵。夫星周纪易，循环莫息，泉灵绵代，或颓或徙，故树镌琢之文，永题不朽之石。其词粤：

维天挺气，维岳降灵，猗欤显哲，资和诞形。学由心晓，智以性成，辟强幼达，令思早名。一彼一此，不独擅声。藉德蹈荣，缘懿履秩，神仪优婉，貂璋曜逸。螭藻枢中，陪展皇室，惠乃尽人，益不先损。忠矣清朗，温焉冰日，令问令望，谁党谁比。鹡鸰怀感，丧乱未申，岐肆北海，君寓东岷。绩高双化，才富二邻，前徽洛渚，后曜江滨。越声兴叹，秦音独欸，首丘斯遂，长轩此来。纳言归致，冢社诚开，八列光矣，十六盛哉。义旗创植，忠儇未析，同烬薰莸，浑挫玉砾。梁木顿摧，宿草奄积，歌笑停音，琴觞罢席。世宇方尘，坟堂弥寂，永沦泉壤，长焕金石。

大魏建义元年，岁次戊申七月丙辰朔十八日癸酉建。

妃范阳卢氏，字真心。父尚之，出身中书义郎，皇子赵郡王谘议参军事，司徒府右长史，俄转左长史，除持节都督、济州诸军事、左将军、济州刺史，后除光禄大夫，赠散骑常侍、使持节都督、青州诸军事、安东将军、青州刺史，谥曰。

世子顼，字景式。

大女摩利，未嫡。次女足华，未嫡。次女定华，未嫡。

融觉寺

融觉寺，清河文献王怿所立也，在阊阖门外御道南。有五层浮图一所，与冲觉寺齐等。佛殿僧房，充溢三里。比丘昙谟最善于禅学，讲《涅槃》《华严》，僧徒千人。天竺国胡沙门菩提流支见而礼之①，号为菩萨②。流支解佛义，知名西土，诸夷号为罗汉③，晓魏言及隶书，翻《十地》《楞伽》及诸经论二十三部。虽石室之写金言④，草堂之传真教⑤，不能过也。流支读昙谟最《大乘义章》，每弹指赞叹，唱言微妙。即为胡书写之，传之于西域。西域沙门常东向遥礼之，号昙谟最为东方圣人。

[注释]

①菩提流支：意译道希，北天竺人。菩提流支精通三藏，在北魏永平初年，来到洛阳，在永宁寺开始译经工作，是北魏时期重要译经者。共译经三十九部，一百二十七卷。

②菩萨：梵语 Bodhisattva 音译菩提萨埵的简称，意译为觉有情，使得世间众生都获得觉悟解脱。在佛教中，菩萨是已获得证悟，但仍留在世间帮助众生解脱的圣者。

③罗汉：梵语 Arhat 音译阿罗汉的简称，意译为应供。一般指小乘佛教中所获得的最高修证成就，具体指那些断尽三界见、思之惑，证得尽智，能够享受世间供养的圣者。佛教传入中国后，在中国逐渐形成了十八罗汉、五百罗汉的信仰，流行于各地。

④石室之写金言：指汉明帝夜梦金人，遣使取经之事。石室，指古代官方藏书之处。

⑤草堂之传真教：指鸠摩罗什在草堂寺译经传教。

[译文]

　　融觉寺，是清河文献王元怿建造的，在阊阖门外的御道南边。有五层佛塔一座，与冲觉寺的一样。佛殿僧房，布满方圆三里。比丘昙谟最善于禅学，讲《涅槃经》《华严经》，僧徒有上千人。天竺国的外国沙门菩提流支见面后礼敬他，称他为菩萨。（菩提流支善解佛教义理，知名于西方，外国人都称他为罗汉，通晓魏地语言及隶书，翻译了《十地经论》《楞伽经》以及其他经论二十三部。即使是汉时取经书写藏于石室，鸠摩罗什在草堂译经传教，都不能超过他。菩提流支读昙谟最的《大乘义章》，每每弹指赞叹，夸他讲得微妙。当即用外国文字翻译书写，传到西域。西域沙门常常面向东方，远远地向他致敬，称昙谟最为东方圣人。）

[评析]

　　南北朝的佛教各有特色，南朝重玄义，北朝重视禅观实修。印顺法师说："重于务实笃行的北方，禅法受到重视，受到王室的崇敬。文成帝复兴佛法（452），匡赞复兴的昙曜是禅师。昙曜建议于京（平城）西武州塞，开辟石窟五所（即今大同云冈石窟），为了祈福，也是为了禅居。献文帝（466—471年在位）对禅的崇敬更深，竟放弃帝位（禅位）而专心于禅。孝文帝太和十九年（495），为佛陀三藏造少林寺。嵩洛一带，成为北方禅学的重镇。佛陀的再传弟子僧稠，勒那摩提的弟子僧实，都受到帝王的征召与供养。北朝重视禅师，上有王室的崇敬，下有民间的信仰。如《续僧传》卷一六《僧稠传》说：'（北齐文宣）帝曰："佛法大宗，静心为本。诸法师等徒传法化，犹接嚣烦，未曰阐扬，可并除废。"稠谏曰："诸法师……皆禅业之初宗，趣理之弘教，归信之渐，发蒙斯人。"'

大 觉 寺

大觉寺，广平王怀舍宅也，在融觉寺西一里许。北瞻芒岭，南眺洛汭，东望宫阙，西顾旗亭。禅阜显敞①，实为胜地。是以温子昇碑云"面水背山，左朝右市"是也。怀所居之堂，上置七佛②，林池飞阁，比之景明。至于春风动树，则兰开紫叶；秋霜降草，则菊吐黄花。名僧大德，寂以遣烦。永熙年中，平阳王即位，造砖浮图一所。是土石之工，穷精极丽，诏中书舍人温子昇以为文也。

[注释]

①阜：水边地势较高处。

②七佛：又作过去七佛。指释迦佛及其出世前所出现之佛，共有七位。说法不一，通常认为即：毗婆尸佛、尸弃佛、毗舍浮佛、拘留孙佛、拘那含牟尼佛、迦叶佛与释迦牟尼佛。

[译文]

大觉寺，是广平王元怀捐赠住宅建造的，在融觉寺西边一里的地方。北边对着芒岭，南边眺瞰洛河汭河，东边远望宫阙，西边回视旗亭。寺院处在水边高地，明亮宽敞，实在是胜地。（正是温子昇碑文中说的"面水背山，左朝右市"情况。）元怀所居之堂屋，供奉有过去七佛，园林、池塘、飞架的阁楼，媲美景明寺。到了春风吹拂、树叶摇动之时，则兰草长出紫叶；到秋霜降落草地之上之时，则菊花吐出黄花。名僧大德，在这里静修去除烦恼。永熙年间，平阳王即位后，造了砖塔一座。这是土木石料的工程，极其精妙和华丽，下诏命中书舍人温子昇撰写了碑文。

[评析]

温子昇为不少寺院撰写了碑文，如《寒陵山寺碑》《印山寺碑》《定国寺碑》《大觉寺碑》，其中《大觉寺碑》如下：

维天地开辟，阴阳转运，明则有日月，幽则有鬼神。初地辽远，末路悠长，自始及终，从凡至圣。积骨成山，祇劫莫数；垂衣拂石，恒河难计。及冠日示梦，蒙罗见谒，应世降神，感物开化，颜如满月，心若盈泉，体道独悟，含灵自晓。居三殿以长想，出四门而永虑。声色莫之留，荣位不能屈。道成树下，光属天上，变化靡穷，神通无及，置须弥于葶苈，纳世界于微尘，辟慈悲之门，开仁寿之路，拯烦恼于三涂，济苦难于五浊。非但化及天龙，被教人鬼，固亦福沾行雁，道洽游鱼。但群生无感，独尊罢应，杂色照烂，诸山摇动，布金沙而弗受，建宝盖而未留。遂上微妙之台，永升智慧之殿。而天人慕德，像法兴灵，图影西山，承光东壁。主上乃据地图，揽天镜；乘六龙，朝万国；牢笼宇宙，襟带江山；道济横流，德昌頹历。四门穆穆，百僚师师，乘法船以径度，驾天轮而高举。神功宝业，既被无边，鸿名懋实，方在不朽。抵掌措言，虽不尽意，执笔书事，其能已乎。（《艺文类聚》卷七十七）

永 明 寺

永明寺，宣武皇帝所立也，在大觉寺东。时佛法经像盛于洛阳，异国沙门，咸来辐辏，负锡持经，适兹乐土。世宗故立此寺以憩之。房庑连亘，一千余间。庭列修竹，檐拂高松，奇花异草，骈阗阶砌①。百国沙门，三千余人。西域远者，乃至大秦国②，尽天地之西垂。耕耘绩纺，百姓野居，邑屋相望，衣服车马，拟仪中国。南中有歌营国③，去京师甚远，风土隔绝，世不与中国交通，虽二汉及魏，亦未曾至也。今始有沙门菩提拔陁至焉，自云："北行一月，至句稚国④。北行十一日，至典孙国⑤。从典孙国北行三十日，至扶南国⑥。方五千里，南夷之国，最为强大。民户殷多，出明珠金玉及水精珍异，饶槟榔。从扶南国北行一月，至林邑国⑦。出林邑，入萧衍国⑧。"拔陁至扬州岁余，随扬州比丘法融来至京师。京师沙门问其南方风俗，拔陁云："古有奴调国⑨，乘四轮马为车。斯调国出火浣布⑩，以树皮为之，其树入火不燃。凡南方诸国，皆因城郭而居，多饶珍丽，民俗淳善，质直好义，亦与西域、大秦、安息、身毒诸国交通往来⑪。或三方四方，浮浪乘风，百日便至。率奉佛教，好生恶杀。"

[注释]

①骈阗：又作骈田。数量众多，聚集在一起。阶砌：台阶。

②大秦国：一般认为指古代罗马帝国及其周边区域。《后汉书·西域传》："大秦国，一名犁鞬，以在海西，亦云海西国。地方数千里，有四百余城。小国役属者数十。以石为城郭。列置邮亭，皆垩塈之。有松柏诸木百草。人俗力田作，多种树蚕桑。皆髡头而衣文绣，乘辎軿白盖小车，出入击鼓，建旌旗幡帜。所居城邑，周圜百余里。城中有五宫，相去各十里。宫室皆以水精为柱，食器亦然。其王日游一宫，听事五日而后遍。常

使一人持囊随王车，人有言事者，即以书投囊中，王室宫发省，理其枉直。各有官曹文书。置三十六将，皆会议国事。其王无有常人，皆简立贤者。国中灾异及风雨不时，辄废而更立，受放者甘黜不怨。其人民皆长大平正，有类中国，故谓之大秦。"

③歌营国：又作加营国。具体相当于今天哪个国家，有不同说法：一种说法认为其在今马来半岛南部，一种说法认为其在今印度尼西亚爪哇岛。《太平御览》中记载了歌营国大致位置和风俗。《太平御览·四夷部·南蛮》引《南州异物志》曰："歌营国在句稚南，可一月行到，其南又湾中有洲名蒲类，上有居人，皆黑如漆，齿正白，眼赤，男女皆裸形。"《太平御览·兵部》引三国吴康泰《吴时外国传》曰："加营国王好马，月支贾人常以舶载马到加营国。国王悉为售之。若于路失羁绊，但将头皮示王，王亦售其半价。"

④句稚国：今马来半岛一带。《太平御览·四夷部·南蛮》引《南州异物志》曰："句稚，去典游八百里，有江口，西南向，东北行，极大崎头出涨海中，浅而多磁石。"

⑤典孙国：又作典逊国，或顿逊国。今马来半岛一带。《梁书》卷五十四："其南界三千余里有顿逊国，在海崎上，地方千里，城去海十里。有五王，并羁属扶南。顿逊之东界通交州，其西界接天竺、安息徼外诸国，往还交市。所以然者，顿逊回入海中千余里，涨海无崖岸，船舶未曾得径过也。其市，东西交会，日有万余人。珍物宝货，无所不有。又有酒树，似安石榴，采其花汁停瓮中，数日成酒。"

⑥扶南国：又作夫南国、跋南国，意为"山岳"，是古代中南半岛上的一个古老王国名。《晋书》卷九十七："扶南西去林邑三千余里，在海大湾中，其境广袤三千里，有城邑宫室。人皆丑黑拳发，倮身跣行。性质

直，不为寇盗，以耕种为务，一岁种，三岁获。又好雕文刻镂，食器多以银为之，贡赋以金银珠香。亦有书记府库，文字有类于胡。丧葬婚姻略同林邑。其王本是女子，字叶柳。时有外国人混溃者，先事神，梦神赐之弓，又教载舶入海。混溃旦诣神祠，得弓，遂随贾人泛海至扶南外邑。叶柳率众御之，混溃举弓，叶柳惧，遂降之。于是混溃纳以为妻，而据其国。后胤衰微，子孙不绍，其将范寻复世王扶南矣。武帝泰始初，遣使贡献。太康中，又频来。穆帝升平初，复有竺旃檀称王，遣使贡驯象。帝以殊方异兽，恐为人患，诏还之。"

⑦林邑国：又作临邑国、占城、占婆，位于越南中南部。西汉曾设为日南郡象林县，称为象林邑，略去象，故称林邑。《晋书》卷九十七："林邑国本汉时象林县，则马援铸柱之处也，去南海三千里。后汉末，县功曹姓区，有子曰连，杀令自立为王，子孙相承。其后王无嗣，外孙范熊代立。熊死，子逸立。其俗皆开北户以向日，至于居止，或东西无定。人性凶悍，果于战斗，便山习水，不闲平地。四时暄暖，无霜无雪，人皆保露徒跣，以黑色为美。贵女贱男，同姓为婚，妇先娉婿。女嫁之时，著迦盘衣，横幅合缝如井栏，首戴宝花。居丧翦鬓谓之孝，燔尸中野谓之葬。其王服天冠，被缨络，每听政，子弟侍臣皆不得近之。自孙权以来，不朝中国。至武帝太康中，始来贡献。"

⑧萧衍国：即梁武帝萧衍之梁国。

⑨奴调国：不见于其他史料，《太平御览》中曾提到"奴调洲"："《南州异物志》曰：扈利国在奴调洲，西南边海。"

⑩斯调国：一说在今斯里兰卡，一说在印尼爪哇。《太平御览·四夷部·南蛮》："康泰《扶南土俗》曰：斯调洲湾中有自然监，累如细石子。国人取之，一车输王，余自入。《南州异物志》曰：斯调，海中洲名也，

在歌营东南可三千里。上有王国，城市街巷，土地沃美。万震《南方异物志》曰：斯调国，又有中洲焉。春夏生火，秋冬死。有木生于火中，秋冬枯死，以皮为布。"火浣布：即石棉布。

⑪安息：即波斯国。《后汉书·西域传》："安息国，居和椟城，去洛阳二万五千里。北与康居接，南与乌弋山离接。地方数千里，小城数百，户口胜兵最为殷盛。其东界木鹿城，号为小安息，去洛阳二万里。章帝章和元年，遣使献师子、符拔。符拔形似麟而无角。和帝永元九年，都护班超遣甘英使大秦，抵条支。临大海欲度，而安息西界船人谓英曰：'海水广大，往来者逢善风三月乃得度，若遇迟风，亦有二岁者，故入海人皆赍三岁粮。海中善使人思土恋慕，数有死亡者。'英闻之乃止。十三年，安息王满屈复献师子及条支大鸟，时谓之安息雀。"身毒：又作申毒、辛头、信度、身度、天竺、贤豆，即古代印度。《后汉书·西域传》："天竺国，一名身毒，在月氏之东南数千里。俗与月氏同，而卑湿暑热。其国临大水，乘象而战。其人弱于月氏，修浮图道，不杀伐，遂以成俗。从月氏、高附国以西，南至西海，东至磐起国，皆身毒之地。身毒有别城数百，城置长。别国数十，国置王。虽各小异，而俱以身毒为名，其时皆属月氏。……和帝时，数遣使贡献，后西域反畔，乃绝。至桓帝延熹二年、四年，频从日南徼外来献。世传明帝梦见金人，长大，顶有光明，以问群臣。或曰：'西方有神，名曰佛，其形长丈六尺而黄金色。'帝于是遣使天竺，问佛道法，遂于中国图画形象焉。楚王英始信其术，中国因此颇有奉其道者。后桓帝好神，数祀浮图、老子，百姓稍有奉者，后遂转盛。"

[译文]

永明寺，是宣武皇帝建造的，在大觉寺东边。当时佛法佛像盛行于洛阳，外国沙门，都来聚集，拿着锡杖手捧佛经，到这边乐土来。世宗因此建造此寺安置他们。屋廊连亘，有一千余间。庭院中有修长的竹子，房檐挨着高大的松树，奇花异草，长满了台阶。来自百余国的沙门，有三千余人。（从西域来的最远的，是大秦国人。大秦国在天地的最西边。耕耘纺织，百姓散落在田野中，房屋相望，衣服和车马与中国相似。南方有歌营国，离京城很远，文化隔绝，历代不与中国往来，即使在两汉及魏国时期，也未曾来过。现在开始有沙门菩提拔陁来到这里，自己说："向北走一个月，到了句稚国。再向北走十一天，到典孙国。从典孙国向北走三十天，到扶南国。方圆五千里，南方夷地中最为强大。民户殷实众多，出产明珠、黄金、玉石以及水晶珍宝，盛产槟榔。从扶南国向北走一个月，到林邑国。出林邑国，到达萧衍的梁国。"拔陁到扬州一年多，跟随扬州比丘法融来到京师。京师沙门向他询问南方的风俗，拔陁说："古代有奴调国，乘四轮马车。有斯调国出产火浣布，用树皮做成，这种树遇火不燃烧。大凡南方诸国，都靠着城墙居住，多有珍宝，民俗淳厚善良，耿直重情义，也和西域、大秦国、安息、身毒等国往来交通。有的三方四方一起，乘风破浪，百天左右就可抵达。大都信奉佛教，重视生命，厌恶杀生。"）

[评析]

火浣布，即石棉布。石棉，是天然的纤维状的硅酸盐类矿物质的总称。因其具有抗热防火功能，所以常被用来做防火保温产品。我国古代对于火浣布的利用较早，汉代以前就有从西域获得火浣布的记载。

《列子·汤问》："周穆王大征西戎，西戎献锟铻之剑、火浣之布。……火浣之布，浣之必投于火，布则火色，垢则布色。出火而振之，皓然疑乎雪。"

《三国志·魏书四》注引《异物志》曰："斯调国有火州，在南海中。其上有野火，春夏自生，秋冬自死。有木生于其中而不消也，枝皮更活，秋冬火死则皆枯瘁。其俗常冬采其皮以为布，色小青黑；若尘垢污之，便投火中，则更鲜明也。"当时误以为火浣布来自一种树皮纤维，用它制成布料。该卷注另引《傅》说，汉桓帝时，大将军梁冀曾经用火浣布做成了衣服，穿在身上。有一次大宴宾客，与人斗酒，酒洒在衣服上。于是假装生气说："烧了它。"点着后，烧得很厉害，但火灭后，衣服洁白，如同洗过一样。

《三国志》该卷注又引《搜神记》说，到三国时，因和西域交通中断，很久没有见到火浣布，很多人认为根本没有这种东西。魏文帝曾专门在《典论》中明确认定不存在不燃烧的火浣布，魏明帝也正儿八经下诏说："先帝昔著《典论》，不朽之格言，其刊石于庙门之外及太学，与石经并，以永示来世。"后来不久，西域使者又献上了火浣布，反驳了《典论》中的说法。由此魏文帝之说也被天下之人耻笑。

寺西有宜年里，里内有陈留王景皓①、侍中安定公胡元吉等二宅②。景皓者，河州刺史陈留庄王祚之子。立性虚豁，少有大度，爱人好士，待物无遗。凤善玄言道家之业，遂舍半宅安置佛徒，演唱大乘数部。并进京师大德超、光、眼、荣四法师③，三藏胡沙门菩提流支等咸预其席④。诸方伎术之士，莫不归赴。时有奉朝请孟仲晖者，武威人也。父宾，金城太守。晖志性聪明，学兼释氏四谛之义⑤，穷其旨归。恒来造第，与沙门论议，时号为玄宗先生。晖遂造人中夹纻像一躯⑥，相好端严，希世所有。置皓前厅，须臾弥宝坐。永安二年中，此像每夜行绕其坐，四面脚迹，隐地成文。于是士庶异之，咸来观瞩。由是发心者，亦复无量。永熙三年秋，忽然自去，莫知所之。其年冬，而京师迁邺。武定五年，晖为洛州开府长史，重加采访，寥无影迹。

出阊阖门城外七里，有长分桥。中朝时以谷水浚急，注于城下，多坏民家，立石桥以限之，长则分流入洛，故名曰长分桥。或云：晋河间王在长安遣张方征长沙王⑦，营军于此，因名为张方桥也。未知孰是。今民间语讹，号为张夫人桥。朝士送迎，多在此处。长分桥西，有千金堰。计其水利，日益千金，因以为名。昔都水使者陈勰所造⑧，令备夫一千，岁恒修之。

[注释]

①陈留王景皓：即元景皓。陈留王拓跋虔裔孙，元祚之子，袭爵陈留王。天保年间，元姓宗室多被诛戮，元姓旁支如元景安等人奏议请改姓高，元景皓云："岂得弃本宗，逐他姓，大丈夫宁可玉碎，不能瓦全！"元景安报告给了北齐显祖。显祖下令逮捕景皓并诛杀，家属徙彭城。由是元景安一系独赐姓高氏，其余的仍听从本姓。

②安定公胡元吉：名祥，字元吉。胡国珍之子，胡太后异母弟，历任殿中尚书、中书监、侍中，袭封安定郡公，后改封东平郡公。

③超、光、眺、荣四法师：不确所指。《魏书·释老志》："世宗以来

至武定末，沙门知名者，有惠猛、惠辨、惠深、僧暹、道钦、僧献、道晞、僧深、惠光、惠显、法营、道长，并见重于当世。"其中仅有惠光，可对应光法师。其他皆不知所指。

④三藏：指佛教的全部典籍，即经、律、论三种。这里借指精通经、律、论的三藏法师，比喻法师精通佛法。

⑤四谛：又作四圣谛。佛教所认为的四条真理，即苦、集、灭、道。

⑥夹纻像：又作干漆像、脱空像、搏换像、脱沙像等，用漆涂刷纻麻布而制成的佛菩萨像。造像时，先制作泥胎，然后在泥胎上裹制纻布，用漆多层涂刷，最后将泥胎去掉，脱空而成像。因其轻便，故又称行像。用夹纻工艺制作佛像，相传始于东晋时期雕刻家戴逵（326—396）。

⑦晋河间王：即司马颙（？—306），字文载，太原王司马瓌之子，晋武帝司马炎的堂兄弟，八王之乱中的八王之一。司马颙袭父爵为太原王，咸宁三年（277），改封为河间王。张方（？—306）：西晋河间（治今河北献县东南）人。司马颙手下大将。长沙王：即司马乂（277—304），字士度，晋武帝之子。

⑧都水使者：管理水利的官名。《汉书·百官公卿表》清王先谦补注："都，总也，谓总治水之工，故曰都水。"陈勰：西晋人。《晋书·职官》："陈勰为文帝所待，特有才用，明解军令。帝为晋王，委任使典兵事。及蜀破后，令勰受诸葛亮围阵用兵倚伏之法，又甲乙校标帜之制，勰悉暗练之，遂以勰为殿中典兵中郎将，迁将军。久之，武帝每出入，勰持白兽幡在乘舆左右，卤簿陈列齐肃。太康末，武帝尝出射雉，勰时已为都水使者，散从。车驾逼暗乃还，漏已尽，当合函，停乘舆，良久不得合，乃诏勰合之。勰举白兽幡指麾，须臾之间而函成。皆谢勰闲解，甚为武帝所任。"

[译文]

寺西边有宜年里,里内有陈留王元景皓、侍中安定公胡元吉二人的宅院。(元景皓,是河州刺史、陈留王元祚的儿子。本性谦虚豁达,自幼大度,爱好与士人往来,待人接物周到。素来就善于玄妙义理以及佛教之事,于是就捐赠半个宅院安置佛教僧人,唱诵大乘经典。并且邀请京师大德超、光、眩、荣四法师以及三藏胡人法师菩提流支等参与其中。诸方的方术之人,没有不前来归附的。当时有奉朝请叫孟仲晖的,是武威人。父亲叫孟宾,是金城太守。孟仲晖天性聪明,学问兼通佛教的四谛之义,穷尽其宗旨。常常来造访,与沙门一起讨论佛教经意,当时被称为玄宗先生。孟仲晖于是造了一尊夹纻佛像,相状美好庄严,世间稀有。放置在元景皓的前厅,很快又移放在宝座上。永安二年中,此佛像每夜绕着座位行走,四面留下的脚印,隐隐在地上形成纹路。于是百姓士人惊异,都来观看。因此发心的,也有无数。永熙三年秋,佛像忽然自己离开,不知去哪里了。那一年冬天,京师迁到了邺城。武定五年,孟仲晖做洛州开府长史,想要重新调查佛像,但终是了无踪迹。)

出闾阖门城外七里,有长分桥。(晋朝时因谷水湍急,倾注到城下,多损坏百姓人家,建立了石桥来阻止它,水涨则河水分流到洛河,故名长分桥。有的说:晋朝河间王在长安派遣张方去讨伐长沙王,驻军于此,因此叫张方桥。不知哪种说法正确。今民间讹传,称之为张夫人桥。)朝廷人士迎来送往,多在这里。长分桥西边,有千金堰。(计算其水利的收入,每天收入千金,因此以之为名。)是过去都水使者陈勰建造的,命令配备一千人劳力,常年修缮。

[评析]

"晋河间王在长安遣张方征长沙王",虽然短短一句话,但这个事件却是晋朝八王之乱乱战之一幕。所谓八王分别是汝南王司马亮、楚王司马玮、赵王司马伦、齐王司马冏、长沙王司马乂、成都王司马颖、河间王司马颙、东海王司马越等八位西晋皇族成员,河间王司马颙即是其中之一。文中所述之事发生在八王之乱的第二个阶段,即元康九年(299)开始到光熙元年(306)。当时,皇后贾南风策划废掉并杀害非其所生的太子司马遹后,又被赵王司马伦等杀害。永康二年(301)正月,赵王司马伦废掉晋惠帝,自立为帝,并将晋惠帝软禁于金墉城。司马伦的行为随即引发了三王起义,齐王司马冏、河间王司马颙、邺城的成都王司马颖联合起兵讨伐司马伦。永康二年(301)四月,司马伦被杀后,晋惠帝复位,改元永宁。司马冏担任大司马一职,主理朝政。后来司马冏和驻扎洛阳的长沙王司马乂出现嫌隙,司马冏征讨司马乂反被杀,朝政由司马乂独揽。太安二年(303),司马颙令部将张方领兵讨伐洛阳。文中所提之事就发生在这个时间段。永兴元年(304)初,在朝中任司空的东海王司马越联合禁军俘获司马乂,交给司马颙的部将,司马乂后被用火烧死。后来,司马颙为了让司马越止兵,又用计杀了张方,并将其首级献给司马越。光熙元年(306)十一月,晋怀帝即位后诏司马颙入朝任司马,途中被南阳王司马模所派遣的将领梁臣在车上扼杀,同时被杀的,还有他的三个儿子。

卷第五

城　北

禅　虚　寺

禅虚寺，在大夏门外御道西。寺前有阅武场，岁终农隙，甲士习战，千乘万骑，常在于此。有羽林马僧相善角抵戏①，掷戟与百尺树齐等。虎贲张车渠，掷刀出楼一丈。帝亦观戏在楼，恒令二人对为角戏。中朝时，宣武场在大夏门东北②，今为光风园，苜蓿生焉。

[注释]

①角抵：古代类似于相扑的体育活动。《史记·李斯列传》："是时二世在甘泉，方作觳抵优俳之观。"南朝宋裴骃《史记集解》载："应劭曰：'战国之时，稍增讲武之礼，以为戏乐，用相夸示，而秦更名曰角抵。角者，角材也。抵者，相抵触也。'文颖曰：'案：秦名此乐为角抵，两两相当，角力，角伎艺射御，故曰角抵也。'骃案：觳抵即角抵也。"

②宣武场：练兵之场所，在宣武观之北。《水经注·谷水》："其一水自大夏门东径宣武观，凭城结构，不更增墉，左右夹列步廊，参差翼跂，南望天渊池，北瞩宣武场。《竹林七贤论》曰：'王戎幼而清秀，魏明帝于宣武场上为栏苞虎牙，使力士袒裼，迭与之搏，纵百姓观之。戎年七岁，亦往观焉，虎乘间薄栏而吼，其声震地，观者无不辟易颠仆，戎湛然

不动。'"

[译文]

　　禅虚寺，在大夏门外御道西边。寺前有练兵场，岁末农闲时，兵士训练作战，千乘万骑，常在此地。（有羽林军马僧相善于进行角抵游戏，投出去的戟与百尺的树木同高。虎贲张车渠抛出的刀比楼高出一丈。皇帝也在楼上观看，常常令两人成对表演角抵游戏。）晋朝时，宣武场在大夏门的东北，现在是光风园，里面生长有苜蓿。

[评析]

　　阅武场、宣武场都是讲习练兵的场所，《世说新语·识鉴》曾记载了如下的故事：晋武帝命令军队在宣武场讲习武事，讲武的目的是为了偃武修文。他亲自到场，并召集群臣。山涛不赞同这样做，于是和诸位尚书谈论孙武、吴起用兵之意，探讨很仔细，大家听了都很赞同。后来八王之乱，八王争霸一方，正是因为皇帝没有精兵强将所造成的。

凝玄寺

　　凝玄寺，阉官济州刺史贾璨所立也①。在广莫门外一里御道东，所谓永平里也。注即汉太上王广处②。迁京之初，创居此里，值母亡，舍以为寺。地形高显，下临城阙，房庑精丽，竹柏成林，实是净行息心之所也。王公卿士来游观，为五言者，不可胜数。

　　洛阳城东北有上商里，殷之顽民所居处也③。高祖名闻义里。迁京之始，朝士住其中，迭相讥刺，竟皆去之。唯有造瓦者止其内，京师瓦器出焉。世人歌曰："洛城东北上商里，殷之顽民昔所止，今日百姓造瓮子，人皆弃去住者耻。"唯冠军将军郭文远游憩其中④，堂宇园林，匹于邦君。时陇西李元谦乐双声语⑤，常经文远宅前过，见其门阀华美，乃曰："是谁第宅？过佳！"婢春风出曰："郭冠军家。"元谦曰："凡婢双声！"春风曰："停奴慢骂！"⑥元谦服婢之能，于是京邑翕然传之。

[注释]

①济州刺史贾璨：又作贾粲，字季宣，北魏酒泉人。孝文帝太和中，受刑入宫。宣武帝末，为中常侍。曾和刘腾等策划幽禁胡太后。胡太后复位，安排贾璨出任济州刺史，随后又派习宣杀了他。

②注即汉太上王广处：此句前"注"字，当为原校订者误植入正文中。"汉太上王广"当为"汉太上王庙"。

③顽民：指殷亡后遗民中不服从周朝统治的人。周朝时为了惩罚教育这批人，将他们迁到洛阳。《尚书·毕命》："毖殷顽民，迁于洛邑，密迩王室，式化厥训。"《孔传》："惟殷顽民，恐其叛乱，故徙于洛邑，密近王室，用化其教。"

④冠军将军：官名。东汉献帝建安年间（196—220）开始设置，三国魏、吴沿置。北魏孝文帝太和二十三年（499）定为从三品，唐朝太宗贞观年间（627—649）罢置。

⑤双声语：指包含两个字的声母相同的语句。双声，指二字声母相

同，如伶俐、美满。但因古代和今天发音有所变化，所以古文中的双声和今天所说不尽相同。

⑥儜奴：詈词。劣奴。

[译文]

凝玄寺，是阉官济州刺史贾璨建造的。在广莫门外一里御道东边，就是所说的永平里。（即汉太上王庙处。迁都之初，贾璨创建并居住在此里，正碰到母亲去世，就捐赠住宅为寺。）地势高、地形宽敞，下临宫城，屋廊精美，竹子柏树成林，实在是修行静心的地方。王公贵族来游玩并作五言诗的，不可胜数。

洛阳城东北有上商里，是殷朝顽民居住的地方。高祖取名叫闻义里。（迁都之始，朝廷士人居住在这里，互相讽刺，竟然都搬离了。只有造瓦的人留在这里，京城的瓦器都出自这里。世人有歌谣说："洛城东北上商里，殷之顽民昔所止，今日百姓造瓮子，人皆弃去住者耻。"只有冠军将军郭文远游憩其间，堂宇园林，媲美于邦国之君。当时陇西李元谦喜欢双声语，曾从郭文远院子前面路过，见到其门阁华美，于是说："是谁第宅？过佳！"郭家婢女春风出来说："郭冠军家。"元谦说："凡婢双声！"春风说："儜奴慢骂！"李元谦佩服婢女的才能，于是此事很快在京城传开了。）

[评析]

双声是南北朝士人善用的语言游戏之一。在这段中，李元谦和郭家婢女春风的一问一答中，"是谁""第宅""过佳""郭冠军家""凡婢""双声""儜奴""慢骂"等，全部使用了双声语。只不过部分双声语因今古音之变，无法明显分辨出来。王国维在《人间词话》中曾说："双声、叠韵之论，盛于六朝，唐人犹多用之。至宋以后，则渐不讲，并不知二者为何物。乾嘉间，吾乡周公霭先生著《杜诗双声叠韵谱括略》，正千余年之误，可谓有功文苑者矣。其言曰：'两字同母谓之双声，两字同韵谓之叠韵。'余按用今日各国文法通用之语表之，则两字同一子音者谓之双声。如《南史·羊元保传》之'官家恨狭，更广八分'，'官家更广'四字，皆从 k 得声。《洛阳伽蓝记》之'狞（儜）奴慢骂'，'狞（儜）奴'两字，皆从 n 得声。'慢骂'两字，皆从 m 得声也。两字同一母音者，谓之叠韵。如梁武帝'后牖有朽柳'，'后牖有'三字，双声而兼叠韵。'有朽柳'三字，其母音皆为 u。刘孝绰之'梁王长康强'，'梁长强'三字，其母音皆为 ang 也。自李淑《诗苑》伪造沈约之说，以双声叠韵为诗中八病之二，后世诗家多废而不讲，亦不复用之于词。余谓苟于词之荡漾处多用叠韵，促结处用双声，则其铿锵可诵，必有过于前人者。惜世之专讲音律者，尚未悟此也。"

宋云、惠生西行记

闻义里有燉煌人宋云宅，云与惠生俱使西域也。神龟元年十一月冬，太后遣崇立寺比丘惠生向西域取经，凡得一百七十部，皆是大乘妙典。

初发京师，西行四十日，至赤岭[①]，即国之西疆也。皇魏关防，正在于此。赤岭者，不生草木，因以为名。其山有鸟鼠同穴[②]。异种共类，鸟雄鼠雌，共为阴阳，即所谓鸟鼠同穴。

发赤岭，西行二十三日，渡流沙，至吐谷浑国③。路中甚寒，多饶风雪，飞沙走砾，举目皆满，唯吐谷浑城左右暖于余处④。其国有文字，况同魏。风俗政治，多为夷法。

从吐谷浑西行三千五百里，至鄯善城⑤。其城自立王，为吐谷浑所吞。今城是吐谷浑第二息宁西将军⑥，总部落三千，以御西胡。

从鄯善西行一千六百四十里，至左末城⑦。城中居民可有百家，土地无雨，决水种麦，不知用牛，耒耜而田⑧。城中图佛与菩萨，乃无胡貌，访古老，云是吕光伐胡时所作⑨。

从左末城西行一千二百七十五里，至末城⑩。城傍花果似洛阳，唯土屋平头为异也。

从末城西行二十二里，至捍𪩘城⑪。城南十五里有一大寺，三百余僧众。有金像一躯，举高丈六，仪容超绝，相好炳然，面恒东立，不肯西顾。父老传云：此像本从南方腾空而来，于阗国王亲见礼拜，载像归，中路夜宿，忽然不见。遣人寻之，还来本处。王即起塔，封四百户以供洒扫。户人有患，以金箔贴像所患处，即得阴愈。后人于此像边造丈六像及诸像塔，乃至数千，悬彩幡盖，亦有万计。魏国之幡过半矣，幡上隶书多云"太和十九年""景明二年""延昌二年"。唯有一幡，观其年号是姚兴时幡。

[注释]

①赤岭：即现今青海境内的日月山，位于湟源县西，以土石皆赤，不生草木得名。古时为中原与西南地区和西域交通的要冲。北魏宋云自洛阳到印度取佛经，唐代自陇右入吐蕃，都取道于此。唐开元二十二年（734）于此立碑，与吐蕃分界。

②鸟鼠同穴：指在西部边疆一带常见的一种动物共存现象。本书中所描述的"共为阴阳"的说法当不确。另外，鸟鼠同穴也可指鸟鼠山，位于今甘肃岷县。如《山海经》载："鸟鼠同穴之山，渭水出焉。"

③吐谷浑：古鲜卑族的一支。本居辽东，西晋时在首领吐谷浑的率领下西徙至甘肃、青海间，至其孙叶延时，号其国曰吐谷浑。

④吐谷浑城：即吐谷浑的国都伏俟城。"伏俟"为鲜卑语，意为王者之城，位于今青海湖西北一带。

⑤鄯善：西域古国名，本名楼兰，王居扜泥城（在今新疆若羌县治卡克里克）。汉昭帝元凤四年（前77），汉立尉屠耆为王，更名为"鄯善"。《汉书·西域传》："鄯善国，本名楼兰，王治扜泥城，去阳关千六百里，去长安六千一百里。户千五百七十，口万四千一百，胜兵二千九百十二人。辅国侯、却胡侯、鄯善都尉、击车师都尉、左右且渠、击车师君各一人，译长二人。西北去都护治所千七百八十五里，至墨山国千三百六十五里，西北至车师千八百九十里。地沙卤，少田，寄田仰谷旁国。国出玉，多葭苇、柽柳、胡桐、白草。民随畜牧逐水草，有驴马，多橐它。能作兵，与婼羌同。"

⑥第二息宁西将军：这里指吐谷浑玑（480—516）。息，亲生儿女。宁西将军，北魏给予吐谷浑玑的封号。《魏故直寝奉车都尉汶山侯吐谷浑玑墓志》："君讳玑，字龙宝，河南洛阳人也。其先吐谷国主柴之曾孙。

祖头颓，率众归朝，蒙赐公爵。父丰承袭，显著魏邦，除宁西将军、长安镇将。"

⑦左末城：左末国之都城。左末，又作且末、沮沫等。今且末县位于新疆维吾尔自治区巴音郭楞蒙古自治州南部。《汉书·西域传》："且末国，王治且末城，去长安六千八百二十里。户二百三十，口千六百一十，胜兵三百二十人。辅国侯、左右将、译长各一人。西北至都护治所二千二百五十八里，北接尉犁，南至小宛可三日行。有蒲陶诸果。西通精绝二千里。"

⑧耒耜：古代耕地翻土的农具，类似锹、铲。后借指农具或农耕。耒是耒耜的柄，耜是耒耜下端的起土部分。《礼记·月令》："（孟春之月）天子亲载耒耜，措之于参保介之御间。"东汉郑玄注："耒，耜之上曲也。"

⑨吕光（338—399）：十六国时后凉国君。略阳（治今甘肃天水东）人，氐族，字世明。原为前秦苻坚大将，建元十九年奉命攻打西域，焉耆等国皆降。后因淝水之战苻坚战败后，前秦陷于动乱，遂占据凉州，先称凉州牧、酒泉公，后改称三河王。东晋孝武帝太元二十一年，称天王，建元龙飞。

⑩末城：未见其他典籍记载，从方位看，似在今和田一带。

⑪捍𡡉城：西域古国的城池，国名又称拘弥国、扜弥国、扜采国等。位于今新疆于田县克里雅河东古拘弥城遗址一带。《后汉书·西域传》："拘弥国，居宁弥城，去长史所居柳中四千九百里，去洛阳万二千八百里。领户二千一百七十三，口七千二百五十一，胜兵千七百六十人。"

[译文]

有敦煌人宋云的住宅，宋云和惠生都出使过西域。神龟元年十一月冬天，太后派遣崇立寺比丘惠生到西域取经，共获得一百七十部佛经，都是大乘经典。

一开始从京城出发，西行四十天，到赤岭，就是魏国的西部边疆。北魏的关口，正是在此处。（所谓赤岭，不生草木，以此得名。其山中有鸟鼠同穴的现象。不同种但共类，鸟为雄性鼠为雌性，共成阴阳，就是所说的鸟鼠同穴。）

从赤岭出发，向西走二十三日，渡过流沙，到吐谷浑国。路途中甚为寒冷，多有风雪，飞沙走石，举目皆是，只有吐谷浑城左右一带比其他地方暖和。其国有文字，状况和魏国类同。风俗和政治，多是夷地的规矩。

从吐谷浑西行三千五百里，到鄯善城。其城自立为王，后被吐谷浑所吞并。现在这座城属于吐谷浑第二子宁西将军，总领部落三千人，防御西部的胡人。

从鄯善西行一千六百四十里，到达左末城。城中居民约有百余家，土地干旱无雨，挖水种麦，不会使用牛，用人力耕种。城中画的佛与菩萨像，没有胡人的样貌，访问老人，说是吕光征伐西域时所作的。

从左末城西行一千二百七十五里，到末城。城旁种的花果好似洛阳，唯有土屋平顶不同。

从末城西行二十二里，到达捍𡡉城。城南十五里有一大寺院，内有三百余僧众。寺院中有金像一尊，高一丈六，仪态容貌超凡脱俗，形象美好，脸部一直面向东边，不肯向西。父老相传说：此像本是从南方腾空而来，于阗国国王亲自拜见礼拜，载着金像回去，中途天晚住宿，金像忽然不见了。派人寻找，发现金像回到了原来的地方。国王随即造起佛塔，封四百户人家供洒扫。这些民户如果有病，用金箔贴到金像对应的病患处，病就会因其荫庇而痊愈。后人在此像旁边造了一丈六的金像及众佛塔，佛塔数量达到数千，悬挂的彩色幡盖，也有上万。其中魏国之幡超过一半，幡上隶书多写有"太和十九年""景明二年""延昌二年"。唯有一幡，从其年号看，是后秦国君姚兴时期的幡。

[评析]

从此节开始，主要记述宋云及惠生出使西域之事，体例与之前略有不同。本卷结束时杨衒之按语也说："《惠生行记》事多不尽录，今依《道荣传》《宋云家记》，故并载之，以备缺文。"据此，本节内容是参照多本书的内容而成。

周祖谟先生也说："据衒之所云，此记取材有三：一为《惠生行记》，一为《宋云家记》，一为《道荣传》。案《隋书·经籍志》有《惠生行传》一卷，《旧唐书·经籍志》及《新唐书·艺文志》并有《宋云魏国以西十一国事》一卷，今二书均佚，赖衒之此记存其梗概。至于《道荣传》，史志未著录。惟唐道宣《释迦方志》卷下《游履篇》云：'后魏太武末年（公元四五一）沙门道药从疏勒道入，经悬度，到僧伽施国（Śamkaśya），及返，还寻故道。著传一卷。'案'道药'者即本书之'道荣'也，其书亦不传矣。"（周祖谟《洛阳伽蓝记校释》）

陈寅恪先生则明确认定有关宋云出使事的描述采用了佛教中的"合本子注"的方式。他说："观今本《洛阳伽蓝记》杨氏纪惠生使西域一节，辄以宋云言语行事及《道荣传》所述参错成文，其间颇嫌重复，实则杨氏之纪此事，乃合《惠生行纪》《道荣传》及《宋云家传》三书为一本，即僧徒"合本"之体，支敏度所谓'合令相附'及'使事类相从'

者也。"(陈寅恪《金明馆丛稿二编·读〈洛阳伽蓝记〉书后》)

从捍𪎭城西行八百七十八里，至于阗国。王头著金冠，似鸡帻①，头后垂二尺生绢，广五寸，以为饰。威仪有鼓角金钲②，弓箭一具，戟二枝，槊五张③。左右带刀，不过百人。其俗妇人裤衫束带，乘马驰走，与丈夫无异。死者以火焚烧，收骨葬之，上起浮图。居丧者，翦发劓面④，以为哀戚。发长四寸，即就平常。唯王死不烧，置之棺中，远葬于野，立庙祭祀，以时思之。

于阗王不信佛法。有商胡将一比丘名毗卢旃在城南杏树下，向王伏罪云："今辄将异国沙门来在城南杏树下。"王闻忽怒，即往看毗卢旃。旃语王曰："如来遣我来，令王造覆盆浮图一所⑤，使王祚永隆。"王言："令我见佛，当即从命。"毗卢旃鸣钟告佛，即遣罗睺罗变形为佛⑥，从空而现真容。王五体投地⑦，即于杏树下置立寺舍，画作罗睺罗像。忽然自灭，于阗王更作精舍笼之。今覆盆之影，恒出屋外，见之者无不回向⑧。其中有辟支佛靴⑨，于今不烂，非皮非彩，莫能审之。

案于阗国境，东西不过三千余里。

[注释]

①鸡帻：即鸡冠。

②金钲：古乐器。

③槊：古代兵器，即长杆矛。

④劈面：指以刀划面。古代匈奴、回鹘等族遇大忧大丧，则划面以表示悲戚。亦用以表示诚心和决心。

⑤覆盆浮图：覆盆状佛塔，即底部为须弥座，中部为圆形的塔身，上层圆形拱顶，像覆置的盆一样。

⑥罗睺罗：释迦牟尼出家前所生之子，后跟随释迦牟尼出家，成为佛陀的十大弟子之一。

⑦五体投地：原流行于印度的一种礼敬之法，佛教中用来表示信徒对佛法僧三宝的尊敬的礼节，后也引申为对某人的敬佩。所谓五体，指两手、两膝、头顶等，亦称五轮。

⑧回向：不独享自己修行所得的善根、功德，将其回转给众生，是大乘佛教的一种重要的修行方式。

⑨辟支佛：即辟支迦佛陀，意译独觉或缘觉，不通过老师而独自获得觉悟的修行者。

[译文]

从捍麼城向西走八百七十八里，到达于阗国。于阗国王头戴金冠，好似鸡冠，头后面下垂有两尺生绢，宽五寸，作为装饰。仪仗队伍有鼓角金钲，弓箭一副，戟二支，槊五张。随从带刀的卫士，不过百人。其风俗是妇女穿着裤衫束带，骑马奔跑，同男子一样。死者用火焚烧，收集骨灰安葬，于葬地上面造塔。守丧的人，剪掉头发，用刀割伤面部，表示哀悼。头发长到四寸，即恢复平常。只有国王死后不焚烧，放到棺材中，埋葬到远处的荒野中，建庙祭祀，时时思念。

于阗国王不相信佛法。有胡人客商带一名比丘名叫毗卢旃到城南杏树下，向国王请罪说："现在我擅自将外国沙门带到城南杏树下。"国王听到立刻大怒，随即去看毗卢旃。毗卢旃对国王说："如来派我来，命令国王造覆钵的浮图一座，使得国王基业永隆。"国王说："若让我见到佛，我便立即从命。"毗卢旃敲钟通告佛陀，佛随即派罗睺罗变形为佛陀，从空中显示真容。国王五体投地，就在杏树下建造了寺院，画了罗睺罗像。画像突然自己消失，于阗国王更制作了精舍笼罩它。现在覆钵的塔影，常常掩映到院外，见到的没有不回心向佛的。其中有辟支佛的靴子，至今不腐烂，既不是皮革做的，也不是彩色丝织品做的，没有人能了解其中奥妙。

（案于阗国境，东西不过三千余里。）

[评析]

于阗国是西域古国中一个佛教信仰国家，中土第一位汉族僧人朱士行前往取经的地方就是于阗。据记载，他在于阗发现了大乘典籍。当他准备送回国内时，受到小乘僧人的阻挠，说明当地初期流行的可能是小乘佛教，大乘典籍虽然有，但被人视为异端。本节中所记录的佛法传入于阗的故事，也应为小乘佛教在当地的初传。高僧法显作为第一位抵达天竺的僧人，也路过于阗。他在隆安五年（401）抵达于阗，"其国丰乐，人民殷盛，尽皆奉法，以法乐相娱。众僧乃数万人，多大乘学，皆有众食。彼国人民星居，家家门前皆起小塔，最小者可高二丈许。作四方僧房供给客僧。"（《法显传》）此时的于阗俨然已是大乘佛国。

《魏书》中也有关于于阗国位置和佛教信仰的记载："于阗国，在且末西北，葱岭之北二百余里。东去鄯善千五百里，南去女国二千里，去朱俱婆千里，北去龟兹千四百里，去代九千八百里。其地方亘千里，连山相次。所都城方八九里，部内有大城五，小城数十，于阗城东三十里有苴拔河，中出玉石。土宜五谷并桑麻，山多美玉，有好马、驼、骡。其刑法，杀人者死，余罪各随轻重惩罚之。自外风俗物产与龟兹略同。俗重佛法，寺塔僧尼甚众，王尤信尚，每设斋日，必亲自洒扫馈食焉。城南五十里有赞摩寺，即昔罗汉比丘卢旃为其王造覆盆浮图之所，石上有辟支佛跣处，双迹犹存。于阗西五百里有比摩寺，云是老子化胡成佛之所。俗无礼义，多盗贼，淫纵。自高昌以西，诸国人等深目高鼻，唯此一国，貌不甚胡，颇类华夏。城东二十里有大水北流，号树枝水，即黄河也，一名计式水。城西五十五里亦有大水，名达利水，与树枝水会，俱北流。"（《魏书》卷一百二）

神龟二年七月二十九日入朱驹波国①。人民山居，五谷甚丰，食则面麦，不立屠煞。食肉者，以自死肉。风俗言音与于阗相似，文字与婆罗门同②。其国疆界可五日行遍。

八月初入汉盘陀国界③。西行六日，登葱岭山。复西行三日，至钵盂城。三日至不可依山④。其处甚寒，冬夏积雪。山中有池，毒龙居之。昔有三百商人止宿池侧，值龙忿怒，泛杀商人。盘陀王闻之，舍位与子，向乌场国学婆罗门咒，四年之中，尽得其术。还复王位，就池咒龙。龙变为人，悔过向王。王即徙之葱岭山，去此池二千余里。今日国王十三世祖也。

自此以西，山路欹侧⑤，长坂千里，悬崖万仞，极天之阻，实在于斯。太行孟门⑥，匹兹非险；崤关陇坂⑦，方此则夷。自发葱岭，步步渐高，如此四日，乃得至岭。依约中下，实半天矣。汉盘陀国正在山顶。自葱岭已西，水皆西流，世人云是天地之中。人民决水以种，闻中国田待雨而种，笑曰："天何由可共期也？"城东有孟津河⑧，东北流向沙勒⑨。葱岭高峻，不生草木。是时八月，天气已冷，北风驱雁，飞雪千里。

九月中旬入钵和国⑩。高山深谷，崄道如常。国王所住，因山为城。人民服饰，惟有毡衣。地土甚寒，窟穴而居。风雪劲切，人畜相依。国之南界有大雪山，朝融夕结，望若玉峰。

[注释]

①朱驹波国：西域古国名。又作朱俱波、朱俱盘、朱俱槃、遮拘迦、遮拘盘。位于今新疆叶城县一带。《新唐书》载："朱俱波亦名朱俱槃，汉子合国也。并有西夜、蒲犁、依耐、得若四种地。直于阗西千里，葱岭北三百里，西距喝盘陀北九百里。"

②婆罗门：古代印度四种姓之一，属于掌管宗教祭祀的阶层，在四种姓中地位最高，是古印度一切知识的垄断者。婆罗门一生可分四期：第一梵行期，八岁选择老师，其后十二年学吠陀，学习祭祀仪式。第二家住期，回到家中结婚生子，过世俗生活。第三林栖期，年老后将家产交给儿子，栖居林间。第四遁世期，断绝世俗之念，过沙门生活。此处借指婆罗门国，即天竺。

③汉盘陀国：西域古国名。又作渴槃陀、渴盘陁、汉陀。位于今新疆西南部的塔什库尔干塔吉克自治县。《魏书·西域传》："渴槃陀国，在葱岭东，朱驹波西。河经其国，东北流。有高山，夏积霜雪。亦事佛道。附于嚈哒。"《梁书·诸夷传》："渴盘陁国，于阗西小国也。西邻滑国，南接罽宾国，北连沙勒国。所治在山谷中，城周回十余里，国有十二城。风俗与于阗相类。衣吉贝布，著长身小袖袍、小口裤。地宜小麦，资以为粮。多牛马骆驼羊等。出好毡、金、玉。王姓葛沙氏。中大同元年，遣使献方物。"

④不可依山：一说位于今公格尔峰布伦口一带。文中所说山中之池，可能指今天的布伦口湖。

⑤欹侧：倾斜。

⑥孟门：古山名，在今陕西宜川东北、山西吉县西。绵亘黄河两岸。因位于龙门之北，故亦称"龙门上口"。春秋时为晋国要隘。《左传·襄公二十三年》："齐侯遂伐晋，取朝歌，为二队，入孟门，登太行。"西晋杜预注："孟门，晋隘道。"

⑦崤关：即崤山，以古崤县得名，又作嶔崟山、肴山，位于河南西部，因地势险峻、关隘坚固，与西边的函谷关并称崤函，是古代著名的关隘。陇坂：即陇坻。今陕西、甘肃两省间之陇山，六盘山南段的别称。东汉张衡《四愁》诗："我所思兮在汉阳，欲往从之陇坂长。"

⑧孟津河：即今新疆塔什库尔干河，玄奘《大唐西域记》称之为"徙多河"。

⑨沙勒：即疏勒，西域古国名。今新疆喀什一带。《汉书·西域传》："疏勒国，王治疏勒城，去长安九千三百五十里。户千五百一十，口万八千六百四十七，胜兵二千人。疏勒侯、击胡侯、辅国侯、都尉、左右将、

左右骑君、左右译长各一人。东至都护治所二千二百一十里,南至莎车五百六十里。有市列,西当大月氏、大宛、康居道也。"

⑩钵和国:西域古国名,约在今塔什库尔干塔吉克自治县西。《魏书·西域传》:"钵和国,在渴槃陁西。其土尤寒,人畜同居,穴地而处。又有大雪山,望若银峰。其人唯食饼䴬,饮麦酒,服毡裘。有二道,一道西行向嚈哒,一道西南趣乌苌。亦为嚈哒所统。"

[译文]

　　神龟二年七月二十九日进入朱驹波国。国民居住在山里,五谷丰富,食物是麦面,没有屠户。吃肉的人,吃自然死亡动物的肉。风俗语言与于阗相似,文字与婆罗门国相同。朱驹波国的疆界五天可走遍。

　　八月初进入汉盘陀国界。向西走六天,登葱岭山脉。再向西走三天,到达钵盂城。三天后,到达不可依山。这个地方非常寒冷,冬夏积雪。山中有个水池,毒龙居住其中。过去曾有三百位商人住宿在水池边上,碰上毒龙发怒,发水淹死了商人。盘陀王听闻后,将王位让给儿子,去乌场国学习婆罗门咒语。四年之内,完全掌握了法术。回来后,恢复王位,到池边对着龙施咒语。毒龙变为人形,向国王悔过。国王随即把它迁到了葱岭山脉,距离这个池有二千余里。他是现在的国王的第十三代祖先。

　　从此往西,山路陡峭,长坡有千里,悬崖万仞,好像到天顶一样的屏障,正在此地。太行山、孟门山,与此相比不算险要之地;崤山、陇坂,与此相比就是平地。自从葱岭出发,越走越高,这样走四天,才到达岭上。感觉还在中间偏下的地方,但实际上已经到了半空中了。汉盘陀国正位于山顶。自葱岭以西,水都向西边流,人们都说这里是天地的中心。百姓引水种田,听说中国田地是等待雨水才下种时,笑着说:"天怎么能按我们的期望来呢？"城东边有孟津河，东北流向疏勒。葱岭高耸险峻，不生长草木。这个时间是八月，天气已经寒冷，北风驱赶大雁，千里飞雪。

九月中旬进入钵和国。高山深谷，道路险峻如常。国王居住的地方，借山势造城。百姓服饰，只有毡衣。天寒地冻，挖掘洞穴居住。风雪强劲急速，深入肌肤，人畜都依偎在一起。国的南界有大雪山，山上的雪早上融化，傍晚结冰，远望如玉峰。

[评析]

从汉盘陀国西行，逐渐就抵达了葱岭山脉，进入了西行途中一段艰险的路段。葱岭，古山脉名。传说以山多青葱而得名。地域甚广：北起南天山、西天山，往南绵亘，包括帕米尔高原、西昆仑山、喀喇昆仑山和兴都库什山。山高地寒，气候变化无常。

玄奘在《大唐西域记》卷一中描述这一带："国西北行三百余里，度石碛，至凌山。此则葱岭北原，水多东流矣。山谷积雪，春夏合冻，虽时消泮，寻复结冰。经途险阻，寒风惨烈，多暴龙，难陵犯。行人由此路者，不得赭衣持瓠大声叫唤。微有违犯，灾祸目睹。暴风奋发，飞沙雨石，遇者丧殁，难以全生。"这是古代丝绸之路最为艰险的路段之一，位于今天中国和塔吉克斯坦以及阿富汗的交界处。

十月之初，至嚈哒国[①]。土田庶衍，山泽弥望，居无城郭，游军而治。以毡为屋，随逐水草，夏则迁凉，冬则就温。乡土不识文字，礼教俱阙。阴阳运转，莫知其度。年无盈闰，月无大小，周十二月为一岁。受诸国贡献，南至牒罗[②]，北尽敕勒[③]，东被于阗，西及波斯，四十余国皆来朝贡。王居大毡帐，方四十步，周回以氍毹为壁④。王著锦衣，坐金床，以四金凤凰为床脚。见大魏使人，再拜跪受诏书。至于设会，一人唱，则客前；后唱，则罢会。唯有此法，不见音乐。

嚈哒国王妃亦锦衣，长八尺奇，垂地三尺，使人擎之。头带一角，长三尺，以玫瑰五色珠装饰其上。王妃出则舆之，入坐金床，以六牙白象四狮子为床。自余大臣妻皆随伞，头亦似有角。团圆下垂，状似宝盖。观其贵贱，亦有服章⑤。四夷之中，最为强大。不信佛法，多事外神。杀生血食，器用七宝。诸国奉献，甚饶珍异。

按：嚈哒国去京师二万余里。

十一月初入波知国⑥。境土甚狭，七日行过。人民山居，资业穷煎。风俗凶慢，见王无礼。国王出入，从者数人。其国有水，昔日甚浅，后山崩截流，变为二池。毒龙居之，多有灾异。夏喜暴雨，冬则积雪，行人由之，多致艰难。雪有白光，照耀人眼，令人闭目，茫然无见。祭祀龙王，然后平复。

十一月中旬入赊弥国⑦。此国渐出葱岭，土田峣崅⑧，民多贫困。峻路危道，人马仅通。一直一道，从钵卢勒国向乌场国⑨，铁锁为桥，悬虚而度，下不见底，旁无挽捉，倏忽之间，投躯万仞，是以行者望风谢路耳。

[注释]

①嚈哒国：西域古国名，即嚈哒国，一说其国人为大月氏后裔，位置大致在今阿姆河之南。《魏书·西域传》："嚈哒国，大月氏之种类也，亦曰高车之别种，其原出于塞北。自金山而南，在于阗之西，都乌许水南二百余里，去长安一万一百里。其王都拔底延城，盖王舍城也。其城方十里余，多寺塔，皆饰以金。风俗与突厥略同。其俗兄弟共一妻，夫无兄弟者其妻戴一角帽，若有兄弟者依其多少之数，更加角焉。衣服类加以缨络。头皆剪发。其语与蠕蠕、高车及诸胡不同。众可十万。无城邑，依随水草，以毡为屋，夏迁凉土，冬逐暖处。分其诸妻，各在别所，相去或二百、三百里。其王巡历而行，每月一处，冬寒之时，三月不徙。王位不必传子，子弟堪任，死便授之。其国无车有舆，多驼马。用刑严急，偷盗无多少皆腰斩，盗一责十。死者，富者累石为藏，贫者掘地而埋，随身诸物，皆置冢内。其人凶悍，能斗战。西域康居、于阗、沙勒、安息及诸小国三十许皆役属之，号为大国。与蠕蠕婚姻。自太安以后，每遣使朝贡。正光末，遣使贡师子一，至高平，遇万俟丑奴反，因留之。丑奴平，送京师。永熙以后，朝献遂绝。初，熙平中，肃宗遣王伏子统宋云、沙门法力等使西域，访求佛经。时有沙门慧。其国南去漕国千五百里，东去瓜州六千五百里。生者亦与俱行，正光中还。慧生所经诸国，不能知其本末及山川里数，盖举其略云。"

②朕罗：其他史籍未见记载。

③敕勒：又作铁勒，为匈奴后裔，我国古代北方民族名称。因部落多乘坐高轮车，故又称高车部。《魏书·高车传》："高车，盖古赤狄之余种也，初号为狄历，北方以为敕勒，诸夏以为高车、丁零。其语略与匈奴同而时有小异，或云其先匈奴之甥也。"

④氍毹：西域出产的毛织的毯子。

⑤服章：古代表示官阶身份的服饰。《左传·宣公十二年》："君子小人，物有服章。"西晋杜预注："尊卑别也。"

⑥波知国：在钵和国西南的一个小国。《魏书·西域传》："波知国，在钵和西南。土狭人贫，依托山谷，其王不能总摄。有三池，传云大池有龙王，次者有龙妇，小者有龙子，行人经之，设祭乃得过，不祭多遇风雪之困。"

⑦赊弥国：位于波知国南边的国度，不信佛法。《魏书·西域传》："赊弥国，在波知之南。山居。不信佛法，专事诸神。亦附嚈哒。东有钵卢勒国，路崄，缘铁锁而度，下不见底。熙平中，宋云等竟不能达。"

⑧墝埆：土地贫瘠。

⑨钵卢勒国：又作钵露罗、波路等，位于今印度河上游地区。《大唐西域记》载："钵露罗国，周四千余里，在大雪山间，东西长，南北狭。多麦、豆，出金、银，资金之利，国用富饶。时唯寒烈，人性犷暴，薄于仁义，无闻礼节。形貌粗弊，衣服毛褐。文字大同印度，言语异于诸国。伽蓝数百所，僧徒数千人，学无专习，戒行多滥。"

[译文]

十月初，到达嚈哒国。田地广阔平坦，满眼都是山和水，居住的地方没有城郭，以流动的军队来管理。以毡房为房屋，追逐水草而居，夏天则迁到凉快的地方，冬天则到温暖的地方。没有乡土观念，文字礼教都缺乏。日月变换，但不知其度数。一年中没有盈闰，月没有大小之分，经十二月为一年。接受诸国的贡献，南至牒罗，北到敕勒，东至于阗，西及波斯，四十多个国家都来朝贡。国王住在大毡帐，四十步见方，周围以毛毯做墙壁。国王穿着锦绣的衣服，坐在金色的床上，以四个金凤凰做床腿。见到大魏国的使者，两次拜礼后跪着接受诏书。至于安排聚会时，一人歌唱，宾客上前；又复唱歌，聚会就结束了。只有这种方法，不见有音乐。

嚈哒国王妃也穿锦衣，长八尺多，垂地三尺，让人捧着。头上戴一个角帽，三尺长，用玫瑰五色珠装饰在上面。王妃外出则坐车，居家则坐在金床上，金床以六牙白象和四狮子做装饰。其他大臣妻子都跟随在王妃的伞盖后，她们头上也好像有角帽。伞是圆的，四周下垂，形状好似宝盖。观察他们服饰的贵贱，也有服章制度。在四夷之中，嚈哒国最为强大。他们不信仰佛法，多侍奉外道。杀生肉食，器物用七宝。各国的供奉之物，多有珍异之品。

（按：嚈哒国离我国京师二万余里。）

十一月初进入波知国。国境狭小，七天就能走过。百姓依山而居，生活穷困。风俗野蛮，拜见国王没有礼节。国王出入，随从有数人。该国有湖水，往昔很浅，后来山崩后截流，变成了两池湖水。有毒龙居住其中，多有灾异。夏天喜欢下暴雨，冬天则积雪，行人由此通行，增加了更多困难。雪反射白光，照耀人眼，令人闭目，白茫茫什么都看不见。祭祀龙王，然后一切恢复正常。

十一月中旬进入赊弥国。此国渐渐离开了葱岭，土地贫瘠，百姓大多贫困。险峻危险的道路，仅能供一人一马通过。一条笔直的道路，从钵卢勒国通向乌场国，途中铁索为桥，飞悬而度，下面深不见底，旁边没有可扶抓的地方，稍有闪失，就会丧生于万丈深渊，因此行路者闻风丧胆，不敢通行。

[评析]

　　从嚈哒国开始，开始进入了阿富汗北部地区，地势逐渐平缓。统治这个区域的多是大月氏的后裔。西汉时，大月氏民族从敦煌一带一直迁到阿姆河流域，其中一个部落强大起来并在此建立了强大的贵霜王朝。不过宋云等出使此地时，贵霜王朝早已衰败，分裂为诸王公控制的小国。这一时期，有"白匈奴"之称的嚈哒人建立的国家开始强盛，不断越过阿姆河，向南攻入今巴基斯坦一带。

　　十二月初入乌场国。北接葱岭，南连天竺，土气和暖，地方数千里。民物殷阜，匹临淄之神州；原田膴膴①，等咸阳之上土。鞞罗施儿之所②，萨埵投身之地③，旧俗虽远，土风犹存。国王精进，菜食长斋，晨夜礼佛，击鼓吹贝，琵琶箜篌，笙箫备有。日中已后，始治国事。假有死罪，不立杀刑，唯徙空山，任其饮啄。事涉疑似，以药服之，清浊则验。随事轻重，当时即决。土地肥美，人物丰饶。五谷尽登，百果繁熟。夜闻钟声，遍满世界。土饶异花，冬夏相接，道俗采之，上佛供养。

　　国王见宋云，云大魏使来，膜拜受诏书。闻太后崇奉佛法，即面东合掌，遥心顶礼。遣解魏语人问宋云曰："卿是日出人也？"宋云答曰："我国东界有大海水，日出其中，实如来旨。"王又问曰："彼国出圣人否？"宋云具说周孔庄老之德；次序蓬莱山上银阙金堂，神仙圣人并在其上；说管辂善卜④，华陀治病，左慈方术；如此之事，分别说之。王曰：

"若如卿言,即是佛国,我当命终,愿生彼国。"

宋云于是与惠生出城外,寻如来教迹。水东有佛晒衣处。初如来在乌场国行化,龙王瞋怒,兴大风雨,佛僧迦梨表里通湿⑤。雨止,佛在石下东面而坐,晒袈裟。年岁虽久,彪炳若新。非直条缝明见,至于细缕亦彰。乍往观之,如似未彻,假令刮削,其文转明。佛坐处及晒衣所,并有塔记。

[注释]

①腬腬:肥沃。《诗经·大雅·绵》:"周原腬腬,堇荼如饴。"《毛传》:"腬腬,美也。"

②鞞罗施儿:指鞞罗施舍儿子给婆罗门之事。鞞罗,又作须达拏太子、须提梨拏太子、苏达那太子、苏达拏太子。意译作善施太子、善爱太子、好爱太子、善与太子、一切与太子、善牙太子。是释迦牟尼佛过去世为太子修菩萨行时之名。据《须大拏经》载,昔叶波国王子须大拏,常行布施。凡有求其衣服、饮食、金银珍宝、车马、田宅者,太子无不施与。其后,更将二子施予婆罗门,以妃施予帝释所化之梵志。

③萨埵投身:即佛陀前世舍身饲虎的故事。过去有一个国王,有三子,分别名叫摩诃富那宁、摩诃提婆、摩诃萨埵。其中最小的儿子生来心善,怜悯众生。一次,三子出游,见到一只老虎在哺乳两个小老虎。因为这只母老虎瘦弱饥饿,打算吃掉一只小老虎。三子商议如何救助老虎,但没有好的办法,于是离开。回去途中,摩诃萨埵想到了以身饲虎,于是找了借口,离开两兄弟,独自来到虎前,自取利木,刺身出血,老虎张口吃掉了他。这个摩诃萨埵就是佛陀的前世。

④管辂（209—256）：字公明，三国魏平原（今山东平原西南）人。擅长《周易》、占相之道。相传占卜多灵验。曾与吏部尚书何晏、魏郡太守钟毓论《易》，被何晏赞为"要言不烦"。高贵乡公正元二年，为少府丞。

⑤僧迦梨：又作僧伽胝、僧伽致、伽胝，为三衣之一。因必须割截后始制成，故称重衣、复衣、重复衣。因其条数多，故称杂碎衣。在外出及其他庄严仪式时穿着，比如入王宫、聚落、乞食，及升座说法、降伏外道等诸时所着用，故也称入王宫聚落衣。又以其为诸衣中最大者，故称大衣。

[译文]

十二月初进入乌场国。北接葱岭，南连天竺，气候暖和，占地方圆数千里。人口、物产丰富，可以匹敌于神州的临淄古都；田野肥沃，如同咸阳的上等土地。是鞞罗将儿子施舍给婆罗门的地方，也是太子摩诃萨埵舍身饲虎之处，过去的习俗虽然远去，但民风尚存。国王精进，素食斋戒，早晨晚上都礼佛，击鼓吹贝，琵琶、箜篌、笙箫都有。过午之后，才开始处理国家事务。如果有死刑犯，不立即执行，只是流放到荒山之中，任其自生自灭。如果涉及疑似的案件，就让他服药，是非就可得到验证。随事情大小，当时就能决断。土地肥美，人口和物产都丰富。五谷丰登，百果累累。夜间听到钟声，声音充满世界。土地丰饶，繁花似锦，冬夏相接，僧俗采摘，供奉佛陀。

国王见到宋云后，称大魏使者到来，于是膜拜后接受诏书。听闻太后崇奉佛法，即向东合掌，遥相致敬。派了通魏语的人问宋云说："您是日出之地的人士吗？"宋云答："我国东边有大海水，太阳从那里升起，实在是如来的旨意。"国王又问道:"你们国家出圣人吗?"宋云详细地介绍了周孔老庄的德行;然后又讲了蓬莱山上的银阙金堂及神仙圣人之事;再讲了管辂善于占卜、华佗精于治病、左慈擅长方术等;诸如此类之事,一一讲给国王听。国王说:"若如同你说的那样,就是佛国了,我愿死后,投生在你们国家。"

宋云于是和惠生出了城外,寻找佛教遗迹。水东边有佛陀晒衣服的地方。当初如来在乌场国弘化,龙王发怒,掀起了大风雨,佛的大衣里外都湿透了。雨停后,佛陀在石头下面东向而坐,晾晒袈裟。虽然年岁久远,但痕迹如同新的一样。非但衣服条缝鲜明可见,就是细线也很明显。乍看之下,好像不是很清晰,假如刮削一下,其纹路就变得明显。佛坐的地方及晒衣服处,都有塔记。

[评析]

玄奘西行时,也到过乌场国,此国在《大唐西域记》中称为"乌仗那国"。上文中所谓的城池当是乌仗那国的首都瞢揭厘城。《大唐西域记》卷三说:"乌仗那国,周五千余里,山谷相属,川泽连原。谷稼虽播,地利不滋。多蒲萄,少甘蔗,土产金、铁,宜郁金香,林树蓊郁,花果茂盛。寒暑和畅,风雨顺序。人性怯懦,俗情谲诡。好学而不功,禁咒为艺业。多衣白氎,少有余服。语言虽异,大同印度。文字礼仪,颇相参预。崇重佛法,敬信大乘。夹苏婆伐窣堵河,旧有一千四百伽蓝,多已荒芜。昔僧徒一万八千,今渐减少。并学大乘,寂定为业,喜诵其文,未究深义,戒行清洁,特闲禁咒。律仪传训,有五部焉:一、法密部,二、化地部,三、饮光部,四、说一切有部,五、大众部。天祠十有余所,异道杂居。坚城四五,其王多治瞢揭厘城。城周十六七里,居人殷盛。"

水西有池，龙王居之，池边有一寺，五十余僧。龙王每作神变，国王祈请，以金玉珍宝投之池中，在后涌出，令僧取之。此寺衣食，待龙而济，世人名曰龙王寺。

王城北八十里，有如来履石之迹，起塔笼之。履石之处，若践水泥，量之不定，或长或短。今立寺，可七十余僧。塔南二十步，有泉石①。佛本清净，嚼杨枝②，植地即生，今成大树，胡名曰婆楼。

城北有陀罗寺，佛事最多。浮图高大，僧房逼侧，周匝金像六千躯。王年常大会，皆在此寺。国内沙门，咸来云集。宋云、惠生见彼比丘戒行精苦，观其风范，特加恭敬。遂舍奴婢二人，以供洒扫。

去王城东南，山行八日，至如来苦行投身饲饿虎之处。高山巃嵸③，危岫入云。嘉木灵芝，丛生其上。林泉婉丽，花彩曜目。宋云与惠生割舍行资，于山顶造浮图一所，刻石隶书，铭魏功德。山有收骨寺，三百余僧。

王城南一百余里，有如来昔在摩休国剥皮为纸，折骨为笔处④。阿育王起塔笼之⑤，举高十丈。折骨之处，髓流著石，观其脂色，肥腻若新。

王城西南五百里，有善持山⑥，甘泉美果，见于经记。山谷和暖，草木冬青。当时太簇御辰⑦，温炽已扇，鸟鸣春树，蝶舞花丛。宋云远在绝域，因瞩此芳景，归怀之思，独轸中肠，遂动旧疹，缠绵经月，得婆罗门咒，然后平善。

[注释]

①泉石：指山水。《梁书·徐摛传》："（朱异）遂承间白高祖曰：'摛年老，又爱泉石，意在一郡，以自怡养。'高祖谓摛欲之，乃召摛曰：'新安大好山水，任昉等并经为之，卿为我卧治此郡。'"

②杨枝：又作齿木，佛教中用来磨齿刮舌的木片，起到类似今天刷牙之效。唐义净《南海寄归内法传》卷一"朝嚼齿木"条："每日旦朝须嚼齿木，揩齿、刮舌，务令如法。盥漱清净，方行敬礼。……其齿木者，梵云惮哆家瑟诧。惮哆，译之为齿；家瑟诧即是其木。长十二指，短不减八指，大如小指，一头缓，须熟嚼，良久净刷牙关。……齿木名为杨枝，西国柳树全稀，译者辄传斯号。佛齿木树，实非杨柳。那烂陀寺目自亲观，既不取信于他，闻者亦无劳致惑。捡《涅槃经》梵本云，嚼齿木时矣。"

③巃嵸：形容山势高耸陡峭。

④摩休国：此地为传说中过去佛剥皮为纸之处。摩休，即摩愉，意为"豆"。《大唐西域记》卷三："摩诃伐那伽蓝西北下山三四十里，至摩愉伽蓝。有窣堵波，高百余尺。其侧大方石上，有如来足蹈之迹。是佛昔蹈此石，放拘胝光明，照摩诃伐那伽蓝，为诸人、天说本生事。其窣堵波基下有石，色带黄白，常有津腻。是如来在昔修菩萨行，为闻正法，于此析骨书写经典。"剥皮为纸，折骨为笔：意思为佛的前世为求佛经，用身上的皮肤作纸张，用骨头作笔，用血作墨书写佛经。各经中主人公名字略有不同，如《菩萨本行经》中为"梵天王"和"优多婆仙人"："佛言为梵天王时，为一偈故，自剥身皮而用写经；为优多婆仙人时，为一偈故，剥身皮为纸，折骨为笔，血用和墨。此皆前世宿行所作，结于誓愿，今皆得之。"《大智度论》中为"爱法梵志"："如爱法梵志，十二岁遍阎浮提求知圣法而不能得；时世无佛，佛法亦尽。有一婆罗门言：'我有圣法一偈，

若实爱法，当以与汝！'答言：'实爱法！'婆罗门言：'若实爱法，当以汝皮为纸，以身骨为笔，以血书之，当以与汝！'即如其言，破骨、剥皮，以血写偈。"

⑤阿育王（？—前232）：又译为阿输迦、阿输伽、阿恕伽、阿戍笴等，意译无忧王。中印度摩揭陀国孔雀王朝第三世王。年轻时，阿育王残暴无比，杀诸兄弟登上王位，即位后仍经常杀戮大臣及妇女，残害百姓，因此被称为旃陀（暴恶）阿育王。后皈依佛教，成为佛教发展的重要推动者。他把佛教定为国教，在各地大量地建造佛塔。在他的支持下，约一千比丘齐聚华氏城，举行了佛教史上的第三次结集活动。

⑥善持山：即檀特山，佛经上所说的须大拏太子的隐居地。《须大拏经》："前到檀特山中，太子见山钦崟嵯峨，树木繁茂，百鸟悲鸣，流泉清池，美水甘果，兔雁鸡鹄，翡翠鸳鸯，异类甚众……太子入山，山中禽兽皆大欢喜，来迎太子。"

⑦太簇：也作"太蔟"。古人将十二律与十二月相配，太蔟配正月，因此常作为农历正月的别名。《吕氏春秋·音律》："太蔟之月，阳气始生，草木繁动。"东汉高诱注："太蔟，正月。"

[译文]

　　水西边有池塘，龙王居住其中，池塘边有一寺院，有五十余位僧人。龙王每次神通变化，国王都来祈祷，将金玉珍宝投到池中，随后水将宝物涌出，令僧人拿取。此寺的衣食之需，靠龙接济，世人称之为龙王寺。

　　王城北边八十里，有如来踏石留痕遗迹，造塔遮罩。踏石之处，如同踩踏水中之泥，测量时变化不定，或长或短。现在建造的寺院，可容纳七十余位僧人。塔南边二十步远，有山水之景。佛祖本来喜清净，口嚼杨柳枝。杨柳枝插入土中即能生长，现在长成了大树，胡人称之为婆楼。

城北有陀罗寺，佛事活动最多。佛塔高大，僧房相连，周匝金佛像有六千余尊。国王举行的经常性大会，都在此寺。国内的沙门，都来此集会。宋云、惠生见到那些比丘戒行精严，观察他们的风范，特别值得尊敬。于是施舍给他们两个奴婢，以供洒扫。

向王城东南方向，山路行走八天，到如来苦行时以身饲虎之地。高山险峻，峰峦入云。名木灵芝，丛生其上。林泉蜿蜒，花朵光彩耀眼。宋云和惠生割舍了部分路费，在山顶造了一座佛塔，刻隶书碑，铭记魏国功德。山上有收骨寺，有三百余位僧人。

王城向南一百余里，有如来过去世在摩休国剥皮为纸、折骨为笔的地方。阿育王造塔遮罩，塔高约十丈。折骨的地方，血髓渗入石头，看它的颜色，厚重滑腻如新。

王城西南方向五百里，有善持山。甘甜的泉水，美味的果实，在经记上有记载。山谷气候温暖，草木冬天长青。当时正值正月，和风吹拂，小鸟在树上鸣叫，蝴蝶飞舞于花丛。宋云远在天边，因目睹如此美景，思乡之情，涌上心头，于是引发了旧的疹病，卧床一个多月，在获得了婆罗门咒之后，才恢复转好。

[评析]

在佛教中，龙为天龙八部之一。一般认为龙住在水中，能呼风唤雨，具有各种神通，既可作恶为毒龙，也可行善为佛教护法神。佛陀曾有降服毒龙的故事，《佛本行经》卷二载，相传有婆罗门死后变作毒龙，施法刮风下雨，降冰雹霜冻，使得百姓五谷绝收。一次，佛到龙泉边上洗钵，毒龙又大生愤怒，口吐毒气，向佛喷火，佛陀喷水灭火。接着毒龙降冰雹，佛将之变为天花；下大石头，佛变为宝石；降下刀剑，佛将之变为七宝。如此这般较量后，毒龙被佛制服，受五戒成为佛之弟子。

《大方等大集经》卷五十八中也记载有关于毒龙归附佛陀的故事。先有功德天向佛陀汇报毒龙作恶之事："此处多有象龙、马龙、蛇龙、鱼龙、虾蟆龙。彼于此界诸众生中起于恶行，虽说甚深作光陀罗尼，犹故未制此诸恶龙。彼龙常起非时寒热、恶云、暴雨、旱潦不调，伤害众生，及以五谷、芽茎、枝叶、华果、药草。"先由须弥藏龙仙菩萨赴龙宫劝诫诸龙，尔后佛陀再次告诫龙王："各各自诫己之眷属，当设严教勿令违犯，令彼现在及未来世莫坏我法及三宝种。"最后龙王保证凡是佛法流行之地，保证风调雨顺："世尊！随彼彼土，若有持戒多闻所居之处，于彼国中随其所有我之眷属，若男龙、女龙、龙父、龙母、龙男、龙女及龙眷属，于彼国土若城邑、聚落一切诸处，作非时风雨、霜雹、寒热，伤坏五谷、华果、药味资生之具。世尊！若彼福田所居之处，若有诸龙违背我教，我与立誓，令彼恶龙，其身焦瘦，退失神通，焦热触身，依报灭坏，无复辞辩，不堪为作。"正因为佛教中龙身份的双重性，所以在本节中，既有毒害百姓的龙，也有供养僧人的龙。

山顶东南，有太子石室，一口两房。太子室前十步，有大方石。云太子常坐其上，阿育王起塔记之。塔南一里，有太子草庵处。去塔一里，东北下山五十步，有太子男女绕树不去，婆罗门以杖鞭之流血洒地处，其树犹存。洒血之地，今为泉水。室西三里，天帝释化为师子①，当路蹲坐遮嫚姹之处②。石上毛尾爪迹，今悉炳然。阿周陀窟及闪子供养盲父母处③,皆有塔记。

山中有昔五百罗汉床,南北两行相向坐处,其次第相对。有大寺,僧徒二百人。太子所食泉水北有寺,恒以驴数头运粮上山,无人驱逐,自然往还。寅发午至,每及中餐。此是护塔神湿婆仙使之然④。

此寺昔日有沙弥,常除灰,因入神定,维那挽之⑤,不觉皮连骨离。湿婆仙代沙弥除灰处,国王与湿婆仙立庙,图其形像,以金傅之。

隔山岭有婆奸寺,夜叉所造⑥,僧徒八十人。云罗汉夜叉常来供养,洒扫取薪。凡俗比丘,不得在寺。大魏沙门道荣至此礼拜而去,不敢留停。

[注释]

①天帝释:即帝释天。本为印度教之神,称为因陀罗。帝释天与梵天同为佛教之护法主神。其所居处在须弥山顶的忉利天,城池称善见城。次天界中,四周各有八天,加上居于中央的帝释天,共三十三天。帝释天以人间百年为一日,寿长一千岁。

②嫚姓:太子须大拏的妃子。

③阿周陀:即目连,过去世称阿周陀道人,在檀特山时,见须大拏太子(释迦牟尼的前世),发愿为其弟子。闪子:即睒子。典出《佛说睒子经》:过去有一个迦夷国,国中有一对盲人夫妇,老年得子,起名睒子。睒子善良孝敬,常常身披麋鹿衣为父母取食。一次取食时,被迦夷国国王误射致死,惊动了忉利天宫的帝释天。感于其孝心善行,遂取神妙之药,

使得睒子起死回生。经文的最后，佛告阿难说："诸来会者！宿命睒者，吾身是也；盲父者，阅头檀王是；盲母者，今王夫人摩耶是也；迦夷国王者，阿难是；天帝释者，弥勒佛是。"

④湿婆仙：即湿婆天，印度教三大主神之一，为毁灭之神、苦行之神、舞蹈之神。在三大神体系中，湿婆天系对立于创造宇宙之梵天与维持宇宙之毗湿奴，而专事破坏。因印度教认为毁灭即有再生之意，故表示生殖能力之男性生殖器被认为是其象征，而受到教徒之崇拜。在佛教中，湿婆天成为大自在天、摩醯首罗等。

⑤维那：梵语与汉语汇合而成的词语，指寺院中管理杂事之僧职。维，即维持、纲维之意。那，梵语羯磨陀那的简称，意思是将诸杂事授予人。古代一般的大寺院中皆设有三纲，即上座、寺主、维那，由维那管理众僧。

⑥夜叉：又作药叉、夜乞叉，意译为能啖鬼、捷疾鬼等。天龙八部之一。指住在地上或空中，以威势恼害人，或守护正法之鬼类。

[译文]

　　山顶东南方，有须大拏太子的石室，一个入口两个洞室。太子室前面十步，有大方石。相传太子常坐在其上，阿育王造了塔做纪念。塔南边一里，有太子的草庵。离塔一里远，东北方向往山下五十步，是太子的儿女绕树不肯离去，婆罗门用鞭抽打他们流血洒地的地方，那棵树还在。洒血的地方，今天有泉水。石室西边三里，是帝释天变化为狮子，蹲坐在路中间阻挡嫚妭的地方。石头上有尾巴毛和爪子的痕迹，现在还很明显。阿周陀窟及睒子供养父母的地方，都有塔记。

　　山中过去有五百罗汉床，南北两行相向而坐，它们的次第相对。有一座大寺院，僧徒有二百人。太子所饮泉水北边有寺，一直用数头驴运粮上山，无人驱赶，自己往返。寅时出发，午时抵达，每次都赶上中饭的时候。这是保护塔庙之神湿婆仙所起的作用。

此寺过去曾有一个沙弥，日常负责扫灰，因进入了禅定，维那拉他时，不觉皮连骨离。湿婆仙替代沙弥扫灰的地方，国王为湿婆仙建了庙，画了形象，用金来装饰。

隔着山岭的地方有一个婆奸寺，是夜叉建造的，有僧人八十名。传说罗汉夜叉常来供养，洒扫砍柴。凡俗比丘，不得住在寺中。大魏沙门道荣到此寺礼拜后就离开了，不敢停留。

[评析]

此节中所涉及的太子遗迹与传说，来自《须大拏经》中所说的故事：过去很久以前，有大国叫叶波，国王湿波，生有太子须大拏。成人后，须大拏娶妻嫚姓，生了两个儿子。在另外一个国家有相貌丑陋的婆罗门，四十岁才娶妻，无子。听闻须大拏乐善好施，遂前去求助，希望须大拏将两个儿子施舍给他做仆人。须大拏听后即将两个儿子唤来交给婆罗门。经中说："两儿不肯随去，以捶鞭之，血出流地。太子见之泪下堕地，地为之沸。太子与诸禽兽皆送两儿，不见乃还。诸禽兽皆随太子，还至儿戏处，呼哭宛转而自扑地。婆罗门径将两儿去。儿于道中以绳绕树不肯随去，冀其母来。婆罗门以捶鞭之。两儿言：'莫复挞我，我自去耳。'仰天呼言：'山神树神一哀念我。今当远去，为人作奴婢，不见母别。可语我母，弃果疾来与我相见。'母于山中，左足下痒、右目复瞤、两乳汁出。母便自思惟：未尝有是怪，当用此果为？宜归视我子，得无有他故？便弃果而归。时第二忉利天王释知太子以儿与人，恐妃败其善心，便化作师子，当道而蹲。妃语师子：'卿是兽中王，我亦是人中王子，共在山中，愿小相避，使得过去。我有二子皆尚幼小，朝来无所食，但望待我耳。'师子知婆罗门去远，乃起避道，令妃得过。"此即是绕树不去及天帝释化为狮子等说法的源头。

至正光元年四月中旬，入乾陀罗国①。土地亦与乌场国相似，本名业波罗国，为嚈哒所灭，遂立敕勤为王②。治国以来，已经二世。立性凶暴，多行杀戮，不信佛法，好祀鬼神。国中人民，悉是婆罗门种，崇奉佛教，好读经典，忽得此王，深非情愿。自恃勇力，与罽宾争境③，连兵战斗，已历三年。王有斗象七百头，一负十人，手持刀楂④，象鼻缚刀，与敌相击。王常停境上，终日不归，师老民劳，百姓嗟怨。

宋云诣军，通诏书。王凶慢无礼，坐受诏书。宋云见其远夷不可制，任其倨傲，莫能责之。王遣传事谓宋云曰："卿涉诸国，经过险路，得无劳苦也？"宋云答曰："我皇帝深味大乘，远求经典，道路虽险，未敢言疲。大王亲总三军，远临边境，寒暑骤移，不无顿弊？"王答曰："不能降服小国，愧卿此问。"宋云初谓王是夷人，不可以礼责，任其坐受诏书。及亲往复，乃有人情，遂责之曰："山有高下，水有大小，人处世间，亦有尊卑。嚈哒、乌场王并拜受诏书，大王何独不拜？"王答曰："我见魏主则拜，得书坐读，有何可怪？世人得父母书，犹自坐读，大魏如我父母，我亦坐读书，于理无失。"云无以屈之。遂将云至一寺，供给甚薄。时跋提国送狮子儿两头与乾陀罗王⑤。云等见之，观其意气雄猛，中国所画，莫参其仪。

[注释]

①乾陀罗国：即犍陀罗国，又作犍陀卫国、健驮逻国、乾陀国等。古印度地名、国名。相当于今巴基斯坦北部及其毗连的阿富汗东部一带。《魏书·西域传》："乾陀国，在乌苌西，本名业波，为嚈哒所破，因改焉。其王本是敕勒，临国已二世矣。好征战，与罽宾斗，三年不罢，人怨苦之。有斗象七百头，十人乘一象，皆执兵仗，象鼻缚刀以战。所都城东南七里有佛塔，高七十丈，周三百步，即所谓雀离佛图也。"

②敕勒：即特勤，突厥、回纥官名，以可汗子弟及宗室充任。范文澜《中国通史》第三编第五章第一节："回纥最高统治者为可汗。次为特勤（亲王，史书或误作特勒）、叶护（副王、总督）、设（也译作杀，别部领兵者）。特勤、叶护、设常以可汗的子弟及宗室充任。"

③罽宾：西域古国名，又作迦湿弥罗国。在乌场国东南，西与乾陀罗为邻。《魏书·西域传》："罽宾国，都善见城，在波路西南，去代一万四千二百里。居在四山中。其地东西八百里，南北三百里。地平温和。有苜蓿、杂草、奇木、檀、槐、梓、竹。种五谷，粪园田。地下湿，生稻。冬食生菜。其人工巧，雕文、刻镂、织罽。有金银铜锡以为器物。市用钱。他畜与诸国同。每使朝献。"《大唐西域记》载："迦湿弥罗国，周七千余里。四境负山，山极峭峻，虽有门径，而复隘狭，自古邻敌无能攻伐。"

④楂：通"杈"，叉子，刺击之武器。

⑤跋提国：一说认为跋提即《梁书》中白题国，位于葱岭西山间小

国,慑于乾陀罗国王的威胁,故送狮子以通好。

[译文]

  到正光元年四月中旬,进入乾陀罗国。其国土地也和乌场国相似,本来名叫业波罗国,后被嚈哒所灭,于是立敕勤为王。建国以来,已经到第二代。国王本性凶暴,多有杀戮,不信仰佛法,喜欢祭祀鬼神。国中人民,都是婆罗门种姓,崇信佛教,喜欢读经典,忽然有了这样的国王,实在不是他们内心所愿。国王自恃勇力,与罽宾国争夺国境,连年战斗,已经经历了三年。国王有战斗的大象七百头,一头坐十人,手持刀和叉子,象鼻子上绑着刀,与敌人搏击。国王长年驻扎边境,终日不归,军队疲乏人民劳累,百姓怨恨。

  宋云到军中后,通报诏书,国王凶蛮无礼,坐着接受诏书。宋云因其乃边远夷狄不可强制,任由其倨傲不恭,不能责备他。国王派传事的人对宋云说:"你远涉诸国,经历险峻道路,难道不劳累痛苦吗?"宋云回答说:"我国皇帝深入研究大乘,愿来求取经典,道路虽然艰险,不敢说疲乏。大王亲自统领三军,远赴边境,寒暑骤变,不感到疲乏吗?"国王回答说:"不能降服一个小国,愧对你的发问。"宋云最初以为国王是野蛮之人,不可以礼来责备他,任由他坐着接受诏书,等到亲自交往后,发现他通人情,于是责备他说:"山有高下,河水有大小,人处在世间,也有尊卑。嚈哒、乌场王都是跪拜接受诏书,大王为何独独不拜呢?"国王说:"我见到魏国君主自然会拜,接受诏书坐着读,有什么奇怪的?世人即使得到父母的书信,还坐着读,大魏如同我的父母,我也坐着读诏书,于理没有过失。"宋云无法说服他。于是将宋云带到一个寺院,供给很少。当时跋提国送了两头小狮子给乾陀罗国王,宋云等见到后,观察到狮子意气雄猛，中国绘画中的狮子，与它的模样不同。

[评析]

乾陀罗国即犍陀罗国，宋云西行时，此国尚强盛。百余年后，玄奘再游此地时，已经物是人非，王族已经灭绝。《大唐西域记》卷二："健驮逻国，东西千余里，南北八百余里，东临信度河。国大都城，号布路沙布逻，周四十余里。王族绝嗣，役属迦毕试国。邑里空荒，居人稀少。宫城一隅，有千余户，谷稼殷盛，花果繁茂，多甘蔗，出石蜜。气序温暑，略无霜雪。"宋云在此所见到的凶残傲慢的国王，汉学家沙畹依据符舍之说，认为是摩醯逻矩罗。《大唐西域记》卷四也有关于此王的记载："大城西南十四五里，至奢羯罗故城。垣堵虽坏，基址尚固，周二十余里。其中更筑小城，周六七里。居人富饶，即此国之故都也。数百年前，有王号摩醯逻矩罗（唐言大族）都治此城，王诸印度。有才智，性勇烈，邻境诸国，莫不臣伏。机务余闲，欲习佛法，令于僧中推一俊德。时诸僧徒莫敢应命：少欲无为，不求闻达；博学高明，有惧威严。是时王家旧僮，染衣已久，辞论清雅，言谈赡敏，众共推举，而以应命。王曰：'我敬佛法，远访名僧，众推此隶与我谈论。常谓僧中贤明肩比，以今知之，夫何敬哉？'于是宣令五印度国，继是佛法，并皆毁灭，僧徒斥逐，无复孑遗。"

佛教中也常把嚈哒人的国王摩醯逻矩罗作为佛教在东北印度消亡的罪魁祸首。印顺法师说："嚈哒的侵入印度，摩醯逻矩罗的在北印破坏佛法，必然在四七〇年顷，这是惊动佛教界的惨痛事件。吉迦夜从西方来，目见耳闻，也就以此为付法的断绝，将此事编入而结束此书。《西域记》以为大族在失败后，又破坏罽宾、健陀罗的佛教。他在失败以后，退保北印度，自然佛教会受到摧残。但大族对于健陀罗及罽宾佛教所加的破坏，显然在他失败以前。五二〇顷，魏宋云及惠生等到印度，经过健陀罗，说健陀罗被嚈哒所灭，立敕勤为王，已经历二世了（见《洛阳伽蓝记》）。这可见《西域记》所说不确。已经历二世，健陀罗的灭亡，即可能为四七〇顷。"（释印顺《佛教史地考论·北印度之教难》）

于是西行五日，至如来舍头施人处①。亦有塔寺，二十余僧。复西行三日，至辛头大河②。河西岸上，有如来作摩竭大鱼③，从河而出，十二年中以肉济人处。起塔为记，石上犹有鱼鳞纹。

复西行三日，至佛沙伏城。川原沃壤，城郭端直，民户殷多，林泉茂盛。土饶珍宝，风俗淳善。其城内外，凡有古寺。名僧德众，道行高奇。城北一里有白象宫，寺内佛事，皆是石像，庄严极丽，头数甚多，通身金箔，眩耀人目。寺前有系白象树，此寺之兴，实由兹焉。花叶似枣，季冬始熟。父老传云："此树灭，佛法亦灭。"寺内图太子夫妻以男女乞婆罗门像，胡人见之，莫不悲泣。

复西行一日，至如来挑眼施人处④。亦有塔寺，寺石上有迦叶佛迹⑤。复西行一日，乘船渡一深水，三百余步。复西南行六十里，至乾陀罗城。东南七里，有雀离浮图⑥。《道荣传》云："城东四里。"推其本缘，乃是如来在世之时，与弟子游化此土，指城东曰："我入涅槃后二百年，有国王名迦尼色迦，在此处起浮图⑦。"佛入涅槃后二百年，果有国王字迦尼色迦出游城东,见四童子累牛粪为塔,可高三尺,俄然即失。《道荣传》云:"童子在虚空中向王说偈。"王怪此童子,即作塔笼之。粪塔渐高,挺出于外,去地四百尺,然后止。王更广塔基三百余步。《道荣传》云:"三百九十步。"从此构木,始得齐等。《道荣传》云:"其高三丈,悉用文石为阶砌,栌栱上构众木⑧,凡十三级。"上有铁柱,高三百尺,金盘十三重,合去地七百尺。《道荣传》云:"铁柱八十八尺,八十围⑨,金盘十五重,去地六十三丈二尺。"

[注释]

①如来舍头施人处:在竺刹尸罗国。《高僧法显传》:"自此东行七日,有国名竺刹尸罗,竺刹尸罗汉言截头也。佛为菩萨时,于此处以头施人,故因以为名。东行二日,则为投身喂饿虎处。并起大塔,皆众宝挍饰,诸国王臣民竞兴供养,散华然灯,相继不绝。"《菩萨本缘经》称此国为"迦尸国",国中有王名月光王,乐善好施,遇一婆罗门向其索要性命,遂舍头施舍。

②辛头大河:又作新头河,即印度河。《水经注》卷一:"其山出六大水,山西有大水,名新头河。郭义恭《广志》曰:'甘水也,在西域之东,名曰新陶水,山在天竺国西,水甘,故曰甘水。有石盐,白如水精,大段则破而用之。'……释法显曰:'度葱岭,已入北天竺境。于此顺岭西南行十五日,其道艰阻,崖岸险绝,其山惟石,壁立千仞,临之目眩,欲进则投足无所。下有水,名新头河。昔人有凿石通路施倚梯者,凡度七百梯,度已,蹑悬絙过河,河两岸,相去咸八十步。九译所绝,汉之张

骞、甘英皆不至也。余诊诸史传,即所谓罽宾之境,有盘石之隥,道狭尺余,行者骑步相持,絙桥相引,二十许里,方到悬度,阻险危害,不可胜言。'"

③如来作摩竭大鱼:指佛陀前世做国王时,为医治众生疾病,发愿化作鱼,供众人食用疗病的故事,出自《菩萨本行经》卷下:"跋弥王时,国中人民尽有疮病,王自行见毒树,此毒树叶堕于水中,人饮此水令人有病,即拔毒树根株尽随以火烧之,人民疮病半得除差。其中故有不差者。王问医言:'众生疮病何以不差?'医答王言:'此疮病重,当得鱼肉食之乃差。'王闻其言,即到水边上树求愿作鱼:'今我以身除众生病,持此功德用求佛道,普除一切众生无量身病意病。审如所愿,其有众生食我肉者病尽除差。'即从树上投身水中,便化成鱼而有声言:'其有病者来取我肉啖,病当除差。'人民闻声,皆来取鱼肉食之,病尽除愈。"

④如来挑眼施人处:指佛陀过去世为月明王时,将自己眼睛捐给盲人的故事,出自《弥勒菩萨所问本愿经》:"佛语贤者阿难:'乃往去世有王号曰月明,端正姝好威神巍巍,从宫而出,道见盲者贫穷饥饿随道乞丐,往趣王所而白王言:王独尊贵安隐(稳)快乐,我独贫穷加复眼盲。尔时月明王见此盲人哀之泪出,谓于盲者:有何等药得愈卿病?盲者答曰:唯得王眼能愈我病,眼乃得视。尔时王月明自取两眼施与盲者,其心静然无一悔意。月明王者,即我身是。佛言:'须弥山尚可称知斤两,我眼布施不可称计。'"

⑤迦叶佛:又作迦叶波佛、迦摄波佛、迦摄佛,意译饮光佛。是过去七佛中之第六佛,又为现在贤劫千佛中之第三佛。曾预言释迦将来必定成佛,相传为释迦牟尼前世之师。

⑥雀离浮图:又作雀离佛图、雀离浮屠、雀梨浮图。迦腻色迦王在犍

陀罗所建之佛塔。相传迦腻色迦王见到帝释天所化之四儿堆累牛粪以起三尺之小塔，于是发愿在粪塔上建大塔，安置如来舍利。《北史·西域传》："（乾陀国）都城东南七里有佛塔，高七十丈，周三百步，即所谓雀离佛图。"

⑦迦尼色迦：即迦腻色迦王，又作罽腻迦王、割尼尸割王、迦腻瑟咤王等。是古代印度贵霜王朝第三世王，其统治犍陀罗的时期，被认为是佛教信仰大发展的时期。与阿育王并称为古印度倾心佛教的两大帝王。

⑧栌栱：斗拱。

⑨围：古代计量圆周的约略单位，有两种说法，一指两只胳膊合围起来的长度，一指两只手的拇指和食指围起来的长度。

[译文]

于是向西走五天，到达如来施舍自己头颅的地方。也有塔寺，有二十余位僧人。再向西走三天，到达辛头大河。河西岸上有如来在摩揭陀国化作大鱼，从河中跳出，十二年的时间，以所化之鱼肉救济众人处。造塔作为纪念，石头上还有鱼鳞的纹路。

再向西走三天，到达佛沙伏城。水土肥沃，城郭耸立，百姓富庶众多，山林茂盛泉水充沛，土地富藏珍宝，风俗纯朴善良。城市内外，都有古寺。有名望德行的僧众，道行高洁新奇。城北边一里有白象宫，寺内佛像都是石头雕像，庄严美丽，头数极多，通身用金箔装饰，炫耀人的眼睛。寺前有拴白象的树，此寺的兴盛，实在是由此原因。花叶如同枣树，冬季才熟。父老们相传说："此树灭，佛法也灭。"寺内画有须大拏太子夫妻将儿女送给婆罗门的图像，胡人见到后，没有不悲伤泪流的。

再向西走一天，到如来挑出眼睛施给盲人处。也建有塔寺，寺院石头上有迦叶佛的遗迹。再向西走一天，乘船渡过一个很深的河，有三百余步，再向西南走六十里，到达乾陀罗城。城东南七里的地方，有雀离佛图。(《道荣传》说："在城东四里。")推究其本来的源头，乃是如来在世的时候，与弟子游化到此地，指着城东说："我入涅槃后二百年，有国王迦腻色迦在此造起佛塔。"佛入涅槃后二百年，果然有国王叫迦腻色迦出游城东，见到四个童子垒牛粪为塔，约高三尺时，童子忽然就消失了。(《道荣传》说："童子在虚空中向国王说偈语。")王对童子们很惊奇，就造塔笼罩他们所建之塔。牛粪之塔随之渐渐增高，挺出于外，离地四百尺，然后停止。王更扩建塔基三百余步。(《道荣传》说："三百九十步。")从这里搭建木头，才能够和它等高。(《道荣传》说："其高三丈，全部采用有花纹的石头做台阶，斗拱上构建众木，共十三层。")上面有铁柱，高三百尺，金盘有十三重，合起来离地七百尺高。(《道荣传》说："铁柱有八十八尺，八十围，金盘有十五重，离地六十三丈二尺。")

[评析]

雀离佛图的建成，是佛教史上的大事。迦腻色迦王作为当时崇信佛教的帝王，于此塔的建立上居功至伟。相关的记载见于《高僧法显传》："佛昔将诸弟子游行此国，语阿难云：'吾般泥洹后，当有国王名罽腻伽于此处起塔。'后罽腻伽王出世，出行游观，时天帝释欲开发其意，化作牧牛小儿，当道起塔。王问：'汝作何等？'答言：'作佛塔。'王言：'大善。'于是王即于小儿塔上起塔，高四十余丈，众宝校饰，凡所经见塔庙，壮丽威严，都无此比。传云阎浮提塔唯此塔为上。王作塔成已，小塔即自傍出大塔南，高三尺许。"

玄奘在《大唐西域记》卷二中也说："释迦如来于此树下南面而坐，

告阿难曰：'我去世后，当四百年，有王命世，号迦腻色迦，此南不远起窣堵波，吾身所有骨肉舍利多集此中。'迦腻色迦王以如来涅槃之后第四百年，君临膺运，统赡部洲，不信罪福，轻毁佛法。畋游草泽，遇见白兔，王亲奔逐，至此忽灭。见牧牛小竖于林树间作小窣堵波，其高三尺。王曰：'汝何所为？'牧竖对曰：'昔释迦佛圣智悬记，当有国王于此胜地建窣堵波，大王圣德宿殖，名符昔记，神功圣福，允属斯辰，故我今者先相警发。'说此语已，忽然不现。王闻是说，喜庆增怀，因发正信，深敬佛法。周小窣堵波，更建石窣堵波，欲以功力弥覆其上。随其数量，恒出三尺。若是增高，逾四百尺。基址所峙，周一里半。层基五级，高一百五十尺，方乃得覆小窣堵波。王因喜庆，复于其上更起二十五层金刚相轮，即以如来舍利一斛而置其中，式修供养。"

对比上述有关记载，颇有不同之处。如关于迦腻色迦王的时代，本书中记作佛涅槃后二百年，玄奘记为佛涅槃后四百年。对于迦腻色迦王的时代，今天学界仍有不同说法，最早的时间定在公元前几十年，最晚的时间则定在公元后一百多年。如果按汉传佛教所说释迦牟尼涅槃于公元前486年的话，玄奘之说相对比较接近。

施功既讫，粪塔如初，在大塔南三百步。时有婆罗门不信是粪，以手探看，遂作一孔。年岁虽久，粪犹不烂，以香泥填孔，不可充满。今有天宫笼盖之。雀离浮图自作以来，三经天火所烧[①]，国王修之，还复如故。父老云：此浮图天火七烧，佛法当灭。

《道荣传》云："王修浮图，木工既讫，犹有铁柱，无有能上者。王于四角起大高楼，多置金银及诸宝物，王与夫人及诸王子悉在楼上烧香散花，至心请神，然后辘轳绞索，一举便到。故胡人皆云四天王助之②，若其不尔，实非人力所能举。"

塔内佛事，悉是金玉，千变万化，难得而称。旭日始开，则金盘晃朗；微风渐发，则宝铎和鸣。西域浮图，最为第一。此塔初成，用真珠为罗网覆于其上。于后数年，王乃思量：此珠网价直万金，我崩之后，恐人侵夺；复虑大塔破坏，无人修补。即解珠网，以铜镬盛之，在塔西北一百步掘地埋之。上种树，树名菩提，枝条四布，密叶蔽天。树下四面坐像，各高丈五。恒有四龙典掌此珠，若兴心欲取，则有祸变。刻石为铭，嘱语将来：若此塔坏，劳烦后贤出珠修治。

[注释]

①天火：由雷电等自然原因引起的大火。《左传·宣公十六年》："凡火，人火曰火，天火曰灾。"

②四天王：又作四大天王。即东方持国天王、南方增长天王、西方广目天王、北方多闻天王。此四天王居须弥山四方之半腹，常守护佛法，护持四天下，令诸恶鬼神不得侵害众生，故称护世或护国天王。

[译文]

施工完成后，牛粪塔恢复原初状态，坐落在大塔南边三百步的地方。当时有婆罗门不信塔是牛粪所造，用手去探看，于是就留下一个孔，年代虽然久远，但牛粪不腐烂，用香泥填到孔中，不能填满。现在造有天官将塔覆盖起来。雀离佛图自建造以来，经历了三次自然大火焚烧，国王修复后，回归原貌。父老们说："此塔经天火七次燃烧后，佛法当灭。"

(《道荣传》说："国王修建佛塔，木工完工后，还剩下铁柱，没有人能安装。国王在四角建起了高楼，放置很多金银财宝，国王与夫人及各位王子都在楼上烧香散花，诚心乞求神灵帮助，然后使用辘轳绞索，一提就把铁柱放上去了。因此胡人都说是四天王帮助，如果不是这样，铁柱实不是人力所能举起的。")

塔内的佛像，都是金玉制成的，千变万化，难以言表。旭日东升，则金盘晃动闪耀；微风吹拂，则宝铃鸣响。在西域佛塔中，它称得上第一。(此塔初建成时，用珍珠制作罗网覆盖其上。过后数年，国王考虑：此宝珠网价值万金，我去世之后，恐怕被人侵夺；又担心大塔破坏后，无人修补。于是解下宝珠网，用铜镬盛放，在塔西北一百步处挖开地面埋了起来。上面种有树，树名叫菩提，枝条四方分布，密密的叶子遮天蔽日。树下四面有坐姿的佛像，各高一丈五。常有四条龙守卫此宝珠，如果有人动起心思想偷取宝珠，就会有灾祸降临。刻碑为铭记，嘱托未来者，若此塔损坏，劳烦后代贤者取出珍珠来修复。)

[评析]

用珍珠做成罗网，即宝珠之网，在佛教中最为知名的当属因陀罗网。《大方广佛华严经》卷第九中《华藏世界品》第五之二说："此金刚宝焰香水海右旋，次有香水海，名：帝青宝庄严；世界种，名：光照十方，依一切妙庄严莲华香云住，无边佛音声为体。于此最下方，有世界，名：十方无尽色藏轮；其状周回，有无量角，依无边色一切宝藏海住，因陀罗网而覆其上,佛刹微尘数世界围绕,纯一清净,佛号:莲华眼光明遍照。"其中就描述了类似的宝珠之网。

相传此网为悬挂在帝释天宫中的宝珠之网,后来华严宗把因陀罗境界作为"十玄"中之一加以借用,如华严四祖澄观于《大方广佛华严经疏》卷二中说:"第七因陀罗网境界门。如天帝殿,珠网覆上,一明珠内,万像俱现,诸珠尽然。又互相现,影影复现,影重重无尽。故千光万色,虽重重交映,而历历区分。亦如两镜互照,重重涉入,传曜相写,递出无穷。"用因陀罗网中宝珠互相映射、重重无尽的景象,比喻华严重重无尽之圆融境界。

雀离浮图南五十步,有一石塔,其形正圆,高二丈,甚有神变,能与世人表吉凶。以指触之,若吉者,金铃鸣应;若凶者,假令人摇撼,亦不肯鸣。惠生既在远国,恐不吉反,遂礼神塔,乞求一验。于是以指触之,铃即鸣应。得此验,用慰私心,后果得吉反。

惠生初发京师之日,皇太后敕付五色百尺幡千口,锦香袋五百枚,王公卿士幡二千口。惠生从于阗至乾陀罗,所有佛事处,悉皆流布,至此顿尽。惟留太后百尺幡一口,拟奉尸毗王塔。宋云以奴婢二人,奉雀离浮图,永充洒扫。惠生遂减割行资,妙简良匠,以铜摹写雀离浮图仪一躯,及释迦四塔变①。

于是西北行七日,渡一大水,至如来为尸毗王救鸽之处②,亦起塔寺。昔尸毗王仓库为火所烧,其中粳米焦然,至今犹在，若服一粒，永无疟患。彼国人民须禁日取之。

[注释]

①释迦四塔：即北天竺之四大塔。一为佛为菩萨时割肉贸鸽处，二为佛前世以眼施人处，三为佛前世以头施人处，四为佛前世投身喂饿虎处。

②尸毗王救鸽之处：即过去久远时，尸毗王割自己身上肉，来营救鸽子之命的故事。据佛经记载，有一个国王名叫尸毗，住在提婆跋提城，善行精进，颇有名声。帝释天等为了考验他，让毗首羯摩变作鸽子，帝释天化成鹰，在后面紧追不舍。鸽子仓皇飞到尸毗王的腋下，帝释天所变的鹰飞过来索要。尸毗王拒绝。鹰说："这是我的食物，我很饿，你应该赶紧还给我。"国王说："我发愿度一切众生，不能给你。"鹰就说："如果不给我，我就饿死了，你说度一切众生，难道一切不包括我？"国王就说："我用我身上的肉来代替鸽子喂你。"于是割掉了大腿上的肉。鹰说："如果用你的肉代替鸽子，重量要一样，要用秤称一下。"国王大腿肉分量不够，两臂肉、身体其他部分的肉都割尽了，仍比鸽子轻。不得已的情况下，尸毗王准备把自己放到秤盘上去。此时，帝释天等才恢复原形，对尸毗王讲了原委。按佛经所说，此尸毗王即是过去世的释迦牟尼。

[译文]

距离雀离佛图南五十步，有一座石塔，形状是正圆，高二丈，常有灵验神通之事，能给世人预测吉凶。用指头触碰它，如果是吉，金铃就会鸣响；如果是凶，即使让人去摇动，也不鸣响。惠生既身处遥远国度，担心回程不顺利，于是礼敬神塔，乞求灵验。于是用手触碰，铃铛鸣响。获得此灵验后，他内心得到了安慰，后来果然平安返回。

惠生当初从京城出发的时候，皇太后赏赐五色的百尺幡千余条，锦香袋五百枚，王公贵卿也给了两千条幡。惠生从于阗到乾陀罗，所有有佛像的地方，都有施放，到此地都用尽了。只有太后的百尺幡尚有一条，打算供奉尸毗王塔。宋云将两个奴婢供奉给雀离佛图，用作日常洒扫。惠生于是节省旅费，挑拣好的工匠，用铜做成了雀离佛图模型一座以及释迦四塔的模型。

于是，向西北走七天，渡过一条大河，到达如来为尸毗王时，割肉救鸽之处，也造有塔寺。过去尸毗王仓库为火焚烧，其中烧焦的粳米，至今还在，如果服用一粒，永不患疟疾之病。那里国家的人民必须在禁忌之日方能取用。

[评析]

有关释迦四塔之事，在《高僧法显传》中也有记载："法显等住此国夏坐。坐讫南下，到宿呵多国，其国佛法亦盛。昔天帝释试菩萨化作鹰鸽割肉贸鸽处，佛既成道，与诸弟子游行，语云：'此本是吾割肉贸鸽处。'国人由是得知。于此处起塔，金银挍饰。从此东下五日，行到揵陀卫国，是阿育王子法益所治处。佛为菩萨时，亦于此国以眼施人，其处亦起大塔，金银挍饰。此国人多小乘学。自此东行七日，有国名竺刹尸罗。竺刹尸罗汉言截头也。佛为菩萨时，于此处以头施人，故因以为名。复东行二日，至投身喂饿虎处。此二处亦起大塔，皆众宝挍饰。诸国王臣民竞兴供养，散华然灯，相继不绝。通上二塔，彼方人亦名为四大塔也。"

《道荣传》云：至那迦罗阿国①，有佛顶骨，方圆四寸，黄白色，下有孔，受人手指，闷然似仰蜂窠②。至耆贺滥寺，有佛袈裟十三条，以尺量之，或短或长。复有佛锡杖，长丈七，以木筒盛之，金箔贴其上。此杖轻重不定，值有重时，百人不举；值有轻时，一人胜之。那竭城中有佛牙、佛发③，并作宝函盛之，朝夕供养。至瞿波罗窟④，见佛影。入山窟，去十五步，西面向户遥望，则众相炳然；近看，则瞑然不见。以手摩之，唯有石壁。渐渐却行，始见其相。容颜挺特，世所希有。窟前有方石，石上有佛迹。窟西南百步，有佛浣衣处。窟北一里，有目连窟⑤。窟北有山，山下有六佛手作浮图，高十丈。云此浮图陷入地，佛法当灭。并为七塔，七塔南石铭，云如来手书，胡字分明，于今可识焉。

惠生在乌场国二年，西胡风俗，大同小异，不能具录。至正光二年二月始还天阙⑥。

衒之按：《惠生行记》事多不尽录，今依《道荣传》《宋云家记》，故并载之，以备缺文。

[注释]

①那迦罗阿国：又作那竭国、那揭罗曷国，位于乾陀罗国的西北，今属阿富汗贾拉拉巴德地区。《大唐西域记》："其国东西六百余里，南北二百五六十里，山周四境，悬隔危险。国大都城周二十余里，无大君长主令，役属迦毕试国。"《高僧法显传》说："慧景、慧达、道整三人先发向佛影那竭国。"

②炳然：众多之貌。

③那竭城：即那迦罗阿国国都，供奉有释迦牟尼佛牙和佛发的舍利

塔。《高僧法显传》:"从此北行一由延(古印度印程单位,约四十里。亦有说为六十或八十里者。)到那竭国城,是菩萨本以银钱贸五茎华供养定光佛处。城中亦有佛齿塔,供养如顶骨法。城东北一由延,到一谷口有佛锡杖,亦起精舍供养。杖以牛头旃檀作,长丈六七许,以木筒盛之,正复百千人举不能移。入谷口西行有佛僧伽梨,亦起精舍供养。彼国土俗亢旱,时国人相率出衣礼拜供养,天即大雨。那竭城南半由延,有石室博山,西南向佛留影。此中去十余步,观之如佛真形,金色相好,光明炳著。转近转微,仿佛如有,诸方国王遣工画师摹写莫能及。"

④瞿波罗窟:即龙王所居住的洞窟,其壁上有佛之影像。龙王前世负责牧牛之事,因被国王责罚,心怀恼怒,发愿为恶龙。后被如来感化,受不杀戒。佛为感化恶龙,遂在石壁上留下影像,观之可止息恶龙愤怒伤害之念。

⑤目连:即目犍连,佛的十大弟子之一,神通第一。古印度摩揭陀国王舍城一带人,原与舍利弗为外道弟子,各有弟子二百五十人。后二人带领弟子,皈依释迦牟尼,成为佛陀早期的两大弟子。

⑥始还天阙:据《魏书·释老志》:"熙平元年,诏遣沙门惠生使西域,采诸经律。正光三年冬,还京师。所得经论一百七十部,行于世。"惠生返回京师的时间为正光三年,与此处说法不同。

[译文]

(《道荣传》说:"到那迦罗阿国,有佛的顶骨,方圆四寸,黄白色,下面有孔,能容手指探入,内空洞众多,如同蜂巢。到耆滥寺,有佛袈裟十三条,用尺量之,或短或长。又有佛的锡杖,长一丈七,用木筒盛放,其上贴有金箔。此杖轻重不定,遇到重的时候,一百人都举不起来;

碰到轻的时候，一人便可胜任。那竭城中有佛牙、佛发，都制作有宝函盛放，早晚供养。到瞿波罗窟时见到佛影。进入山窟，走十五步，面向西面对门遥望，佛影各种相状清楚显现；近看，就阴暗得看不见。用手摸，只有石壁。渐渐离开，开始见到佛影。容颜挺拔殊胜，世间罕有。窟前有方石，石头上有佛的遗迹。窟的西南百步远，有佛洗衣的地方。窟北边一里，有目连窟。窟北有山，山下有七佛手所作的佛塔，高十丈。据说此佛塔陷入地下时，佛法当灭。并有七座塔，七塔南有铭石，据说是如来亲手书写，外国字体分明，今天仍可辨认。"）

惠生在乌场国两年，西胡的风俗，大同小异，不能都记录。至正光二年二月，才返回北魏。

（衒之按："《惠生行记》所记事情较多，但不可能所有事都记录。现依《道荣传》《宋云家记》，因此一并记载，以补充阙文。"）

[评析]

有关佛影之事，《大唐西域记》卷二有详细记载："东崖石壁有大洞穴，瞿波罗龙之所居也。门径狭小，窟穴冥暗，崖石津滴，磎径余流。昔有佛影，焕若真容，相好具足，俨然如在。近代已来，人不遍睹，纵有所见，仿佛而已。至诚祈请，有冥感者，乃暂明视，尚不能久。昔如来在世之时，此龙为牧牛之士，供王奶酪，进奉失宜；既获谴责，心怀恚恨，即以金钱买华，供养受记窣堵波，愿为恶龙，破国害王。即趣石壁，投身而死；遂居此窟，为大龙王，便欲出穴，成本恶愿。适起此心，如来已鉴，愍此国人为龙所害，运神通力，自中印度至。龙见如来，毒心遂止，受不杀戒，愿护正法。因请如来：'常居此窟，诸圣弟子，恒受我供。'如来告曰：'吾将寂灭，为汝留影，遣五罗汉常受汝供。正法隐没，其事无替。

汝若毒心奋怒，当观吾留影，以慈善故，毒心当止。此贤劫中，当来世尊，亦悲愍汝，皆留影像。'"

京师建制及郭外诸寺

京师东西二十里，南北十五里，户十万九千余。庙社、宫室、府曹以外，方三百步为一里，里开四门，门置里正二人①，吏四人，门士八人，合有二百二十里。寺有一千三百六十七所。天平元年迁都邺城，洛城余寺四百二十一所。北邙山上有冯王寺、齐献武王寺②。京东石关有元领军寺③、刘长秋寺；嵩高中有闲居寺、栖禅寺、嵩阳寺、道场寺④，上有中顶寺，东有升道寺。京南关口有石窟寺、灵岩寺⑤。京西瀍涧有白马寺、照乐寺。如此之寺，既郭外，不在数限，亦详载之。

[注释]

①里正：古时乡官。春秋时，以里中能治事者为里正。北齐以来多置之，明代改名里长，后来的地保也叫里正。

②齐献武王：即高欢（496—547），小名贺六浑，祖籍渤海蓨县（今河北景县南）。早年参加杜洛周起义军，后归附尔朱荣。攻入洛阳后，控制朝政，拥立孝武帝元修。在孝武帝西奔后，拥立孝静帝元善见，迁都邺城，史称东魏。高欢去世后，谥号献武。东魏武定八年（550），其子高洋废黜东魏孝静帝，建立北齐，追赠高欢为献武帝，后改神武帝。

③元领军：即元乂。元乂曾任领军将军，故名。

④嵩高：即嵩山。山中的闲居寺，宣武帝元恪时冯亮奉旨所造。道场寺乃是冯亮临终所居之寺，《魏书》卷九十："亮既雅爱山水，又兼巧思，结架岩林，甚得栖游之适，颇以此闻。世宗给其工力，令与沙门统僧暹、河南尹甄琛等，周视嵩高形胜之处，遂造闲居佛寺。林泉既奇，营制又美，曲尽山居之妙。亮时出京师。延昌二年冬，因遇笃疾，世宗敕以马舆送令还山，居嵩高道场寺。数日而卒。诏赠帛二百匹，以供凶事。"嵩阳寺，太和八年（484）为禅僧修行所建。栖禅寺不见记载，但据汤用彤先生《汉魏晋南北朝佛教史》所言："就闲居、栖禅二寺之名言之，恐与嵩阳同为禅僧所住也。"

⑤石窟寺、灵岩寺：北魏时期在龙门石窟建造的两座寺院。景明年间（500—503），世宗宣武帝命令大长秋卿白整，按照云冈石窟灵岩寺的形制，在洛阳南边伊阙（今洛阳龙门）为高祖文昭皇太后建造石窟，此即龙门石窟建造之始。据《魏书·释老志》："景明初，世宗诏大长秋卿白整准代京灵岩寺石窟，于洛南伊阙山为高祖文昭皇太后营石窟二所。初建之始，窟顶去地三百一十尺，至正始二年中始出，斩山二十三丈。至大长秋卿王质谓斩山太高，费功难就，奏求下移就平，去地一百尺，南北一百四十尺。永平中，中尹刘腾奏为世宗复造石窟一。凡为三所，从景明元年至正光四年六月已前，用功八十万二千三百六十六。"

[译文]

京师东西有二十里，南北十五里，户数有十万九千多。庙社宫室府曹之外，以三百步为一里，里开有四门，每个门设置里正二人，吏四人，门士八人，合计有二百二十里坊。寺院一千三百六十七所。天平元年迁都邺城后，洛阳剩余寺院四百二十一所。北邙山有冯王寺、齐献武王寺。京东石关有元领军寺、刘长秋寺。嵩高中有闲居寺、栖禅寺、嵩阳寺、道场寺，山上面有中顶寺，山东面有升道寺。京南关口有石窟寺、灵岩寺。京西瀍水、涧水间有白马寺、照乐寺。这些佛寺，既在郊外，不在上述数目之列，也详列名记载。

[评析]

　　此节带有总结性质。对洛阳城的大小、户数以及里坊的设置等都做了详细交代。此处称洛阳城合计有二百二十里，此数量和《魏书》记载有出入，《魏书》卷十八："（广阳王）嘉表请于京四面筑坊三百二十，各周一千二百步。乞发三正复丁，以充兹役。虽有暂劳，奸盗永止。诏从之。"《魏书》卷八："（景明二年）九月发畿内夫五万五千人筑京师三百二十三坊，四旬而罢。"其中关于里坊大小记载相同，但数量不同。

　　此外，对城中寺院总数也做了交代，共计约有一千三百六十七所。迁都邺城后，即骤降为四百二十一所。当然郊外还有不少寺院，作者只列名，并未具体展开描述。